한·중·일 삼국문화의 新 실크로드

한 · 중 · 일

삼국문화의 新 실크로드

유주열 저

보문각

한·중·일
삼국문화의 新 실크로드

초판발행 2019년 1월 22일
초판인쇄 2019년 1월 18일

지은이 유주열
펴낸이 이호동
발행처 보문각
블로그 http://bomungak.blog.me
e-mail bomungak@naver.com
주소 서울시 서초구 바우뫼로7길 8
등록번호 302-2003-00085
전화 02)468-0457
팩스 02)468-0458

값 15,000원

ISBN 978-89-6220-363-9 03300

머리말

근세 일본에서 가장 존경 받는 지도자의 한사람이었던 카츠 카이슈(勝海舟)는 명치유신 후 우쭐해진 일본의 정치가들이 '정한론'으로 조선을 정복대상으로 깔보고 있는 풍조에 다음과 같은 일침을 가하였다.

"조선을 업신(馬鹿)여기는 것은 근래의 일로 옛날에는 일본문명의 종자는 모두 조선에서 수입해 왔다. 수 백년전만해도 조선 사람은 일본의 스승님(師匠様)이었다. 오랜 이웃국가인 조선과의 신의를 두텁게 하여 구미국가의 아시아 침략에 공동 대처해야한다"

동아일보를 창간한 인촌 김성수는 "우리는 알아야한다. 우리가 일본 사람에게 식민통치를 당하는 것은 우리가 모르기 때문이다. 알려면 배워야한다. 그래야만 자주 독립을 할 수 있다"고 하면서 부모를 여의고 학업을 중단하여 오산학교에서 교편을 잡고 있는 춘원 이광수를 자신의 모교인 와세다 대학에 편입시켜 학업을 계속하도록 도와주었다.

일본은 카츠 카이슈의 충고에도 불구하고 옛 스승국가인 조선을 강점하고 러시아와 중국과의 전쟁에서 승리하였으나 미국과의 전쟁에서는 패배하였다. 우리는 김성수의 선견에도 불구하고 일본을 아는데 실패하여 36년간이나 식민통치를 받아야 했다.

강한 일본을 지향하여 전쟁을 할 수 있는 나라를 만들기 위한 개헌을 주장하는 아베 신조 (安倍晉三)일본 총리는 집권당 총재 3선 연임을 통하여 근세 일본 역사에서 가장 긴 총리 재임기간을 맞게 되었다. 일본은 '잃어버린 20년' 등 전후 70 여 년간 많은 딜레마에 빠진 듯 했지만 결코 지지 않은 태양을 보유한 채 다시 떠오를 준비를 하고 있다.

중국은 개혁 개방 40주년을 맞은 지난 해 미국과 본격적인 무역 전쟁에 돌입하였다. 'Tariff shots fired!'라 하여 상호 고액의 관세부과로부터 전쟁은 시작 되었다. 중국도 '人若犯我 我必犯人'즉 '적이 자신을 치면 반드시 응수한다'는 마오쩌둥(毛澤東)정신으로 대응하고 있다.

중국은 'Made in China 2025'에서 보여 준 첨단 제조업의 무서운 굴기 및 남중국해를 매립 군사거점화로 자유항행의 방해 등 경제뿐만이 아니라 안보면에서도 위협이 되자 미국의 강력한 견제를 받고 있다.

'중국몽(中國夢)'과 '미국제일주의(America First)'가 부딪치는 미중 패권경쟁은 이른 바 그레이엄 앨리슨 하버드대 교수의 '투키디데스 함정'을 연상시키고 경제적인 면에서 두 나라 사이에 이미 '철의 장막(Iron Curtain)'이 드리워졌다는 분석도 있다

문재인 대통령의 평양 방문으로 남북은 3차례의 정상회담을 가져, 어느 때보다 친밀한 관계가 되었으나 북한의 '비핵화'에 대해 진정성이 밝혀지지 않은 채 앞으로 나가야 하는 과제를 안고 있다.

우리는 과거사 문제에 대해 일부 일본 정치인의 적반하장 태도에 불만은 있지만 항상 피해의식에 젖어 있을 수만은 없다. 얼마 전에 작고한 미국의 매케인 상원의원은 자신이 월맹의 포로로 5년간 갖은 고문을 받으면서 잡혀있었던 피해자의 입장에서 오히려 미국이 월남과 국교가 정상화되도록 지지했다고 한다.

우리는 북한의 비핵화를 끌어내고 평화로운 동아시아를 만들기 위해 민주주의와 자유 시장경제의 가치를 공유하는 일본과 더불어 미래를 생각하고, 중국과는 사회체제가 다르지만 구동존이(求同存異)의 입장에서 전략적 협력동반자 관계를 유지해 나가야 한다고 생각한다.

그대 동방의 실크로드를 통해 수천 년 간 한중일 삼국이 이웃국가로서 문화를 교류하면서 갈등을 극복하고 평화로운 공존을 하여 왔다. 최근 40년간 중국의 개혁 개방 이후 한중일 삼국 사이에는 이른바 '동아시아 문화권'이 형성되어 국경과 관계없이 자유로운 문화 교류가 이루어지고 있다. 한중일 삼국은 각자의 고유문화를 새로운 실크로드에 싫어 고속도로처럼 발신해 나가고 있다.

급변하는 동아시아의 정세 속에서 한중일 삼국이 공동재산인 문화를 통해 서로 이해하고 발전해 나가려면 좀 더 현실적이 되어야 한다. 미국의 신학자 라인홀드 니버의 '평온을 비는 기도(Serenity Prayer)'가 생각난다.

"주여, 우리가 바꿀 수 없는 것을 평온하게 받아들이는 은혜(grace)와 바꾸어야 할 것을 바꿀 수 있는 용기(courage), 그리고 이 둘을 분별하는 지혜(wisdom)도 같이 주옵소서."

이 자리를 빌어 졸고를 연재해 준 중앙일보사 중국 연구소에 감사의 말씀을 드리고, 또한 이 책의 출판제의를 해준 도서출판 보문각 이호동 사장님과 편집진 여러분의 노고에 감사드린다.

든든한 버팀목으로 지지와 사랑을 보내주고 있는 아내(河淑姬), 멀리서 아빠를 응원하고 있는 장녀와 사위 그리고 장남과 며느리에게도 고마움을 표시하고 싶다. 특히 결혼 1년 만에 쌍둥이를 임신하여 곧 출산을 앞두고 있는 장녀에게 순산을 기원하면서 이 책을 보내고 싶다.

2019년 정월

유 주 열

차례

미국과 중국의 패권 경쟁과 한반도

2018년은 중국의 개혁 개방 40년이 되는 해다. 중국이 개혁 개방으로 시장 경제를 도입하자 미국은 중국의 발전을 적극 지원하였다. 중국이 성장하면 미국이 만든 국제질서에 편입되어 정치개혁 등으로 민주화가 이루어 질 것으로 기대하였다.

그러나 결과는 기대에 미치지 못했다. 중국이 성장하면서 대내적으로는 인권문제 등 통제는 강화되고 대외적으로는 과학 기술 등 하이테크 분야의 발전에 힘입어 군사력이 증강되고 있다. 일대일로(一帶一路)라는 육지와 해상의 실크로드 경제권을 형성하여 새로운 국제질서를 만들어 미국에 도전하고 있다. 미국은 중국을 보고 양호유환(養虎遺患)을 생각했는지 모른다. 중국이 더 큰 호랑이가 되기 전에 조치를 취해야 했다. 미국이 새로운 대중 정책을 세우기 시작했다.

미국이 2018년 하반기에 들어와서 중국으로부터 2000억 달러의 수입품에 대해 10%의 관세를 부과하기 시작했다. 앞서 부과된 수입품을 합하면 2500억 달러로 중국에서 수입하는 연간 규모의 절반이 된다. 하이테크 제품뿐만이 아니라 가전제품 등 일반 시민대상의 수입품도 해당된다.

미국과 중국이 제대로 된 무역 전쟁에 돌입한 모양새다. 도날드 트럼프 미국 대통령의 취임 초기 시진핑 주석을 자신의 플로리다 별장에 초대 '마라라고의 하니 문'을 가지자 중국 사람들은 '시터(習特

시 주석과 트럼프 대통령)브로만스'를 이야기 하면서 중국의 굴기를 트럼프 대통령이 받아들이는 것으로 알았다. 그리고 중국은 북한의 비핵화를 위한 경제제재에 대해서 미국과 보조를 같이하였고 가급적 미국을 자극하지 않으려고 노력해 왔다.

미국의 생각은 달랐다. 외형적으로는 중국에 의한 무역 적자가 너무 심하다고 보고 이의 조정을 요구하고 있는 것처럼 보인다. 사실 중국과의 연간 무역 적자는 3752억 달러로 미국의 전체 적자의 50%에 육박한다. 일본은 9% 밖에 안 된다.

실제적으로는 중국 봉쇄에 있었다. 미중간의 쉽게 끝나지 않을 패권 경쟁이 시작된 것이다. 중국이 중국몽(中國夢)을 내세워 미국의 경제 패권을 위협하는 한 무역 전쟁은 계속할 것이다. 패권국이 빠르게 부상하는 신흥강국과 충돌 하는 것을 투키디데스의 함정이라면 미중 두 나라는 경제적으로 이미 함정에 빠져 '예정된 전쟁'을 하고 있는 셈이다.

지난해 여름 중국 톈진에서 개최된 하계 다보스포럼 기조 강연자로 나선 리커창(李克强) 중국 총리는 미국과의 무역전쟁으로 인한 중국 경제의 어려움을 솔직히 시인한 바 있다. 경제 냉전으로 표현되고 있는 미중 무역 전쟁으로 중국을 떠나는 서방기업은 중국 경제에 찬물을 끼얹는 결과를 초래할 것으로 우려하였다.

중국내에서도 대미 무역에 대한 자성의 목소리가 나오고 있다. 한때 중국은 이미 미국을 앞지른 '슈퍼 차이나'가 되었다고 주장했던 학자가 갑자기 사라졌다. 그러나 중국은 자존심이 센 나라이다. 쉽게 굴복하지 않는다.

중국에서 기업하는 사람들은 신문보기가 겁난다고 한다. 미국의 트럼프 대통령과 중국의 시진핑 국가 주석 간의 주거니 받거니 하는 말 폭탄에 중국 사업에 대한 걱정이 많다는 것이다.

미중 무역 전쟁에 한국 기업의 입지가 좁아지고 있다. 미국 정부가 중국에 대한 지적 소유권 침해 등 무역적자에 대한 불만으로 고율의 관세를 부과하자 한국 기업의 피해가 커지고 있다. 중국의 대미 수출품의 중간재의 많은 부분이 한국 기업과 관련되기 때문이다.

그렇지 않아도 중국에서 한국 기업의 경영환경이 갈수록 나빠지고 있다. 중국 정부는 이미 10년 전에 외자우대 세제를 철폐했다. 그리고 인민폐의 꾸준한 절상과 인건비의 상승으로 원가 압력을 받고 있는데다가 중국 기업끼리 공급만을 구성하는 홍색 공급망(Red Supply Chain)도 외국 투지가로서는 견디기 어렵다.

'차이나+1' 이라는 말이 있다. 중국만 바라볼 것이 아니고 중국이외 베트남 등에 투자를 생각하라는 이야기가 꾸준히 나오고 있다. 중국에서의 각종 리스크와 애로를 극복하지 못하는 기업은 동남아로 투자 대상국을 바꾸어야 살아남을 수 있다.

그러나 중국에서 한국 기업의 장래는 어둡지 않다고 말하는 사람도 있다. 실력을 갖추어 중국인의 마음을 얻는다면 한국 기업의 성장 기회가 아직 있다고 한다. 한국 제품의 중국의 수입시장 점유율이 2013년 이래 1위를 차지하고 있다는 사실이다.

중국의 사드 보복으로 우리 기업으로서는 최악의 한 해였던 2017년도 경우에도 중국에서 한국으로부터 수입점유율이 9.9%로 여전히 1위였다. 기술력이 앞선 일본(9.2%), 동일 민족 동일 언어를 사용하는 타이완(8.7%)보다 앞선것이다.

중국이 어렵다하지만 한국인은 그 속에서 틈새를 잘 찾아내고 있다는 증거이기도 하다. 지금은 중국이 미국과 대립하고 있지만 언젠가 미국의 질서에 순응한다면 우리에게 기회가 더 늘어난다. 중국에 실망하고 빠져 나오면 다시 들어가기가 어렵다. 중국은 우리와 이웃하고 있는 나라 중 잠재력이 가장 크다. 중국은 한자 문화권이며 유교 문화권으로 어느 나라보다 우리와 잘 맞는 나라로 볼 수 있다. 기업 환경은 나빠졌으나 중국에서의 위기요인보다 기회요인을 먼저 찾아보는 긍정적인 마인드를 가져야 한다고 충고한다. 과거 한국 기업은 '한중 수교 초기에 저임금에 현혹되어 탐(貪)중국'으로 진출했을 수도 있지만 환경이 나빠졌다고 '탈(脫)중국'은 안된다는 것이다. 전문가들은 긴 호흡으로 중국을 탐구하는 '탐(探)중국'으로 전략을 다시 짜야 한다.

패권에 관한 문제이므로 미중간의 무역 전쟁이 계속될 것으로 판단된다. 무역 전쟁의 시작은 "무역 총알이 발사(Tariff shots fired.)되면서 시작되었다. 방아쇠는 미국에서 먼저 당겼다. 마오쩌둥은 자신의 어록에 "적이 나를 치면 반드시 대응해야 한다(人若犯我 我必犯人)"고 했다. 중국이 보복하는 것은 당연한 일이다. 무역 전쟁 하기 전에 트럼프 대통령과 시진핑 국가주석 간에 말로만의 기싸움(bluffing)이 결국 현실이 되고 말았다.

이번 미중 간 무역 전쟁의 본질은 양국이 양보할 수 없는 패권싸움으로 발전될 소지가 많다. '투키디데스의 함정'처럼 무역 전쟁이 악화되면 실제 전쟁이 나지 말라는 법이 없다. 중국의 부상으로 패권의 위협을 느끼는 미국의 우려는 무엇인지 살펴 볼 필요가 있다.

첫째, 미국은 'Made in China 2025' 로 알려진 중국 제조업 굴기가 미국의 지적재산권을 침해하고 있다고 보고 있다. 중국이 과거 철강 산업처럼 중후한 제조업에는 관심이 없다. IT 산업이 중국의 미래 먹걸이가 되고 있다는 것을 알고 있다. 미국이 이번 무역 전쟁을 촉발한 고율 관세가 항공 우주 반도체 등 첨단 기술 제품에 몰려 있는 것은 우연이 아니다.

최근에는 미국이 중국의 통신장비업체 중싱통신(ZTE)제재한데 이어 중국의 국유반도체회사와의 거래 금지령을 내렸다. 중국이 이스라엘에 접근하고 견원지간의 일본을 우대하는 것도 기술패권을 차지하기 위해서다.

둘째, 남중국해 문제이다. 미국은 중국이 남중국해에 군사 거점을 만들어 자유항행을 방해한다는 데 불만이다. 중국은 수출을 통해 산업화와 경제를 성장 시켰고 수입을 통해 석유 등 주요 에너지 자원을 확보했다. 수출입 모두 국제 수송로를 통해 이루어진다. 중국이 남중국해를 손에 쥐고 싶어하는 이유이다. 더구나 이곳은 가스 등 천연자원이 풍부하다.

셋째, 북한의 비핵화 문제이다. 미국은 어렵게 북미정상회담을 이끌어 내었는데도 불구하고 북한의 비핵화가 잘 진전되지 않는 것에 대해 '중국 배후론'을 거론하고 있다. 중국은 북한을 두고 미국과 경쟁하는 입장이 되었다. 미국의 대북정책이 '전략적 인내(strategic patience)'의 때에는 중국도 북한을 무시했었다. 북한의 김정은이 경제제재를 풀어 달라면서 미국에 달려가자 중국이 초조해진 것이다.

미국은 부상하는 중국을 어떻게 처리해야 할까. 그리스의 장군으로 역사가인 투키디데스는 〈펠로폰네소스 전쟁사〉에서 고대 그리스를 초토화한 전쟁이 일어 난 것은 지배세력인 스파르타가 신흥세력인 아테네의 부상을 두려워하여 일으킨 전쟁으로 설명하고 있다.

미국의 하버드 대학 케네디 스쿨의 학장을 지낸 그레이엄 앨리슨 교수는 미중간의 대립을 내다보고 책을 발간하였다. 책 이름은 '예고된 전쟁(Destined For War)'이다 앨리슨 교수는 이 책에 부제를 부쳤다. 부제는 '미중은 투키디데스 함정을 피할 수 있을 것인가? (Can America and China escape Thucydides's Trap?)이다.

앨리슨 교수가 분석한 신흥 강국과 패권국간의 16개 갈등 케이스에서 80%에 가까운 12번이 전쟁을 통해 해결되었음을 강조하고 미중간의 갈등이 17번째임을 경고하고 있다. 중국은 역사에서 교훈을 얻어 미국과의 패권 경쟁에서 꼬리를 내릴 것인가.

'미국 우선주의(America First)'를 내세워 대통령에 당선된 트럼프는 백악관 경제팀에 보호무역주의자로 채워 넣었다. 특히 피터 나바로 국장은 "중국이 세상을 지배하는 그날(Death by China)"이라든지 "웅크린 호랑이(Crouching Tiger)"라는 저서들을 발간한 대중 초강경론자다. 트럼프 대통령은 후보 시절 피터 나바로를 만나 그의 중국 경계론에 푹 빠졌었다고 한다.

무역전쟁에는 승자가 없다. 미국이 촉발시킨 미중 무역전쟁의 발발로 미중간의 교역이 줄어들고 미중 양국의 산업생산이 주춤할 것이다. 이번 미국의 무역전쟁은 시진핑 국가주석의 집권 2기 출범과 때를 같이 하여 중국의 허를 찔렀다. 시 주석은 김정은 위원장을 초청

극비회담을 하는 등 북한 카드를 통한 이 지역의 강한 리더십을 보여 미국에 밀리지 않겠다는 전의를 보여 왔지만 역부족으로 보인다.

중국의 개혁 개방론자인 덩샤오핑은 도광양회(韜光養晦)를 주장했다. 시진핑이 이끄는 중국의 지도자들은 너무 빨리 삼페인을 터트린 것이 아닌지 모르겠다. 최근 덩샤오핑의 아들인 덩푸팡(鄧朴方)이 노골적으로 중국의 지도부를 비난했다. 아직 유소작위(有所作爲)며 분발유위(奮發有爲)하기에는 실력이 모자라는데 너무 성급했다는 것이다.

덩푸팡는 도광양회를 설명한다. "냉정하고 조용히 관찰하지만 입지는 분명히 세우며 침착하게 대처하고 힘을 아껴 보존하며 부족함을 잘 지켜 결코 쉽게 나서지 말라"는 덩샤오핑이 후배 정치가들에게 남긴 충정 어린 충고를 듣지 안았다고 생각한 것이다.

중국이 이번 미국과의 무역전쟁을 어떻게 극복해 가느냐에 따라 앞으로 동북아의 구도 변화와 시 주석의 장기 집권의 성패도 달려있다고 본다. 무역 전쟁은 중국만이 문제가 아니다. 미국의 통상 학자들은 트럼프 미국 대통령이 촉발시킨 무역전쟁의 심각성을 지적하고 있다. 노벨 경제학상 수상자인 폴 크루그먼 교수는 '무역전쟁의 여파로 세계 교역량은 1950년대 수준으로 돌아갈 것이라고 경고하고 있다.

크르그먼 교수는 미국이 관세를 부과하면 상대국은 보복관세를 부과하고 미국은 다시 재 보복조치를 내 놓을 경우 국가별로 관세율이 40%대 수준에 이르게 되고 교역량의 60% 이상이 감소되어 1950년대 수준이 된다는 것이다. 길게 보면 미국은 거대한 자해행위를 하고 있다고 크루그먼 교수는 지적하고 있다.

미중간의 무역 전쟁이 길게 보아 패권 경쟁이라면 한반도를 둘러싼 패권이다. 이 경우 한국전쟁을 빼고 말 할 수 없다. 1950년 6월25일 일요일 북한의 기습 남침으로 한국전쟁이 발발하였다. 북한은 준비된 전쟁이었으므로 부산까지 밀고 내려왔으나 유엔군의 참전과 맥아더 장군의 인천상륙 작전 성공으로 북한군이 남북에서 포위되면서 전세는 역전된다. 북한은 오히려 쫒기는 상황이 되었다.

위기에 몰린 북한을 도운 나라는 중국이다. 이른바 항미원조(抗美援朝)였다. 1592년 일본의 침략한 임진왜란 때에도 중국(明)은 조선을 도왔다. 그때는 항왜원조(抗倭援朝)였다. 중국은 전쟁 발발 4개월 후 '중국인민지원군'을 결성 북한에 파병하여 패망직전의 북한을 도왔다. 중국으로서는 국민당과의 내전 끝나지 않은 채 한국전쟁 참전이라는 어려운 결정을 하였다. 학자들은 중국이 한국전쟁에 참전하므로써 대만 통일의 기회를 잃었다고 보고 있다.

마오쩌둥(毛澤東) 주석은 솔선하여 자신의 장남 마오안잉(毛岸英)을 지원군에 소속시켰다. 신혼의 마오안잉은 한국전쟁에 참전한지 한 달 만에 미군 전투기 폭격으로 전사한다. 그의 유해는 지금도 북한에 묻혀 있다.

중국이 한국전쟁에 참전하여 세계 최강의 미군과 싸워 "잠자는 사자"가 아니라는 평가를 받아 국제사회의 존재감을 인식시켰다는 평가가 있지만 그 후 미국과 단절 경제 상황은 어려웠다. 중국이 1972년 미국 닉슨 대통령의 방으로 1979년 드디어 미중수교가 이루어 졌다.

미중 관계가 좋았던 시절에 헨리 키신저가 있었다. 닉슨 대통령이 중국을 방문하여 상하이 공동성명을 만들어 낸 이면에는 키신저가 있었기에 가능했다. 키신저는 미국이 중국과 가까워지고 소련을 견제허야 세계의 패권을 유지할 수 있다고 보았다. 지금도 중국은 95세 고령의 키신저를 대미 협상의 방패막이로 이용하고 있다.

세월이 지나면서 친중적인 키신저 외교정책이 쇠퇴하고 포스트 키신저 시대가 왔다. 대중 강경파인 피터 나바로는 중국의 굴기가 아시아를 넘어 세계평화의 위협이 되고 있다고 판단하고 있다. 중국을 견제하기 위해서는 전쟁을 각오하는 무슨 정책이라도 가능하다고 생각한다. 지금까지 타부시하였던 대만 카드도 꺼내들고 중국의 개별기업에 대한 제재도 고려하고 있다. 미중간에 한반도와 대만이 거래되는 그랜드 바겐도 생각하는지 모른다.

미소 냉전 시대에 중국이 미국의 우군으로 서로 협력하는 시대는 끝났다. 중국은 과거 소련 이상의 '슈퍼 파워'로서 등장하였다. 시간은 중국편이다. 미중간에 끼여 있는 북한 그리고 한국의 운명도 미국과 중국이 결정할지 모른다. 미중 양국의 패권 경쟁에서 불꽃이 튀면 화재는 한반도에서 일어난다. 한반도는 과거에도 강대국이 서로 차지하려고 했다. 그것이 한반도의 지정학적인 운명이다.

우리가 원하든 원치 않든 동북아의 지정학은 흔들리고 있다. 과거 안미경중(安美經中)이라하여 안보와 경제를 미국과 중국에 의존하는 좋은 시대는 이제 끝났다. 중국을 '슈퍼 파워'로 인정하여 과거 구소련처럼 라이벌로 생각하는 미국은 이 지역에서 미국 우선의 새로운 질서를 짜고 있다. 우리에게 미국이냐 중국이냐의 선택을 요구할지 모른다. 한국이 생존할 수 있는 길을 미리 알고 우리의 모든 전략을 새로 점검해야 한다.

21세기 실크로드

중국의 시진핑(習近平) 국가주석이 주장한 21세기 실크로드 일대일로(一帶一路)가 화제에 자주 오른다.

실크의 어원은 '스(si 絲)'에서 유래된다. '스'는 생사를 묶어 놓은 모습이다. 중국의 갑골문에서 '스'와 함께 누에(蠶) 뽕나무(桑) 등의 글자가 보여 양잠의 역사가 갑골문이 만들어진 은(殷) 이전으로 거슬러 올라간다. 기원전 3천 년 전 쯤 된다고 한다. 중국의 전설적 요순시대에도 지금의 산서성 황토고원이 뽕나무가 잘 자라는 토양으로 양잠이 성했다. 뽕나무는 중국 북부지방이 원산지이다. 상전벽해(桑田碧海)라는 말처럼 뽕나무 밭이 흔했던 것 같다.

실크 즉 '스'를 통해서 중국이라는 나라가 서양에 알려졌다고 한다. 기원전 5세기 그리스의 역사가 헤로도토스가 '역사'라는 책에서 처음으로 중국을 소개했다. 그는 중국을 실크로 이해하여 '세레스(seres 실크를 만드는 나라)'라고 불렀다. 세레스가 라틴어에서 세리카(serica)로 바뀌고 영어의 실크(silk)는 세리카에서 유래되었다고 한다.

일부에서는 그리스에서 실크가 세레스와 함께 '시나(cina 또는 sina)'로도 불리어서 지금의 차이나(China)가 '시나'에서 유래되었다는 설도 있다. 차이나가 중국을 처음으로 통일한 진(秦)에서 유래되었다고 하지만 서양에서는 이 보다 훨씬 이전에 '시나'라는 말이 통용되고 있었던 것 같다.

고대 중국의 최대 발명품이자 기반산업인 실크가 유럽으로 건너가 로마의 귀족들이 즐겨 입는 최고급 옷감이 되었다. 실크는 프로테인(蛋白質)이 주성분인 생사로 만들어져 윤기가 흐르고 따뜻하다. 몸에 걸쳤을 때 가벼우면서 그 흐름이 몸의 곡선을 감추지 않아서 사치에 빠진 로마 귀족이 앞 다투어 수입하여 국고가 바닥이 날 지경이었다. 아우구스티누스 황제는 황금의 가치와 막 먹는 중국의 실크 착용을 금하는 칙령을 발표하였다.

유럽에서 인기가 높은 실크는 밀무역으로 조달되어 가격이 천정부지로 오르자 자국 생산 노력이 시작되었다. 7세기 동로마시대 중국에 진출해 있던 기독교 일파인 네스토리우스파(景教)의 선교사가 중국 관헌의 눈을 피해 대나무관 속에 누에알을 숨겨 반출하였다. 비교적 따뜻한 시칠리아 왕국에서 누에알을 부화시켜 양잠에 성공하자 양잠은 베니스 등을 통해 이태리 전역에 보급되었다.

이탈리아와 가까운 프랑스 리용에서는 이탈리아 기술자를 불러 실크를 만들기 시작하였다. 영국에서는 기후 문제로 양잠이 실패하자 중국으로부터 직수입 하였다. 영국의 실크 수입은 국부(銀)의 유출을 가져 왔고 국부 회수를 위해 인도 산 아편을 중국에 팔게 됨에 따라 아편 전쟁이 일어났다. 아편전쟁은 사실 실크가 원인을 제공한 실크전쟁이기도 하다.

중국과 가까우며 기후가 유사한 우리나라에서는 일찍이 양잠의 기술이 도입되어 귀족들 중심으로 비단(緋緞) 또는 명주(明紬 명나라 견직물)라는 실크 옷을 해 입었다. 조선조에서는 한강이남 모래

밭에 대대적으로 뽕밭을 만들어 국가가 직접 양잠을 운영한 것 같다. 서울 강남에 잠실 잠원 등 지명이 그대로 남아 있다.

그러나 양질의 실크는 역시 중국에서 직수입해야 하였다. 조선의 조공 사신단을 통해 중국인이 좋아하는 인삼과 실크가 물물교환 되고 중강 개시, 책문 후시 등 공식 비공식 국경 무역을 통해 중국산 비단이 수입되었다.

조선 후기 비단이 널이 보급되면서 인천을 통해 산동성 비단이 들어오고 항저우(杭州)를 중심으로 하는 절강성 비단은 부산을 통해서 팔렸다. 중국의 비단 장사가 직접 비단을 가지고 와서 팔기도 했던 것 같다. 우리가 어릴 때 자주 들었던 '비단이 장사 왕 서방'이라는 노래가 있다.

'비단이 장사 왕 서방, 명월이 한테 반해서
비단이 팔아 모은 돈 통통 털어 다 주었소
띵호와 띵호와 돈이 없어서도 팅호와'

실크가 거래된 옛 무역로(貿易路)를 '실크로드'라고 하지만 실크로드라는 말이 나온 지는 그리 오래지 않다. 독일의 지리학자 탐험가 리히트 호펜(1833-1905)이 중국을 여행하고 돌아와서 저술한 '중국'이라는 책에서 처음으로 실크로드를 언급하였다. 그 후 독일 베를린 대학에서 리히트 호펜의 제자였던 스웨덴 탐험가 스벤 헤딘(1865-1952)이 중앙아시아를 여행한 후 '실크로드'라는 책을 저술하여 비로소 실크로드가 정착되었다.

위안밍위안(圓明園)의 꿈과 링지화(令計劃)의 몰락

베이징 교외의 하이텐구(海淀區)에 '위안밍위안' 즉 우리 귀에 익은 발음으로는 '원명원'이라는 청조(淸朝)시대의 고궁이 있다. 황제의 별궁으로 지어졌지만 나중에는 황제가 상주하면서 집무를 보았던 정궁이 되었다. 시내의 자금성은 의전적인 궁이고, 넓은 정원이 딸린 원명원에서 황제가 주로 거처하였다. 당시 세계에서 가장 아름다운 왕궁으로 유명한 원명원이 애석하게도 2차 아편전쟁 기간 중인 1860년 함풍제가 열하(熱河 지금의 承德)로 피난 간 사이 영불연합군에 의해 약탈되고 파괴되었다. 지금도 3.5 평방km(여의도 보다 약간 큼)의 넓은 지역이 온통 폐허의 모습 그대로 보존되어 있다. 이는 서양의 침략자에 의해 파괴된 모습을 그대로 보여 주면서 '아픈 역사를 잊지 말고 기억하자'는 의미로 복원하지 않고 있다고 한다. 원명원은 역사 교육현장이다. '힘이 없어 당한 선조들의 아픔과 설움을 되풀이 되어서는 안 된다'는 것이 다녀 온 사람들의 일반적인 소감이다.

1980년대 중반의 어느 날, 공청단(共青團) 중앙의 젊은 직원들도 애국 교육을 겸한 야유회(郊遊)로 원명원을 찾았다. 공청단은 '중국 공산주의 청년단'의 약칭으로 중국 공산당 주도아래 14-28세의 젊은 단원의 지도를 맡는 청년 엘리트 조직이다. 그 날 원명원을 방문한 공청단의 직원 중에는 선전과장 링지화(令計劃)도 포함되어 있었다.당시 원명원에는 구리핑(谷麗萍)이라는 여직원이 근무하고 있었다. 베이징 대학 법학과를 졸업한 구리핑은 학벌과 미모로 며느리감으로서는 영순위였다고 한다. 바늘에 실을 꿰듯(穿針引線) 주변의 소개로 링지화는 구리핑을 만났고 그 날을 계기로 두 사람의 사랑이 싹 터 결혼으로 연결된다. 그리고 1988년 외아들 링구(令谷)가 태어난다.

1956년 10월생인 링지화는 아버지 어머니가 모두 의사로서 항일운동에 참가한 혁명가족 출신이다. 산시성(山西省) 윈청(運城)병원의 의무과장인 아버지는 4남1녀의 자녀들에게 당시 공문서에 자주 오르는 말로 이름을 지었다고 한다. 큰아들은 루셴(路線) 둘째는 쩡처(政策) 셋째(딸)는 팡쩐(方針) 넷째는 지화(計劃) 망내는 완청(完成)이다. 링지화는 네 번째 자식이지만 아들로서는 셋째이다. 링지화는 고향인 산시성 핑루현(平陸顯)의 인쇄공장의 검자공(檢字工)으로서 출발하였으나 일벌레라고 할 정도로 근면과 성실로 산시성 공청단의 선전부에 발탁되었다. 링지화는 대학을 다니지 않았지만 항상 책을 옆에 두는 학구파였다고 한다. 그리고 문장력뿐만이 아니라 글씨도 여러 서체(書體)에 맞춰 잘 썼다고도 한다. 당시 공청단 중앙에 보내는 보고는 모두 직접 글을 써서 보고하므로 글씨가 중요했다. 링지화의 손을 거친 보고서는 내용도 알차지만 글씨가 흐트러짐 없고 여러 글자체가 입체적으로 섞여 눈에 확 띄는 보고서였다고 한다.

링지화가 상사의 신임과 인정을 받은 것은 당연한 일이었다. 당시 당 중앙에서는 세대교체(年輕化)를 위해 지방의 젊고 유능한 간부를 중앙으로 불러들이고 있었다. 청년 링지화는 이러한 정부 시책에 따라 베이징의 공청단 중앙으로 영전하게 되었다. 공청단 중앙에서도 그는 근면과 성실로 동료와 상사의 의도를 미리 파악 처리하여 인기를 끌었다. 그가 38세 때 공청단 중앙의 선전부장이 될 정도로 승진이 빨랐다.링지화는 그럼에도 남 앞에서 사진에 찍히는 것을 꺼리고 그의 이름이 외부에 노출 선전되지 않도록 부탁할 정도로 겸손하였다. 링지화는 성공의 충분조건인 근면 성실과 필요조건인 재능을 모두 갖추고 자신의 인생을 나름대로 계획하고 있었던 것 같다. 링지화의 능력은 당 중앙에서도 알려져 1995년 공청단 중앙에서 당 중앙 판공청(대통령 비서실 해당)으로 파격적으로 발탁된다. 그의 근무처가 중앙 영도들이 집무를 보는 중남해(中南海)로 바뀐 것이다. 1979년 산시성에서 공청단 중앙으로 영전한지 16년만이었다. 그리고 나중에는 당 중앙 판공청 부주임을 거쳐 판공청 주임(대통령 비서실장에 해당)으로 고속 승진을 하면서 그의 관운은 수직으로 열렸다. 공직자로서 최고 꿈인 당 중앙 정치국위원이 되는 것은 18대(2012년) 당 대회에서 확실해 보이고, 나아가서 정치국 상무위원도 이변이 없는 한 19대(2017년) 때에는 가능해 보였다.

이권을 쫓는 사람들은 링지화와 그의 형제 가족들에게 몰려들었다. 링지화는 가족들에게 명예를 더럽히지 않도록 당부를 하고 아들 링구의 대학 입학 시에는 자신의 아들인지 모르게 다른 이름(化名)을 사용토록 하는 용의주도함을 잃지 않았다. 그러나 그의 철저한 계획에도 불구하고 승진을 거듭함에 따라 이상과 신념이 느슨했는지 그의 주변 관리가 잘 되지 않았던 것 같다. 특히 아들 링구에게 페라리라는 고급 외제 스포츠카가 주어진 것이다. 그것이 문제였다.

링지화는 인생의 중요한 전환점에서 자신의 계획이 무너지고 있었던 것을 몰랐던 것 같다.

2012년 3월18일 링구는 밤을 새워 어울리다가 새벽녘에 검은 페라리에 젊은 여인 두 사람을 태워 베이징 4환로를 질주했다. 새벽 4시경 링구의 페라리가 북4환로 지하도의 교각을 들이 받았다. 바오푸쓰교(保福寺橋)였다. 중국의 IT 단지 중관촌(中關村)이 있는 곳이다. 3월18일은 베이징의 봄이 오기에는 이른 시기였다. 봄추위(春寒)가 장독을 깬다는 말이 있는 것처럼 베이징의 꽃샘추위가 대단하다. 그날 밤도 꽃샘추위로 진눈깨비가 흩날렸다고 한다. 지표를 살짝 덮은 눈은 차량 사고를 부르기 좋게 되어 있다. 아무래도 운전에 미숙한 링구의 검은 페라리는 순간 미끄러져 교각과 시멘트벽에 부딪친 것으로 보인다. 자동차는 여러 조각으로 부서지고 운전자는 튀어 나갔다. 목격자의 신고에 의해 베이징 공안이 달려 왔으나 운전자는 즉사하였고 두 여인은 병원에 실려 갔다.

베이징 대학에서 국제관계학을 공부한 24세의 꽃다운 나이의 링구는 아버지 링지화와 어머니 구리펑이 만나 가정을 이룬 원명원에서 멀지 않은 바오푸쓰교에서 불귀의 객이 된 것이다. 그리고 아버지의 출세욕으로 죽음 자체가 은폐되어 장례도 제대로 치러지지 못했을 것 같다. 18차 당 대회가 얼마 남지 않은 시점에 자신의 운명을 바꿀 수 있는 중대 사고가 발생한 것을 감지한 링지화는 한 순간 사실 보고와 은폐를 놓고 망설였는지 모른다. 그는 결국 은폐라는 악수를 택했다. 이는 자신에게 무한 신뢰를 보내 주고 윗분들에게 돌이킬 수 없는 배신이었다.

링지화는 중앙 경위국(대통령 경호실 해당)을 동원 현장을 봉쇄하고 언론을 막았다고 한다. 그러나 진실은 시간이 걸리지만 결국 알려지게 된다. 링지화는 정치국위원은커녕 통일전선공작부장(통전부장)으로 좌천되었다. 사람들은 링지화의 주변을 떠나가고 그에 대한 비리 조사가 조용히 시작된 것으로 전해졌다. 링지화의 집에서 트럭 6대분의 뇌물이 적발되었고 일본 교토에 호화 저택을 2채나 소유하는 등 일본에 불법 투자한 사실이 밝혀 진 구리핑이 일본으로 출국하려다가 검거되었다는 보도가 나왔다. 2014년 12월 말경 '기율위반' 혐의로 조사 중인 링지화 통전부장이 면직되었다고 보도되었다. 시골 산시성에서 상경하여 자신의 이름처럼 원대한 계획을 세웠던 링지화는 아들의 '페라리 사고'가 계기가 되어 자신이 쌓아 올린 모든 것을 잃었다. 원명원에서 시작된 링지화 가족의 청운의 꿈은 일장춘몽으로 끝나고 있는 것으로 보인다.

주한 초대 외교관 탕사오이(唐紹儀)와 갑신정변

얼마 전 중국의 지인이 탕사오이의 서울 행적을 알고 싶다고 하여 조계사 근처의 옛 우정총국 건물로 안내한 적이 있다. 탕사오이(1860-1938)는 청말 민국초의 외교관이며 정치인으로 16년간의 서울 생활을 통하여 한국과는 인연이 깊다. 우정총국(Centeral Post Office)은 미국을 다녀 온 홍영식이 건의하여 우리나라 역참을 서양식의 우정 시스템으로 바꾸기 위해 설치한 최초의 우편행정관서다. 병조참판인 홍영식이 총판을 겸직 하였다.

1884년 12월4일은 우정총국이 개국하는 날이다. 이 날 축하를 하기 위해 홍영식 김옥균 등은 각국의 외교관과 대신들을 불러 신청사에서 축하연을 개최하였다. 민영익 등 주요대신과 외교 고문 묄렌도르프, 미국의 푸트공사, 영국의 애스턴 총영사 외에 일본의 외교관도 초청되었다. 연회가 무르익을 무렵 행사장 인근에서 불길이 솟았다. 불이 난 것을 확인하고자 밖으로 급하게 뛰어 나간 민영익이 칼을 맞고 돌아 와 쓰러진다. 우정총국 개국을 계기로 쿠데타를 준비한 김옥균 등 급진 개화파가 숨겨 둔 행동대원들의 칼에 맞은 것이다. 흥선대원군이 청국에 납치된 후 조선은 쇄국의 빗장을 열고 개화해야 한다는 인식이 대세였다. 그러나 개화파 중에는 청국의 양무운동을 벤치마킹하자는 온건파와 일본의 메이지 유신을 본 따야 한다는 급진파가 대립하고 있었다. 친일 급진파는 민영익 등 민비 척족으로 이루어진 친청 온건파를 개혁의 걸림돌로 보고 있었다. 민영익은 명성황후의 먼 친척이지만 10년 전 폭탄테러로 폭사한 명성황후의 양 오라버니 민승호의 대를 이은 양 조카이다. 민영익은 명성황후의 집안의 대를 잇고 있어 척족의 중심인물이다.

피를 흘리고 쓰러져 있는 민영익을 도와 준 사람은 독일인 묄렌도르프였다. 그는 민영익을 부축하여 그 곳에서 멀지 않은 자기의 집으로 몸을 피했다. 묄렌도르프의 집은 지금의 조계사 후문의 수송근린공원 근처에 있었다. 물론 당시에는 조계사는 없었다. 고려시대와 달리 조선의 억불정책으로 4대문 안에는 사찰이 없었다. 1910년 한용운 등의 노력으로 4대문 안에 처음 사찰을 세운 것이 조계사의 전신인 각황사였다. 천연기념물로 수령이 수백 년 된 조계사 백송(백피송 또는 백골송)은 중국이 원산지이다. 현재 백송이 있는 곳은 중국에 사신으로 다녀 온 어느 세도가의 안마당이었는지 모른다. 당시 사신을 다녀 온 세도가들은 귀국 길에 중국의 백송을 가지고 와 자기 집에 심었던 것이 유행이었다. 조선에는 없는 귀한 백송으로 집안의 위세를 보여 주고 싶었던 것 같다.

딘영익을 데리고 간 묄렌도르프의 집은 본래 흥선대원군의 막내처남인 민겸호의 집이었다. 민겸호는 폭사한 민승호의 친동생이며 민영환의 생부로 1882년 임오군란 시 병조판서로 있었다. 급료를 받지 못해 난을 일으킨 구식 군인들이 민겸호를 죽이겠다고 민겸호 집으르 쳐들어갔다. 그러나 민겸호는 피신한 후였다. 난병들은 민겸호를 찾아 내 창덕궁으로 끌고 가 대원군이 보는 가운데 민겸호를 죽였다. 민겸호의 시체는 창덕궁내 개천에 아무렇게나 버려졌으나 한

동안 어느 누구도 거두지 않았다고 한다. 민겸호 집은 불행하게 죽은 집주인 때문이지 사람이 살지 않은 폐가가 되었다. 조선조정은 이 집을 묄렌도르프에게 하사하여 자택 겸 해관관서로 사용하게 하였던 것 같다.

1885년 묄렌도르프가 중국으로 돌아 간 뒤에는 엄 귀비의 소유가 되었다. 엄 귀비는 후에 이 자리에 여성교육을 위해 학교를 설립하였는데 이것이 최초의 숙명여중고였다. 한편 우정국의 난을 피해 묄렌도르프가 민영익과 함께 돌아오자 집을 지키던 묄렌도르프의 비서인 탕사오이가 맞이하였다. 탕사오이는 사태의 심각성을 느끼고 집안을 단속하였다. 그는 민영익을 처단하겠다고 몰려오는 친일 폭도들을 총으로 위협하여 막아냈다. 폭도들이 물러가자 묄렌도르프는 미국인 의사 알렌을 불러 민영익을 치료하게 하여 구사일생의 목숨을 살린다. 우정총국에서 시작된 갑신정변은 위안스카이(袁世凱)의 1500명의 청군에 의해 진압되고 3일천하로 끝났다. 일본으로 달아 난 김옥균 서재필의 집은 몰수되어 후에 관립한성고등학교(구 경기고등학교) 부지로 제공된다.

위안스카이는 묄렌도르프 집에서 일어난 탕사오이의 용감한 행동에 깊은 인상을 받았다. 그 후 두 사람은 한 평생 허물없는 우정(莫逆之交)을 나누었다고 한다. 당시 위안스카이(25세) 민영익(24세) 탕사오이(24세)는 모두 20대의 청년들이었다. 조선에서 담대한 면모를 보여 준 탕사오이는 신해혁명 후 1912년 대총통 위안스카이 아래에서 국무총리를 지낸 인물이다. 탕사오이는 광동성 향산 출신으로 차 무역을 하는 아버지를 따라 상하이에서 어린 시절을 보내고

12세에 청국 정부에서 시행하는 '유미유동(留美幼童)'으로 선발되어 국비로 미국 유학을 떠난다. 탕사오이는 컬럼비아 대학 등 7년간의 미국 유학생활을 끝내고 1881년 귀국 하여 텐진의 수사(水師)양무학당에서 학업을 계속하고 있었다. 리훙장은 묄렌도르프를 조선 조정의 외교고문으로 파견하면서 탕사오이를 비서로 수행시켰다. 묄렌도르프가 조선조정에 거청친로(拒淸親露)정책을 권유하였다하여 그를 추천한 리훙장의 요구로 해임되어 중국으로 돌아가지만 탕사오이는 서울에 남아 통역 등 위안스카이의 외교 업무를 도운다.

갑신정변 10년 후 갑오년 청일전쟁의 발발로 신변의 위협을 느낀 위안스카이는 자신의 업무를 대리할 탕사오이를 남겨 두고 귀국한다. 탕사오이는 원세개의 안전 귀국을 위해 지팡이를 짚는 노인으로 분장시켜 일본군이 쫙 깔린 서울을 떠나 인천에 정박 중인 청국의 군함을 탈 수 있도록 하였다고 한다. 1895년 을미년 시모노세끼(下關)조약으로 조선은 청국과의 조공관계가 대등관계로 바뀌었다. 조선과 청국은 정식 외교관계에 들어가면서 청나라는 탕사오이를 조선주재 초대 총영사로 임명하였다. 탕사오이는 청국의 공식 외교관으로 일본의 대륙낭인에 의한 명성황후의 처참한 시해와 고종의 아관파천 등 일본과 러시아 사이에 끼인 조선의 현실을 직접 목격하였다.

탕사오이는 1898년 9월 귀국 후에는 위안스카이의 대외관계 비서로서, 리훙장 사후 위안스카이가 직예총독과 북양대신을 맡고 있을 때에는 천진 해관업무를 관장한다. 1904년 영국이 티베트를 공격하였을 때 탕사오이는 인도(印度)에 파견되어 영국과 담판, 중영(中英) 티베트 조약(Convention between Great Britain and

China respecting Tibet)을 통하여 영국이 티베트 점령을 포기토록 한다. 위안스카이 사후 탕사오이는 군벌 정부의 외교수장으로도 활동하나 장제스(蔣介石)와는 사이가 좋지 않았다. 일본에 이용될 것을 우려한 장제스의 밀정에 의해 상하이 프랑스 조계지의 자택에서 암살된다. 1938년 9월의 일이었다.

제주도와 '차이나 머니'

천하를 통일한 진시황은 모든 것을 얻었지만 자신이 늙고 언젠가는 죽어야 한다는 것이 고통이었다. 이 때 진시황을 불로장생케 하겠다고 전국의 방사(方士)들이 모여 들었다. 방사란 당시 의술 천문 역학에 능한 전문직업군 이었다. 그중에 제(齊)나라 출신의 서복(徐福)이라는 방사는 불로장생의 신선(神仙)도 본래 인간인데 불로초를 먹고 신선이 되었다고 주장하면서 신선이 사는 바다 건너 동쪽의 삼신산(海中有三神山)에 가서 불로초를 구해 오겠다고 진시황을 설득한다. 서복은 동남동녀 수 천 명을 데리고 배를 띄워 동쪽으로 떠났다. 바다 건너 동쪽으로 간 서복의 일행에 대한 전설이 가장 많이 남아 있는 곳은 우리나라 제주도와 일본의 와까야마(和歌山)현의 신궁(新宮 신구우)시로 보인다.

전설에 의하면 정방폭포가 있는 해안에 닻을 내리고 삼신산의 하나인 영주산(한라산)에 오른 서복은 작은 머루알 같은 시로미와 영지 버섯을 채취하여 내려왔다. 영주산의 불로초였다. 정방폭포 암벽에는 서복이 지나갔다는 글귀가 지금도 남아 있고 서귀포는 서복이 서쪽으로 돌아갔다는 의미에서 유래한다고 전한다. 또한 중국의 사서(史書)에 의하면 서복은 넓은 들판과 맑은 물이 많은 고장(平原廣澤)을 얻게 되자 그 곳에 머물러 왕이 되고 중국으로 돌아오지 않았다는 기록도 있다. 평원광택은 한라산에서 내려다본 제주도로 서복이 결국 제주도에서 여생을 마쳤는지 모른다.

일본의 와까야마현의 신궁시를 방문했던 적이 있다. 신궁시는 서복의 무덤을 만들어 놓고 서복공원을 조성 서복 마케팅을 하고 있었다. 불로장생주라고 하면서 서복주(徐福酒)까지 팔고 있었다. 신궁시는 구마노(熊野) 강의 하구에 있는 작은 도시인데 그 곳에는 봉래산이라는 작은 야산이 있다. 신궁시의 설명은 서복이 이곳 봉래산이 삼신산의 하나로 믿고 정착하여 여생을 마쳤다고 한다. 그래서인지 신궁시를 찾는 요우커(遊客 중국인관광객) 즉 서복의 후예가 늘고 있다고 하였다.

개혁 개방으로 유사 이래 최고의 부(富)를 구가하고 있는 서복의 후예들인 요우커들이 서복이 불로초를 구하러 왔다는 선계(仙界) 제주도를 찾고 있다. 더구나 제주도는 서복공원을 만들고 서복의 고향 산둥성(山東省)의 도움으로 훌륭한 기념관까지 건립해 놓았다. 현판의 글씨는 원자바오(溫家寶) 전 총리의 친필이다. 시진핑(習近平)주석이 우연인지 모르지만 저장성(浙江省) 당서기 시절 이곳을 다녀간 후 승진을 거듭하여 국가주석에 이르렀다고 한다. 그래서 인지 관운에 관심 있는 요우커들이 즐겨 찾는다고 한다. 어쨌든 관광업이 주요 수입원인 제주도 외국인 관광객의 90%가 요우커이다. 한국 전체 방문 외국인의 40%에 비하면 높은 수치이다. 그리고 제주도로 향하는 '차이나 머니'가 급증하고 있음에 기대와 우려가 교차하고 있다. 이는 제주도가 관광 진흥과 부동산 경제 활성화를 위해 특별히 준비한 측면도 있다. 우선 비자(입국사증) 면제다. 2002년부터 요우커는 까다로운 비자발급의 수고 없이 제주도에 언제든 마음 만 먹으면 올 수 있도록 되어 있다. 그리고 2010년부터는 투자이민제의 실시이다. 지정된 리조트 호텔 콘도 등 휴양시설에 50만 달러(5억원정도) 이상 투자해 분양권을 취득하면 국내거주 자격을 주고 5년 후면 영주권도 주었다. 그 보도에 의하면 요건이 갖추어진 외국인 투자이민자가 1000명을 넘었는데 992명이 중국인이라고 한다. 무엇보다도 중국 사람들이 제주도에 몰려오는 것은 제주도의 깨끗한 공기와 맑은 물이 현대판 불로장생약으로 생각하고 있는 것 같다. 겨울철에 베이징이나 상하이를 가본 사람은 앞이 잘 안보일 정도의 미세먼지 스모그에 도시 전체가 파묻힌 것을 보면 이해가 될 것이다.

중국의 부동산 개발회사로 제주도 개발에 참여한 뤼디(綠地) 집단이 있다. 이 회사는 '한라산소진(漢拏山小鎭)'이라는 이름으로 한라산 중턱에 400여개의 별장식 아파트를 지어 놓고 분양을 끝냈다고 한다. 60여 평 규모의 아파트를 9억 원 정도에 분양하였다고 하면서 제주도의 맑은 공기와 깨끗한 물을 선전하여 큰 인기를 끌었다고 자랑한다. 그러나 중국인들의 난개발에 자연이 훼손되고 있다고 우려의 목소리 높다. 중국의 개발 사업자가 제주도에 '차이나타운'을 만들면서 천혜의 자연경관을 마구 헤치고 있다고 주민들과 갈등을 빚고 있다. 유네스코의 세계 자연유산이 된 제주도의 자연 경관을 개발을 이유로 헤쳐서는 안 되고 그렇다고 개발을 늦추어서도 안 될 것 같다. 원희룡 지사는 중국을 방문, 제주도 투자에 관심 있는 중국 기업인들을 모아 놓고 1) 환경보호를 우선하는 투자 2) 고루고루 균형 잡힌 투자 3) 미래가치를 높이는 투자 등 투자 3원칙을 내놓기도 하였다.

'차이나 머니'의 힘으로 제주도가 개발되는 것은 좋은 일이다. 그러나 투자의 원칙과 질서가 지켜질 때 제주도뿐만이 아니라 투자한 중국기업들에게도 장기적으로 이익이 돌아갈 것으로 본다. 앞으로도 계속 찾아 올 서복의 후예들에게 가급적 서복이 처음 만났던 제주도의 아름다운 자연환경을 보여 주도록 모두가 노력해야 한다.

중국의 지도자와 양(羊)의 문화

지난 2015년은 을미년 양의 해였다. 양의 해를 맞아 중국문화 속에 흐르는 패(貝)의 문화와 양(羊)의 문화를 생각하였다. 패란 고대 중국의 화폐(貝錢)로 쓰이던 조개껍질이다. 고대인에게는 옷바늘, 낚시바늘, 칼날 등 생활 용구를 만드는데 필요한 조개껍질이 돈처럼 귀했다. 그리고 양은 신(神)에게 바치는 제물로 쓰이던 동물(희생양)이다. 신과 관련하여 신성한 이념과 가치를 지닌다. 한자어에 재물과 관련되는 글자 즉 재(財), 화(貨), 무(貿), 자(資) 등에는 패가 들어가는 반면에 이상과 가치를 지향하는 글자 즉 선(善), 의(義), 상(祥), 미(美) 등에는 양이 들어간다.

물질을 숭상하는 패가 흥하면 부패와 타락으로 이어지고 정신적인 면인 양을 너무 강조하면 이데올로기에 젖어 배고픔을 느끼게 된다. 5000년 중국 역사를 되돌아보면 패의 문화와 양의 문화가 괘종시계의 추(錘)처럼 반복하는 것 같다.

현대사에 와서 보면 장제스(蔣介石)의 국민당은 패의 문화에 너무 젖어 있었다. 그에 대한 반동이 마오쩌둥(毛澤東)의 공산당 혁명이다. 마오쩌둥의 성공은 부패가 만연한 장제스 국민당 정부에 대한 인민 대중들의 불만이 만들어 낸 것이다. 마오쩌둥의 혁명으로 중국 인민들은 부패된 봉건사회의 질곡에서는 벗어는 났으나 돌아 온 것은 전 인민의 궁핍화였다. 1950년대 말 '대약진 운동' 1960년대 중반부터 시작한 '문화대혁명'으로 중국은 가난의 대명사가 되었다.

중국을 양의 문화에서 패의 문화로 시계추를 다시 옮긴 사람은 개혁 개방을 이끌어 낸 덩샤오핑(鄧小平)이었다. 그의 흑묘백묘론(黑猫白猫論)은 우선 '잘 살아보세'였다. 색깔(이데올로기)에 관계없이 쥐를 잘 잡는 고양이가 좋은 고양이다. 위정자는 모름지기 인민을 배불리 먹여야 한다는 이른바 '샤오캉(小康)사회' 건설이었다. 덩샤오핑의 개혁개방정책의 방향은 좋았으나 부작용도 만만치 않았다. 덩샤오핑의 정책을 충실히 이행한 장쩌민(江澤民) 주석의 성장 일변도 정책은 전체적인 부(富)는 이루었으나 분배는 부족하였다. 그리고 도시와 농촌, 내륙과 연해 등 소득 격차와 당(黨). 정(政). 군(軍)의 부정부패가 문제였다. 후진타오(胡錦濤) 주석은 '허셰(和諧)'를 내세워 모두가 고루 고루 잘 살아보자는 조화사회를 외쳤지만 소기의 성과를 이루지 못하였다.

시진핑(習近平) 주석은 집권하자마자 '파리든 호랑이든 다 때려잡겠다' 면서 반부패 드라이브를 걸고 있다. 부패와의 전쟁을 선언한 중국은 다시 양(羊)의 모드로 들어서고 있는 것 같다. 시진핑 주석의 우려는 이대로 가다가는 중국 공산당이 옛날 장제스의 국민당이 될 수 있다는 판단으로 보인다. 중국사회에서 먹고 마시고 놀고 즐기는 문화가 사라지고 있다. 중국의 전체 경제는 세계 제2위이지만 1인당 소득은 중진국 수준도 못 미치고 있고 부(富)는 편재되어 있다. 중국사회의 '뉴 노멀(新常態)'이란 것도 결국 경제 성장의 저하를 감수하더라도 성장의 질을 높이고 분배에 치중하겠다는 것이다. 양의 문화에 기초를 둔 중국의 새로운 발전을 모색하는 것으로 보인다. 시계추가 다시 움직이고 있다. 패의 문화와 양의 문화는 평화적으로 교대되기도 하지만 기득권 세력으로 대부분 전쟁 등으로 충돌한다. 중국 고대사에서 두 문화가 처음으로 부딪치는 전쟁이 기원전 1027년의 목야전쟁(牧野之戰)이다. 이는 패(貝)의 문화의 대표인 상(商)나라가 양(羊)의 문화의 대표인 주(周)나라에 굴복한 전쟁이다. 북경에서 서남 방향으로 500km 떨어진 곳에 안양(安陽)이라는 도시가 있다. 지금은 하남성 소속이지만 한때는 평원성의 일부였다. 안양은 과거 은(殷)이라고 불렀던 도시로 중국의 7대 고도(북경 남경 낙양 서안 항주 개봉 안양)의 하나이다. 상의 20대 왕인 반경(盤庚)이 수도를 지금의 산동성에서 하남성 은(殷)으로 천도하여(盤庚遷殷) 상의 후반기를 은상(殷商)이라고 하는 것도 수도가 은일 때의 상(商)을 의미한다. 목야는 여기서 멀지 않은 곳에 있다. 은상의 마지막 왕인 주왕(紂王)은 총비 달기(己)와 함께 주지육림(酒池肉林)에 빠져 사치가 극도에 이르러 소수 군대를 가진 주의 무왕에게 참패한다. 천자(天子)의 나라가 제후국에게 망한 것이다.

주왕은 결혼선물로 달기에 주기로 한 천하의 보물을 모아 둔 '녹대(鹿臺)'에서 스스로 불을 질러 달기와 함께 분신자살한다. 상은 멸망하였지만 나라 이름은 우리 주변에 남아 있다. 상의 유민이 농토를 빼앗기고 뿔뿔이 흩어져 유랑하면서 물건을 팔고 사는 것을 업으로 연명하였다. 주나라 사람들은 그러한 행위를 하는 사람을 멸시하여 상나라 사람 즉 상인(商人)이라 하고 그 업을 상업(商業)라고 불렀다. 사농공상(士農工商)의 최하층이 나라를 잃은 상의 유민이 하는 직업이다. 가치와 이념을 지향하는 양의 문화가 부패와 타락의 패의 문화를 비하한 것이다. 상인과 상업 이라는 말은 수 천 년 지난 지금도 경제의 한 축으로 중국뿐만이 아니라 한국과 일본에서도 그대로 쓰이고 있다. 패(貝)의 문화가 지나치면 부패와 타락으로 이어져 자멸한다는 진리에는 변함이 없다.

징기스칸의 참모였던 야율초재

일본에 살고 있는 화인(華人) 작가 진순신(陳舜臣)(1924-2015)이 세상을 떠났다. 당시 90세였다. 그는 일본인 시바 료타로(司馬遼太郎)(1923-1996), 재일한국인 작가 김달수(1920-1997) 등과 함께 동북아시아에서 대한 좌담회를 통해 한중일 3국이 민족주의를 극복하고 대륙의 거대한 꿈을 키워야 한다고 주장한 작가로 기억된다.

진순신은 일본의 역사 소설가 시바 료타로와 인연이 깊다. 두 사람은 각 각 오사카와 고베 출신으로 오사카 외국어 대학 1년 선후배 사이다. 진순신은 인도어를, 시바 료타로는 몽골어를 전공하였다. 시바 료타로는 사기(史記)를 지은 한(漢)의 역사가 사마천(司馬天)을 존경하여 필명을 시바(司馬)로 지었다고 한다. 그렇지만 사마천에 가까이 가기에는 아직도 요원하다는 의미의 요(遼)를 넣었다. 본명은 후쿠다 데이이치(福田定一)이다. 시바 료타로는 해박한 역사 지식을 중심으로 일본의 TV대하드라마 작가로도 유명하다.

진순신은 우리의 이순신(李舜臣) 장군의 이름 한자가 꼭 같고 발음도 같아서인지 친밀감이 갔다. 언젠가 그가 한국에 와서 '한국 분들은 저의 이름을 모르시는 분은 없을 것'이라는 농담으로 이순신 장군을 거론했다고 한다.

베이징에 살 때는 서울에서 손님이 오면 세계문화 유산 이화원(頤和園)으로 안내할 기회가 많다. 청조의 건륭제가 어머니의 장수를 위해 거대한 원림을 만들었다. 당시 옥천산에서 흘러나오는 물로 형성된 옹산박(瓮山泊)을 준설하여 그 흙으로 60m 높이의 인공산 만수산(萬壽山)을 만들고 더 넓고 깊어진 옹산박을 곤명호로 개명하였다. 원림의 이름은 청의원(淸漪園)이라고 불렀다. 1764년도였다. 그러나 그로부터 거의 100년 만인 1860년 2차 아편 전쟁 시 영불 연합군에 의해 인근의 원명원과 함께 약탈당하고 불 태워져 폐허가 되었다.

광서제 때 서태후는 자신이 은퇴 후 살 곳을 생각하고 국가 예산을 무리하게 조달하여 1884-1895년간 청의원을 복구하였다. 그리고 화합을 추구하는 의미의 '이양충화(頤養衝和)' 즉 이화원이라는 이름으로 바꾸었다. 정문을 통하여 이화원으로 들어가면 서태후의 정전 인수전이 나오고 그 곳에서 좌측으로 나가면 야율초재의 사당이 나온다. 사당을 지나면 곤명호 옆으로 지춘정이 나오며 그 옆으로 문창각이 서있다. 당시 야율초재(耶律楚材 1190-1244)는 누군지 잘 몰랐지만 이화원과 어울리지 않아 보였다. 귀에 익지 않은 이름으로 한족은 아니라고 생각했다.

야율초재에 대해 알고 싶을 때 진순신의 동명의 소설이 있다는 것을 알았다. 진순신은 중국의 유명한 인물에 대해 중국 현지에서 직접 취재하여 소설 속에 많은 에피소드로 풀어 넣어 그가 아니면 쓸 수없는 재미있는 역사 소설을 지어 냈다.

야율초재의 가족은 요를 건국한 야율아보기의 직계 후손으로 요(거란족)의 왕족이지만 요가 망하고 여진족이 세운 금에서 벼슬을 하였다. 야율초재는 금의 중도(中都 지금의 北京)의 서쪽 이화원 근처의 옥천산 아래에서 태어났다. 노년에 스스로 옥천노인(玉川老人)

이라고 부른 것도 이와 관련된다. 야율초재의 아버지는 금에서 재상을 지내고 은퇴한 환갑노인이고 어머니는 한족 양씨였다. 아버지가 손자 같은 늦둥이 아들의 이름을 '초재'라고 지었다. 좌전의 고사 '수초유재 진실용지(雖楚有材 晉實用之)'라는 전고에 따와 지었다고 한다. 일반적인 4자성어로는 '초재진용'이라고 말한다. 초나라의 인재를 진나라가 영입해 쓴다는 이야기이다.

이미 금나라가 기울고 있고 어린 이 아이는 금이 아닌 몽골에서 쓰임을 받을 것이라는 예언이었다. 아버지가 죽고 나서 어머니 양씨는 초재에게 일반 학문뿐만이 아니라 천문 지리 복술 등 모든 것을 골고루 배우도록 하였다. 초재가 24세 때인 1214년 칭기스 칸은 중도를 함락하고 금의 명문 가족을 포로로 하였다. 포로 중에 재상의 아들로 장신인데다가 젊지만 수염을 길게 기른 초재의 당당한 태도에 칭기스 칸의 마음을 움직였다. 특히 초재가 천문 지리에 밝고 점성술 등 복점에 능해 칭기스 칸은 '우르토사리(긴 수염 long beard)'라는 애칭을 지어주고 자신의 측근 참모로 만들어 두터운 신임을 주었다. 초재는 칭기스 칸의 중앙아시아 원정의 본대에도 수행한다.

초재는 아버지 거란족(유목민)의 유전자와 한족인 어머니(유교사상)의 유전자를 두루 갖추었다. 칭기스 칸 사후 그의 3남 오고데이가 '칸'이 된다. 초재는 오고데이 칸에게, 항복하지 않은 성민(城民)을 모두 학살하는 몽고의 잔혹한 제도의 폐지를 건의한다. 칸이 내놓은, 중국의 화북지방을 점령하고 그곳에 농사짓고 있던 한족을 모두 죽이고 화북지방을 거대한 초지로 만들어 양을 키우겠다는 황당한 발상을 내 거부하였다. 초재는 전쟁의 목적은 사람과 땅을 얻기 위한 것인데 사람이 없으면 땅이 무슨 소용이 있겠느냐고 설득한다. 그는 한족 포로를 조직화하여 농사를 짓게 하여 그 수확에 대해 과세하면 사람도 살리고 세수도 확보하여 전쟁 수행에 큰 도움이 된다고 주장하였다. 그리고 이러한 조직이 움직이게 하기 위해 유학을 공부한 실무관료를 양성 몽골이 중국의 전통과 문화를 살리면서 중국 대륙을 통치하도록 권유했다. 몽골이 중앙아시아에서 보인 야만적 통치가 중국에서는 문명적이 된 것도 초재의 공로로 보인다. 초재를 몽골제국의 설계사라는 말이 이렇게 해서 나왔다. 초재는 풍수에도 능하여 자신이 죽은 후 옹산박을 바라보는 곳에 자신의 묘 자리를 잡아 두었다. 그의 묘가 한동안 옹산박 동편의 호반에 있었는데 건륭제가 이곳을 대대적으로 준설하면서도 충신 초재의 사당을 그대로 보존한 것이 지금에 이른다.

작가 진순신은 중국 사람이면서 일본 땅에 태어나 일본을 위해 활동하는 자신의 이야기(초재진용)로 생각하고 이 방대한 소설을 썼는지 모른다. 지금 글로벌 시대에 많은 우리의 젊은이들이 서울에서 공부하고 미국 일본 중국 등 글로벌 기업에서 취업하여 활동하고 있다. 한국판 초재들이다. 야율초재의 이야기는 글로벌 인재인 한국의 초재들에게 좋은 참고가 될 것 같다.

저장(浙江)과 즈장(之江) 이야기

중국의 23개의 지방 성(省) 중에서 저장(浙江)성은 10만여 평방 km의 규모에 인구가 5천만정도로 우선 사이즈가 한국과 비슷하다. 그리고 산지가 70%이며 평야는 대부분 벼농사가 중심이다. 저장성 사람들의 성격도 한국 사람들과 유사하여 교육열이 높고 생활에 악착같다. 해외에 이주해도 동향인끼리 결집력이 높은 것도 특징이다. 이우(義烏), 원저우(溫州) 등 저장 상인들을 '중국의 유대인'으로 불리 우는 것도 이러한 성격과 관련된다고 본다.

불교의 명산으로 유명한 푸퉈산(普陀山)과 텐타이산(天台山)이 저장성에 있다. 나는 텐타이산을 찾아 가 보고 우리와 저장성과 의 역사는 불교의 교류에서 시작되었다는 것을 알 수 있었다. 6세기 말 수양제(隋煬帝)의 스승인 선사(禪師) 지자(智者)(538-597)스님은 텐타이산에서 '연꽃과 같은 부처님의 올바른 가르침(法華經)'을 중심으로 독자적 수행방법을 찾아냈다. 이것이 불교의 텐타이종(天台宗)의 시작이다. 수양제는 스승 지자스님을 위하여 궈칭쓰(國淸寺)를 지어 드렸다. 지난 1997년 지자스님의 입적 1400주년을 맞아 텐타이종의 세계적 불교지도자들이 모여 세계평화를 기원하는 법회가 이곳에서 열렸다고 한다.

해발 1000m 남짓 하는 텐타이산은 산 전체가 사찰과 수도장으로 되어 있었다. 백제의 현광(玄光), 신라의 연광(緣光) 스님이 이곳 텐타이산에 유학와서 수행하였다. 고구려의 파야(波若)스님은 이곳에서 수행 중 입적하였다. 텐타이산의 정상 근처 화딩쓰(華頂寺)에 가보니 파야정(波若井)이라는 우물이 있었다. 현지 스님의 설명에 의하면 파야스님이 해발이 높은 이곳에 수맥을 찾아 우물을 파서 많은 사람들이 마시게 하였다고 한다.

한반도의 천태종(텐타이종)은 이곳에서 공부한 스님들이 가져 왔지만 중국에서는 한동안 텐타이종의 명맥이 끊어져 있었다. 당(唐)후기 회창법난(會昌法難) 등 불교 억제정책으로 텐타이산의 많은 사찰이 불타고 텐타이종의 경전이 일실되었다고 한다. 이를 안타깝게 생각한 고려의 의통(義通)스님이 고려에서 보관하고 있던 텐타이종 관련 서적을 가지고 와서 중국의 텐타이종을 다시 일으켜 세웠다. 닝보(寧波)의 관종쓰(觀宗寺)를 방문했더니 의통대사가 중국 텐타이종의 중흥조(中興祖)로 존경받고 그의 동상이 모셔져 있었다. 일본의 천태종도 8세기 이곳에서 수학한 일본의 승려 사이초(最澄)가 개창한 것이다.

저장성에서 텐타이산을 이야기 한다면 전장 688km의 첸탕강(錢塘江)을 빠트릴 수 없다. 벼농사가 중심인 저장성은 첸탕강을 젖줄처럼 의존하고 있다. 안휘성 황산에서 발원된 첸탕강이 이곳에 와서는 강의 흐름이 꺾어(折)지면서 지그재그(之)로 굽어 흐른다하여 저장(浙江) 또는 즈장(之江)으로 불렀다. 저장성도 첸탕강에서 유래되었다.

첸탄강에는 특이한 지리적 환경으로 매년 추석이 지나면 거대한 조수해일(潮水海溢 tidal bore)이 일어난다. 이것을 보기 위해전국에서 많은 구경꾼이 몰려오는 관광명소가 되었다. 쓰나미 같은 조수

해일로 관광객이 다치거나 심지어 사망사고가 나도 사람들은 끊임없이 몰려든다고 한다. 바다에 맞닿은 첸탄강의 하구는 강폭이 100km가 넘지만 강의 상류인 육화탑(六和塔) 부근의 강폭은 2km도 안 되는 나팔구조이다. 만조일 경우 이곳을 역류하는 바닷물은 시속 25km정도 된다고 한다.

육화탑은 1000여 년 전 조수해일을 부처님 힘(佛力)으로 진정시키고자 세워졌다고 한다. 그러나 현지의 전설이 더 재미있다. 옛날 옛적에 육화동자가 살았는데 해일에 부모를 잃고 고아가 되었다. 어린 육화동자는 용왕(龍王)을 원망하여 강를 향하여 매일 돌을 던지면서 부모를 돌려 달라고 애원하였다. 결국 용왕이 감동하여 그 후부터 해일이 줄어들었다고 한다. 사람들은 육화동자가 던진 돌이 쌓인 곳에 탑을 세워 육화탑이라고 불렀다고 전한다.

저장성은 인물이 흥(興)하는 곳이라고 한다. 저장성 출신의 대표적인 인물로 신 중국을 건국한 저우언라이(周恩來) 총리를 꼽는다. 어릴 때 삼촌에게 입양되어 텐진(天津) 등에서 학교를 다녔지만 조적(祖籍)이 사오싱주(紹興酒)로 유명한 사오싱이다. 국공내전에 패배하여 타이완으로 쫓겨 간 장제스(蔣介石) 국민당 정부의 총통도 이곳 출신이다. 장제스는 자신의 동향 사람들을 많이 발탁하다 보니 과거 국민당 정부의 고위층 중에 저장성 사람들이 많았다고 한다.

저장성은 중국 공산당과도 인연이 깊다. 공상당의 탄생을 알리는 첫 당 대회가 이곳에서 열렸다. 1921년 7월말 공산당 창당대회는 상하이에서 시작되었지만 관헌의 눈을 피해 회의 도중에 자싱(嘉興)으로 장소를 옮겼다. 자싱 난후(南湖)의 소형 유람선(畵舫)을 빌려

회의를 속개하였다. 1921년 8월2일 오전 11시에 시작된 회의는 오후 6시에 무사히 종료됨으로써 중국 공산당의 창당을 내외에 알릴 수 있었다. 후에 '중국혁명은 유람선에서 탄생의 첫 울음을 들려주었다(革命聲傳畵舫中)'이라는 유명한 말이 여기서 나왔다.

저장성이 정치 경제 종교 등에서 중요하다보니 중국의 가장 유능한 사람들이 저장성 당위서기를 맡았다. 시진핑(習近平) 국가주석은 2002년부터 5년간, 장더장(張德江) 전국인민대표대회의 직전 상무 위원장은 이에 앞서 1998년부터 4년간 당위서기를 지냈다.

저장성의 발전을 10년 앞당긴 세계 최장 항주만 해상대교 건설을 시작한 시 주석은 후에 상하이 서기와 국가 부주석을 거쳐 오늘에 이른다. 시 주석이 저장성 시절 많은 인재를 확보해 두어서인지 개혁 개방 30년의 적폐를 제거하는 반부패 드라이브정책에 '저장인맥(之江派)'이 큰 역할을 하고 있다고 한다.

중국 공산당과 난창 봉기

치라이!(起來! 일어나라!)

노예가 되기 싫은 사람들아

우리의 피와 살로 새로운 만리장성을 쌓자

중화민족에 닥친 가장 위험한 시기

억압에 못 견딘 사람들의 마지막 외침

치라이! 치라이! 치라이!

우리 모두 일치단결하여

적의 포화를 용감히 뚫고

전진하자

적의 포화를 용감히 뚫고

전진! 전진! 전진! 전진하자!

이 노래는 중국의 국가(國歌)이지만 인민해방군(PLA)이 군가(軍歌)처럼 즐겨 부르는 노래이다. 본래는 항일 의용군의 행진곡이었다.

중국의 마오쩌둥(毛澤東)은 '권력은 총구에서 나온다(槍杆子裏出政權)'라는 유명한 말로 중국 공산당이 승리하기 위해 군대를 보유해야 한다고 주장했다. 1927년 4월12일 상하이에서 활동하고 있는 저우언라이(周恩來) 등 중국 공산당원은 장제스(蔣介石)로부터 백색테러(쿠데타)를 당했다. 뜻밖에 쫓기는 몸이 된 저우언라이는 주더(朱德) 등 동지들을 규합 그 해 8월1일 국민당이 지배하고 있는 장시성(江西省) 난창(南昌)을 공격하여 점령하였다. 이른 바 난창봉기(南昌起義)다. 그러나 난창은 5일 만에 국민당에 탈환되어 저우언라이와 주더는 다시 쫓기는 몸이 된다. 그 후 그들은 인근의 징강산(井崗山)으로 들어갔다. 징강산에는 그 해 가을 추수봉기에 실패한 마오쩌둥이 이미 숨어든 곳이다. 후에 중국 공산당은 난창봉기의 8월1일을 인민해방군의 창군 기념일로 삼았다. 공산당 군대가 국민당 군대에 처음으로 맞서 싸운 날을 기념한 것이다. 이러한 인연으로 인민해방군의 군장에는 항상 8.1(八一)이 붙어 다닌다. 중국 대사관 근무 시 인민해방군을 탄생시킨 난창을 다녀온 적이 있다. 난창은 중국 제1의 담수호 포양호(鄱陽湖)가 가까이 있었다. 바다 같은 포양호는 후한 말 삼국시대 오(嗚)나라 주유(周瑜)의 수군 사령부가 있었던 곳이다. 주유는 적벽대전에 앞서 이곳에서 수군을 훈련시켰다고 한다.

난창에는 등왕각(滕王閣)이 유명하다. 등왕각은 악양루, 황학루와 함께 강남 3대 누각의 하나로 풍류를 좋아하는 등왕이 포양호를 내려다 볼 수 있는 곳에 지은 누각이다. 등왕은 당고조 이연(李淵)의 아들로 산둥성 등주(滕州)에 봉해졌다가 후에 난창에 전봉된다. 난창의 옛 이름은 관성(灌城)이다. 한고조 유방(劉邦)의 부하장군 관영(灌嬰)이 이곳을 방비하기위해 처음으로 성을 쌓아 붙여진 이름이다. 그 후 관성이 남방영토를 지키는 주요한 거점이 되면서 난창이라는 이름을 얻었다. 창대남강(昌大南疆) 또는 남방창성(南方昌盛)의 의미를 가지고 있다. 난창 봉기로 시작된 인민해방군은 군사력 2백만 명이 넘은 세계 2위의 군대가 되었다. 그러나 개혁.개방 30년의 적폐가 인민해방군을 피해갈 수 없었다.

시징핑(習近平) 주석 취임이후 쉬차이허우(徐才厚) 전 당 중앙군사위부주석 등 인민해방군의 고위층이 부정부패에 연루되어 체포되기도 하였다. 사실 시 주석은 덩샤오핑 이후 인민해방군을 가장 잘 아는 중국의 최고 지도자이다. 1979년 칭화(淸華)대학 공정화학과를 졸업한 시 주석의 첫 직장이 인민해방군의 최고 수뇌부 당 중앙군사위원회였다. 아버지 시중쉰(習仲勳)의 전우였던 껑뱌오(耿飈)가 상기 군사위원회의 상무위원 겸 비서장이었다. 시 주석은 나중에는 국방장관이 된 껑뱌오의 비서로도 활동하였다. 시 주석은 1980년 27세의 젊은 나이에 군사사절단의 일원으로 미국 국방부를 방문, 미국의 선진 군사 시스템을 시찰하고 충격을 많이 받았다고 한다.

그 후 시 주석은 푸젠성(福建省) 저장성(浙江省) 그리고 상하이 등 25년의 지방 근무에서 해당 군구(軍區)의 당위서기 등 정치위원으로서 군무를 겸직하였다고 한다. 군 관계 경력이 많지 않은 후진타오(胡錦濤) 및 장쩌민(江澤民) 주석과는 대조적이다. 중국의 인민해방군은 국가의 군대(國軍)가 아니고 공산당의 군대(黨軍)이다. 당이 군(銃口)을 지휘한다. 따라서 인민해방군에는 당을 대표하는 정치위원이 제도화 되어 있다. 정치위원은 군의 혁명성 지도 등 정치 항정 분야를 총괄하는 주요 직책이다. 정치위원은 사령관과 동격 또는 그 이상이다. 이러한 인민해방군의 이원적 지휘체계를 '쌍장제(雙長制)'로 불린다. 인민해방군에서 잔뼈가 굵은 덩샤오핑(鄧小平)도 정치위원 출신이다. 그의 명콤비가 류보청(劉伯承) 사단장이었다. 1940년대 항일전선을 담당한 제8로군 129사단의 '류덩대군(劉鄧大軍)'은 일본군을 허베이성(河北省)에서 몰아냈고 국공 내전 시에는 장제스 국민당 군을 창장(長江)이남으로 밀어냈다.

신 중국 건국 후 덩샤오핑과 류사오치(劉少奇)와 콤비가 된 '신(新)류덩대군'은 마오쩌둥의 미움을 샀다고 한다. 인민해방군을 잘 알고 있는 덩샤오핑은 문화대혁명을 거치면서 경제 우선을 위해 군축을 감행하였다. 4백만 정도의 군에서 백만 정도 감축하였고 13대 군구의 군 편제를 거의 절반 수준인 7대군구로 간소화 하였다. 선양(沈陽)군구, 베이징(北京)군구, 지난(濟南)군구, 난징(南京)군구, 광저우(廣州)군구, 청뚜(成都)군구, 란저우(蘭州)군구가 그것이다. 북한과 관련되는 군사 문제는 한반도에 가까운 선양군구에서 담당하고, 일본과의 댜오위다오(센카쿠)문제, 타이완 해협문제, 동중국해의 방공식별구역(CADIZ) 선포 등은 난징군구의 소관으로 알려져 있다.

한성백제의 꿈과 21세기 칠지도

올림픽 공원 근처에 산책 나가는 기회가 많다. 공원이 조성되기 전에는 '곰말'이었다고 안내되어 있다. 공원을 산책하면서 이곳이 풍납성과 함께 고대 백제의 중심이 되는 위례성(palace)이라는 것을 알았다. 처음에는 풍납성과 몽촌성을 위례성이라 하였고 나중에 주변 지역을 포함하여 한성(漢城)이라고 불렀다고 한다. 한성은 성벽(都城)이 아니고 한강변의 도시(city of Han river)라는 뜻으로 해석된다. 지금의 송파구 전체와 강남구 및 강동구 일부에 해당된다. 위례(慰禮)라는 말은 '크다'는 뜻이 있다고 한다. 한자는 발음을 위한 표기이므로 의미는 없다. 아리수(水)의 '아리'와 '위례'는 같은 뜻이 된다. 아리수는 '큰 강' 즉 한강의 고어이다.

백제는 압록강 부근의 부여족이 남하하여 세운 왕국이다. 지금은 일실된 백제서기에 기록된 설화에 의하면 강을 다스리는 하백(河伯 압록강의 신)의 딸 유화(柳花)가 하늘을 다스리는 천제의 아들 해모수와 결혼하여 알을 낳았는데 그 알에서 남자 아이가 태어났다. 그 아이가 나중에 고구려를 건국한 고주몽 동명성왕이다. 주몽은 동부여에서 성장 결혼하여 첫 아들 유리를 낳았다. 그러나 주몽의 인기가 높아 이에 불안을 느낀 동부여 왕자들의 시기로 주몽은 졸본부여로 쫓겨 온다. 주몽을 알아 본 졸본부여의 왕 연타발은 자신의 세 딸 중 둘 째인 소서노와 정략결혼을 시키고 고구려의 건국을 도와준다.

소서노는 주몽과의 사이에서 비류와 온조 두 아들을 둔다. 소서노는 자신이 낳은 아들 비류가 태자가 되기를 바랐으나 주몽은 동부여에서 데리고 온 장남 유리를 태자로 삼는다. 실망한 소서노는 두 아들과 함께 남하하여 한강 유역에 도착한다.

비류와 온조가 부아악(負兒岳 지금의 북한산)에 올라 주변을 둘러보고 도읍지를 찾는다. 신하들은 남한산과 한강과의 사이의 지역(지금의 송파구)을 내려다보고, 북으로 한강을 띠처럼 두르고, 동으로 높은 산(남한산 522m)에 의지하며, 남으로는 비옥한 땅이 펼쳐 있고, 서쪽에는 큰 바다로 막혀 있어, 쉽게 얻기 어려운 천험의 지세라고 도읍지로 추천한다. 그러나 비류는 해안가인 미추홀(인천)을 고집한다. 온조는 미추홀이 습하고 염분이 많아 농사에 어려워 신하들의 추천에 따른다. 온조는 자신을 따라 온 10명의 신하들과 함께 나라를 건국, 십제(十濟)라고 부른다. 이에 비류는 십제를 제압하려고 하였으나 오히려 실패하고 자살한다. 비류의 신하들이 온조에 귀순하자 온조는 크게 기뻐하고 '백성이 모두 즐거이 따랐다(百姓濟海樂從)'하여 나라 이름을 백제라고 고쳐 불렀다.

초기 백제는 발달된 철기로 인근의 원주민 마한 세력을 정복한 후 북성(北城)인 풍납성에 이어서 남성(南城)인 몽촌성을 건립한다. 토성이라고 하지만 중국의 축성법을 도입하여 판축(版築)기법과 부엽(敷葉)공법으로 흙을 다지고 나뭇가지와 잎 등을 깔아 만든 당시로는 최신식 공법의 성이다. 한성 백제 시기 가장 걸출한 왕은 근초고왕이다. 고구려에 광개토대왕이 있다면 백제에는 근초고왕이 있다고 볼 수 있다. 전성기 백제의 상징인 근초고왕은 북으로는 한사군의 대방군과 낙랑군 영토를 흡수하고 남으로는 마한을 복속시켜 현재의 전라남도를 모두 정복한다. 그리고 해양으로도 세력을 펼쳐 일본의 규슈, 중국의 산동성과 요서지역에 진출 이른 바 '글로벌 백제'의 이름을 떨친다. 근초고왕은 아직기와 왕인박사를 일본에 파견 말(馬)을 이용하는 기술과 천자문과 논어를 전달한다. 일본에서 발견된 칠지도(七支刀)는 그 용도가 아직 미스테리로 남아 있지만 학자들은 백제를 본국 줄기로 하고 백제에서 뻗어 나간 동아시아의 6개의 분국(백제인 진출기지)가지를 의미한다고 해석하고 있다.

근초고왕은 고구려를 침입 고구려의 고국원왕을 전사시키고 평양성 지역을 백제 영토로 만든다. 고국원왕의 손자 광개토대왕은 북방정벌로 백제에 대한 복수의 기회가 없었다. 그의 아들인 장수왕은 427년 수도를 평양으로 옮기고 본격적으로 백제 공략에 나섰다. 위협을 느낀 백제는 신라와 동맹을 맺는다. 장수왕은 475년 위례성 건너 아차산에 진지를 구축하자 백제의 개로왕은 태자인 동생(후에 문주왕)을 신라에 파견 원군을 요청한다. 문주왕이 신라의 원군과 함께 위례성에 도착하였을 때 위례성은 장수왕에게 유린되어 완전 폐허가 되어 있었다. 장수왕은 3만의 군사로 7일 밤낮으로 북성(풍납성)을 공격하였고 남성(몽촌성)에 있던 개로왕은 왕비와 함께 붙잡혀 살해되었다. 문주왕은 위례성을 포기하고 신라에 가까우면서 장수왕의 세력이 미치지 않는 금강 상류 곰나루 웅진으로 천도한다. 웅진은 비류를 따르는 무리들이 이곳에 터전을 잡아 수도의 인프라가 갖추어져 있었다고 한다. 웅진은 고려 때 현지의 산세가 공(公)자와 닮았다고 공주로 개명하였다고 한다.

장수왕은 한강을 거슬러 올라 남한강 상류의 충주 땅을 밟고 충주(중원)고구려비를 세워 새로운 영토의 경계로 삼는다. 백제의 웅진 시기는 문주왕-삼근왕-동성왕-무령왕-성왕까지 5대왕 63년(475-538)으로 끝난다. 백제의 중흥의 왕인 성왕은 국가 발전을 위해 내륙의 웅진에서 바다가 가까운 금강 하류 사비성(조선조에 부여로 개명)으로 천도하고 국가이름을 남부여로 바꾼다. 551년 성왕은 신라와 함께 선조의 땅인 한성을 고구려로부터 일시 탈환하나 2년 만에 진흥왕의 배신으로 신라에게 빼앗긴다. 660년 백제의 의자왕이 나당 연합군에 항복하면서 사비성 백제는 122년(538-660)으로 끝난다. 사비성은 해양진출에는 유리하지만 바다를 건너 금강을 올라 온 소정방의 당군(唐軍)을 방어하기에는 취약하였다.

한성백제는 493년간으로 전체 백제 왕조 678년의 73%이며 31명의 국왕 중 21명이 한성백제 시기의 국왕이다. 그러나 많은 사람들이 한성백제를 잘 모른다. 백제하면 웅진 또는 사비성 백제를 생각하고 공주와 부여로 몰려간다. 여러 가지 이유가 있겠지만 삼국사기를 지은 김부식은 신라의 관점에서 역사서를 기술, 삼천궁녀 등 백제 패망 당시 역사에 중점을 두고 백제의 전성기였던 한성백제의 역사를 소홀히 다루었기 때문이라는 주장도 있다. 한성하면 지금의 서울을 생각하지만 조선조 서울은 한성이라기보다 한양(漢陽 한강의 북쪽 도시)이다. 지금 종로구 중심의 한양과 송파구 중심의 한성과는 거리와 입지 면에서 큰 차이가 있다. 오리지널 한성은 오늘날 서울시 송파구라고 생각된다. '흩어진 겨레의 힘을 한데 모우고, 동서로 갈라진 세계를 하나가되게 한' 서울 올림픽이 송파구에서 개최된 것은 우연이 아닌 것 같다. 근초고왕의 칠지도는 7개의 가지만 있는데 올림픽 광장에는 참가국 160개의 깃발이 나부끼고 있다. 백제가 동아시아를 품었다면 서울 올림픽은 전 세계를 안았다고 할 수 있다. 또한 지상 123층, 높이 555m의 마천루인 롯데타워를 백제타워로 가린다면 21세기 칠지도가 될 것이다.

지금도 남아 있는 한성 백제 시대의 지명을 통하여 당시의 상황을 엿 볼 수 있다. 위례성의 북성지인 풍납은 그 길죽한 모습으로 사성(蛇城)으로 불리었는데 사람들은 '뱀(배암)들이'로 불렀고 그것이 다시 '바람들이'로 와전되어 풍납(風納)이 되었다고 한다. 남성지인 몽촌(夢村)은 옛 지도에는 몽촌리인데 당시 사람들은 '곰말(곰마을)'로 불렀다. '곰말'이 '꿈마을'이 되어 '몽촌리'가 유래되었다고 하지만 이곳을 떠나 곰나루(웅진)로 간 백제를 그리워하여 곰말(웅촌)로 불렀던 것이 아닌가 추측해 본다. 석촌동은 '돌마을'인데 이 돌이 바로 적석총(돌무지무덤)으로 된 백제의 왕족이나 귀족들의 고분군에서 나왔다. 가락동과 방이동의 고분군은 일반인의 무덤이라고 한다. 병자호란 때에는 청군이 이 돌로 진지를 구축 남한산성을 포위하여 인조대왕의 항복을 받아 냈다. 일게 강점시기에 100개 가까운 적석총이 있었다고 기록되어 있다. 탄천(炭川)의 백사장은 군사 훈련장이었다고 한다. 훈련 시 불을 때서 밥을 짓고 국을 끓이는데 남은 숯(炭)은 강물을 정화시키는데 사용하여 '숯강'이 되었다고 전한다.

한국판 '폼페이'라고 흥분했다는 풍납토성 발굴은 아파트가 들어서면서 과거의 모습은 사라지고, 서울 올림픽 개최로 몽촌토성을 정비할 때 위례성을 복원보다 올림픽 경기장과 체육시설 마련이 급하였기에 일반인에게는 올림픽 공원으로 더 알려져 있다. 소나무를 로고로 쓰고 '맑은 공기 푸르른 세상'을 구호로 하는 송파구는 1970년대 도시 개발과 함께 조선조의 '동잠실'이었던 거대한 뽕나무섬(蠶島)의 남쪽에 흐르는 송파강을 매립하여 만든 지역이다. 북쪽으로 흐르는 신천은 확장되어 한강 본류가 되고 뽕나무섬은 육지와 연결되어 올림픽 주경기장과 수많은 아파트 숲이 들어서 있다.

송파구는 2013년부터 관광특구로 지정 되어 있다. 오늘 날 관광은 인문관광이 중심으로 역사의 스토리를 입혀야 국내외 관광객이 열광한다. 중국과 일본의 관광객을 생각한다면 송파구는 한성백제의 유적지를 일부라도 복원하고 한성백제의 영광을 재현하는 행사 주관을 권하고 싶다. 2012년 개관한 한성백제박물관도 좋은 명소가 될 것이다. 평양성에서 승리하고 돌아오는 근초고왕의 개선행사, 침류왕 때 동진(東晉)의 고승 마라난타가 불교를 전래하는 행사, 일본으로 떠나는 아직기와 왕인 박사의 송별행사 등을 재현한다면 우리 국민은 물론 중국과 일본의 관광객의 큰 관심도 끌어 낼 것이다. 국내외 관광객이 롯데 월드타워 몰에서 쇼핑을 하고 한성백제의 문화행사를 경험한다면 좋은 관광 상품이 될 것 같다. 마침 지하철 8호선은 한성백제의 전 지역을 운행하고 있어 한성백제를 둘러보는 데 도움을 줄 것이다.

강상(姜尙)과 육도략(六韜略)

중국의 고대국가인 하.상.주(夏商周)의 마지막 왕조인 주(周)의 발상지는 황허(黃河)의 상류 오르도스 사막지역으로 연간 강우량이 250mm 밖에 되지 않는다. 이곳의 지방 호족 태공(太公)은 3명의 아들을 두었다. 막내 계륵(季歷)이 아버지의 신임을 독차지하자 위로 두 형들은 아버지의 뜻을 미리 알고 멀리 피해준다. 계력의 아들 창(昌)은 지혜롭고 용맹하였다. 천자국 상(商 후에 殷으로도 불림)은 충성스러운 창을 서부지역의 우두머리라는 의미의 서백창(西伯昌)으로 봉하였다. 그가 나중에 주의 문왕으로 추증된다. 인재를 구하고 있던 문왕은 어느 날 사냥을 나갔다가 위수(渭水)에서 낚시를 하고 있는 기인(奇人)을 만나게 된다. 그는 흔한 낚시꾼이 아니었다. 그와 이야기를 해보니 전략가로서 당시의 정세를 꿰뚫고 있었다. 그리고 상(商)의 취약점을 낱낱이 알고 왕(紂)의 폭정에 제후들이 궐기하고 있다는 이야기도 빠트리지 않았다. 싸움에서 이길 수 있는 방법도 아는 병법가(兵法家)였다. 창은 자신의 할아버지(太公)가 늘 바라던(望) 사람을 만나 것이라고 기뻐하였다. 그가 후에 태공망(太公望)으로 불리었던 강상(姜尙)이다. 대략 기원전 11세기경의 이야기이다.

강상은 본래 동이(東夷)사람으로 지금의 산동성 출신이다. 상의 하급관리로 근무하였는데 왕의 폭정으로 나라가 어지럽고 민생이 안정되지 않아 상의 최후가 얼마 남지 않았음을 예견하고 벼슬을 버린다. 그는 지금의 시안(西安)근처의 판시계곡(蟠溪峽)에 은둔생활을 통하여 언젠가 필요할 병법(兵法)을 연구하고 인근의 위수(渭水)에 낚시를 하면서 자신을 알아 줄 사람이 나타나기를 기다리고 있었다. 강상이 은거 10년 만에 현인을 만났으니 그가 문왕이다. 처음 문왕의 관심을 끈 것을 강상의 낚시 바늘에 있었다. 강상의 낚시 바늘이 굽어있지 않고 똑 바름(直勾)을 이상하게 생각한 문왕은 그 까닭을 물어 본다. 강상이 답하기를 자신의 낚시는 미끼를 끼워 물고기를 속여 잡는 것이 아니고 물고기가 스스로 낚이고자 할 때 비로소 물고기를 잡는다고 설명한다. 여기서 유명한 '강태공의 낚시는 원하는 자가 문다(太公釣魚 願者上鉤)'라는 말이 유래 된다. 문왕이 크게 감동하여 강상의 인물됨을 알아보았다고 한다. 문왕은 강상을 중용하고 그의 딸(邑姜)을 둘째 며느리(무왕의 부인)로 삼으면서 사돈이 된다.

강상이 문왕을 만나기 전의 일이다. 강상이 하급 관리를 그만두고도 농사일에는 전혀 관심이 없고 병법서를 읽거나 하루 종일 낚시를 하면서 소일하자 부인의 불만은 늘어 갔다. 낚시라고 하지만 미끼 없는 곧은 낚시 바늘에 물고기가 잡힐 리가 없었다. 집안의 땟거리가 없게 되자 참 다 못한 부인은 도망을 간다. 후에 강상이 높은 벼슬에 올랐다는 말을 듣고 부인이 찾아 와 용서를 빌었다. 찾아 온 부인을 만난 강상은 하인을 불러 대야에 물을 떠오게 한다. 하인이 물이 가득한 대야를 가지고 오자 강상은 부인이 보는 앞에서 대야의 물을 바닥에 쏟아 버린다. 그리고 부인보고 이 쏟아진 물을 다시 대야에 담을 수만 있으면 용서하겠다고 말한다. 부인은 말없이 돌아가버린다. '복수불반분(覆水不返盆)'이라는 고사다. 후에 줄여서 복수불반(覆水不返)이란 4자성어가 되었다. 영어의 격언에 'It's no use crying over split milk'라는 말과 상통된다.

한편 포악한 상(商)의 주왕은 문왕이 제후들 사이에 인기가 높아 반역의 음모를 꾸미고 있다고 의심하였다. 주왕은 인질로 잡아 둔 문왕의 장남을 죽이자 문왕은 상에 대한 복수를 계획하지만 실행을 못하고 죽는다. 문왕이 죽자 둘째 아들이 그의 뒤를 이어 왕이 된다. 그가 후에 주를 건국한 무왕이다. 무왕은 동생 주공단과 강상의 지략과 병법을 이용 상을 칠 것을 논의한다. 그러나 강상은 무왕에게 서두르지 말 것을 권한다. 그가 낚시에 배운 진실은 서두른다고 될 것이 아니고 기회가 올 때까지 참고 기다리는 것이었다.

드디어 때가 왔다. 상의 주왕이 신하들의 반대에도 불구하고 동쪽의 이민족(東夷)을 정복하러 떠나 수도를 비웠다. 주나라는 이때를 노려 기습적으로 공격한다. 상의 주왕은 동이를 공격하다 오히려 자신이 멸망하게 되는 위기에 처한다(紂克東夷 而損其身)고 기록되어 있다. 그러나 상은 72만의 대군을 앞세워 4만5천명의 주를 압도한다. 주(周)는 수적으로는 열세였으나 상의 대군을 목야(牧野)에서 패퇴시킨다. 주의 군대가 절대 열세임에도 승리한 것이 미스테리로 남아 있다. 상의 군대 속에 제대로 싸우지 않은 노예군단, 주의 충성스러운 10명 신하(十亂臣), 상의 이반된 민심 등 여러 가지 이유가 거론되지만 후세 역사가는 군사(亘師 the master of strategy)로서 강상의 능력을 높이 평가하고 있다.

고대 중국에 최고의 병법서로 무경7서(武經七書 Seven Military Classics)가 있다. 그 중 육도(六韜 Six Secret Teachings)와 삼략(三略 Three Strategies) 2개를 강상이 지은 것으로 알려져 있다. 육도는 6가지의 비밀 전략이고, 삼략은 전투에서의 상중하 3가지 전략과 전술이 중심이 되어 있다. 도(韜)는 칼집 또는 화살집으로 무기를 감추는 것을 의미하여 육도는 육도략(六韜略) 즉 여섯 가지의 비밀전략으로 해석된다. 육도략은 1)문도(文韜): 치국과 인사(用人)에 대한 도략(韜略) 2)무도(武韜): 용병에 대한 도략 3)용도(龍韜): 군사 조직에 대한 도략 4)호도(虎韜): 전쟁환경, 무기체계 그리고 포진(布陣)에 대한 도략 5)표도(豹韜): 전술에 대한 도략 6)견도(犬韜): 군대의 지휘 훈련에 대한 도략이라고 소개되어 있다. 중국에는 초한전(楚漢戰)을 승리로 이끈 유방(劉邦)의 참모 장량(張良)과 후한(後漢)말 유비(劉備)의 촉(蜀)을 도운 제갈공명(諸葛孔明)을 대표적인 군사(軍師)로 알려져 있다. 일본의 전국(戰國)시대인 16세기 전후하여 중국의 병법서가 대거 도입되었다. 오다 노부나가(織田信長) 사후 혼란스러운 천하를 통일한 도요토미 히데요시(豊臣秀吉)를 도운 다케나카 한베에(竹中半兵衛)와 구로다 간베에(黑田官兵衛)가 일본의 대표적인 군사(軍師)이다. 그들의 공통점은 모두 강상의 육도와 삼략을 필독서로 두고 연구하였다고 한다.

베이징의 봄에 찾아오는 중국의 양회(兩會) 스케치

매년 춘제(春節 설)가 지나면 베이징에도 봄이 온다. 베이징의 봄과 함께 중국의 연중 최대의 정치행사 양회가 시작된다. 사람들이 새해가 되면 미국 대통령의 연두교서(the State of the Union Address)를 기다리듯 세계 2위의 경제를 가진 중국 국무원 총리의 국정업무보고(政府工作報告)가 발표되는 양회를 기다린다. 중국의 양회(兩會 two assemblies)란 국가최고 자문기관인 전국정치협상회의(CPPCC 정협)와 우리의 국회격인 전국인민대표대회(NPC 전인대)를 말한다. 인민대회당에서 개최되는 양회에 참가하기 위하여 전국에서 정협 위원 2000여명과 전인대 의원 3000명이 화려한 의상으로 베이징으로 몰려온다. 특히 소수 민족출신들은 울긋불긋한 민족전통의상을 입고 천안문 거리를 활보한다. 베이징의 호텔은 만원이 되고 주요 음식점은 사람들로 가득 찬다. 최근에는 상황이 달라져 모피와 명품 백이 자취를 감추고 저녁 행사의 분위기도 썰렁해질 정도로 검소해졌다고는 하지만 아직도 베이징 시민은 양회기간을 잔치 날로 생각한다. 이때가 되면 베이징에서 가장 바빠지는 사람들이 있다. 대사관에 근무하는 각국의 외교관과 베이징에 주재하는 외국의 언론 특파원이다. 그들은 발표되는 업무보고를 통하여 중국의 한 해 정책을 전망 분석하여 본부에 보고하거나 언론에 보도한다.

양회의 하나인 전인대는 중국 공산당이 결정한 것을 추인하는 고무도장(rubber stamp)에 불과하다는 비판을 듣고 있으나 실제적으로 고유의 입법권 외에도 중요한 인사권을 행사한다. 국가주석과 부주석, 국무원 총리와 국무위원, 최고인민법원원장과 최고인민검찰원원장 등의 행정부와 사법부 수장의 임면권(任免權)을 가진다. 사실상 3권 분립 하의 우리 국회보다 막강한 권력을 가지고 있다.

2017년 3월3일 개막되었던 정협과 3월5일 개막되었던 전인대였다. 양회의 핵심 포인트는 '신창타이(新常態 new normal)'와 '4개전면(四個全面)'의 공식화였다. '신창타이'는 저성장 구조를 새로운 노말(正常)로 인정한다는 것이다.

중국의 고속성장은 옛날 이야기이다. 1998년 이래 16년만의 저성장이었다. 지난해는 이보다 더 낮은 7% 성장률을 예상하였으나 6.9%로 바오치(保七)에 실패했다. '신창타이'는 2016년 개최된 중국 공산당의 '당중앙경제공작회의'에서 결정된 것으로 과거 중국의 무리한 성장에 따른 대기오염 및 환경파괴에 대한 반성의 결과이다. 지난 30년 이상의 관(官) 주도로, 양(量) 중심의 고도성장 일변도에서 시장(民) 주도로, 질(質)중심의 적정성장을 지향하는 패러다임의 전환으로 보인다. '4개전면'은 1)전면적인 개혁심화, 2)전면적인 의법치국(依法治國), 3)전면적인 종엄치당(從嚴治黨), 그리고 4)전면적인 샤오캉(小康)사회건설이다. 이는 시진핑 주석 집권이후 중국의 꿈(中國夢)을 실현하기 위한 통치이념으로 시 주석의 집권기간 내내 반복해서 강조될 것으로 보인다. 그 외 외교정책으로 '일대일로(一帶一路)'가 있다. 이는 '당중앙외사공작회의'를 통해 주변국과의 관계를 '신형국제관계'로 정리하면서 구체화 된 것이다. 즉 육지에서는 '실크로드 경제벨트' 해상에서는 '21세기 해상실크로드'로 하나의 벨트(one belt)와 하나의 로드(one road)의 경제권의 구상이다. 과거 중국이 유럽과 연결한 육지와 해상의 2개의 실크로드를 현대의 경제권으로 재현하는 것이다. 일브에서는 국내 성장 둔화를 해외에서 활로를 찾는 것으로 분석하고 있다.

국내정치나 사회문제에서는 '부정부패 척결'과 서민을 위한 '빈부의 격차해소'를 언급하였다. 성역 없는 반부패운동을 통해 빈곤층의 불만을 해소시키고 도시의 농민공 자녀의 교육문제에 대한 배려도 눈에 띈다. 내가 베이징 대사관 근무 시 농민공이나 지방 출신의 가사 도우미(阿姨)들이 집단으로 거주하는 베이징 외곽에 가보면 거주증이 없는 부모 때문에 학교를 가지 못하는 아이들의 교육이 큰 문제였다. 앞으로는 이들이 임시거주증(暫住證)을 받아 제대로 교육을 받을 기회가 주어진다면 반가운 서민정책이 될 것 같다. 양회도 끝나면 베이징의 봄은 완연해진다. 양회에 참석한 대표들은 가벼운 마음으로 귀향열차에 오른다. 차창 밖에 봄기운에 젖은 들판을 바라보면서 반부패 강화를 내세운 시진핑 주석이 경고한 '온수자청와(溫水煮青蛙 천천히 끓는 물속의 청개구리)'의 의미를 곰곰이 생각하면서 다음해를 기약한다.

라이샤워 대사의 피습사건

최근 북핵관련 세미나에서 마크 리퍼트 전 주한 미국대사를 만났다. 그가 재임시절 오바마 대통령과 개인적 친분도 있었지만 열정적 대사임무수행이 인상적이었다. 그러나 어느 조찬모임에서 피습되어 가슴을 쓸어내릴 정도로 걱정이 된 적도 있었다. 벌써 3년도 더 지난 2015년 3월5일이었다. 리퍼트 대사가 피습되었을 때 나는 월출산이 바라보이는 어느 지방의 조찬 세미나에 참석 중이었다. 뉴스속보를 본 사람들이 술렁거리면서, 황당하고 안타까운 사실을 알게 되었다. 마침 한일관계를 이야기 하던 중이라서 일본에서 일어 난 유사한 사건이 생각났다. 1964년 3월 24일 라이샤워 미국 대사의 피습사건과 그보다 훨씬 앞서 1891년 5월11일 러시아의 니콜라이 황태자의 오쓰사건이다.

1964년 3월 주일 대사로 부임한지 3년이 된 에드윈 라이샤워 대사는 외출을 위해 대사관 후문에서 자신의 전용차를 기다리고 있었다. 그 때 갑자기 한 일본청년이 칼을 들고 뛰어나와 라이샤워 대사의 허벅지를 찔렀다. 예리한 칼날은 대퇴동맥(大腿動脈)을 뚫어 피가 솟구쳤다. 대사관 직원이 급히 대사를 병원으로 옮겼다. 병원 측은 출혈이 심해 생명이 위독한 대사에게 긴급 수혈로 목숨을 구했다. 범인은 19세의 정신병 환자로 밝혀졌다. "드디어 나의 몸에도 일본의 피가 흐르게 되었습니다." 병원에 입원 중인 라이샤워 대사의 이 한마디로 많은 일본인을 감동시켰다고 한다. 그러나 수혈된 '일본의 피' 속에 간염 균도 들어 있었다. 라이샤워 대사는 평생 그 간염 균과 싸워야 하는 후유증을 앓다가 79세의 일기로 사망한다. 사망 원인은 간염의 합병증이었다.

라이샤워 대사는 직업외교관이 아니다. 그는 1910년 미국 선교사의 자녀로 일본에서 태어나 하버드 대학에서 동아시아 관계학으로 박사를 학위를 받고 모교의 교수가 되었다. 그의 박사 논문은 9세기 일본의 천태종 엔닌(圓仁 794-864) 스님의 중국 당(唐)나라에서의 유학 기록인 '입당구법순례행기(入唐求法巡禮行記)'에 대한 것이다. 라이샤워 교수는 엔닌 스님의 일기를 통해 통일신라의 장보고(張保皐)가 청해진(완도)을 근거로 동아시아의 해상권을 장악한 '해상왕'이었던 사실을 처음으로 밝혀냈다.

라이샤워 교수는 일본 전문가로서 미국의 대일(對日政策)을 비판한 글을 학술지에 자주 올렸다. 그 중에 포린 어페어즈(Foreign Affairs)지에 게재된 '파손된 대화(Broken Dialogue)'라는 논문이 당시 존 F 케네디 대통령의 관심을 끌었다. 그의 논문은 미국 정부가 제대로 된 대일정책을 세우기 위해서는 일본의 중심 세력인 자민당의 지도자만 만나지 말고 비주류계인 사회당 인사 그리고 일본의 그늘진 곳을 대변하는 인사들의 의견도 들어야 한다는 논지였다. 케네디 대통령으로부터 주일 대사 취임 요청을 받은 라이샤워 교수는 일개 교수가 미국의 최대 해외 공관을 맡는 것은 무리라고 생각하고 사양했다. 그러나 '직접 맡아 해보지 않으려면 입을 다물라(put up or shut up)'는 대통령의 의중을 읽고 대사직을 맡지 않을 수 없었다고 한다. 그는 재혼한 일본인 부인 마쓰카타(松方) 여사와 함께 미국 대사로서 그늘에 가려진 일본인을 부지런히 만나고 다녔다. 1966년 대사를 그만 두고 하버드 대학으로 돌아 와 많은 제자를 기르고 미국의 대 아시아 정책의 자문역할을 하였다.

1891년은 일본이 아직도 동 아시아의 신흥국일 때이다. 동 아시아에는 동양의 비스마르크라고 부르는 청(淸)의 리홍장(李鴻章)이 최신예 북양함대로 버티고 있고, 시베리아에 철도를 놓아 동방진출을 노리는 러시아의 세력이 동점(東漸)하고 있었다. 러시아의 알렉산더 3세는 누나들 속에 둘러싸여 내성적 성격의 니콜라이 황태자를 일본방문 등 아시아 여행에 오르게 했다. 명분은 블라디보스토크에서 개최되는 시베리아 횡단 철도의 극동지구 기공식 참석이었다. 니콜라이 황태자를 실은 러시아 함대는 흑해를 출발 인도양을 돌아 일본의 남단에 도착하였다. 가고시마와 나가사키를 방문하고 세토내해를 거쳐 고베에 입항하였다. 1891년 5월11일 황태자 일행은 교토를 방문하고 인력거를 이용 비와호(琵琶湖)를 보기 위해 호반의 도시 오쓰(大津)로 갔다. 비와호는 일본 내륙에 감추어진 바다 같은 아름다운 호수이다. 라이샤워 교수가 연구한 엔닌 스님은 비와호가 내려다보이는 히에이 산(比叡山) 엔랴쿠지(延暦寺)에서 주지스님을 하였다.

러시아 황태자가 방문하자 오쓰의 많은 사람들은 유럽 대제국의 황제가 될 황태자를 보러 나왔다. 일본정부는 수많은 경찰을 동원 경호를 엄하게 하였다. 그런데 갑자기 경호 경찰 한사람이 허리에 차고 있던 칼(사벨)을 뽑아 인력거에 앉아 있는 황태자의 머리를 내려쳤다. 순간 황태자가 급하게 피하는 바람에 칼은 황태자의 앞머리를 스치고 지나갔다. 황태자의 머리에서는 피가 뚝뚝 떨어지고 있었다. 첫 번째 시도가 실패한 것을 안 경찰관이 두 번째로 다시 내리쳤다. 순식간이었다. 황태자와 동행하던 사촌 게오르그 그리스 왕자가 가지고 있던 지팡이로 두 번째 칼을 막아 냈다. 크게 놀란 것은 메이지 천황과 마쓰카타 마사요시(松方正義) 총리 등 정부의 요인들이었다. 라이샤워 대사부인 마쓰카타 여사는 마쓰카타 총리의 증손녀이다. 알렉산더 3세가 적극적인 동방정책을 추진하면서 동아시아에 세력을 펼치고 있어 황태자의 조난이 일본과 전쟁을 할 수 있는 절호의 핑계가 될 수 있기 때문이다 더구나 경호 경찰관이 황태자를 직접 공격하는 전대미문(前代未聞)의 사건이 발생했다. 다급한 일본의 메이지 천황은 직접 황태자의 숙소인 교토로 병문안을 하고 고베항에 정박 중인 러시아 함대까지 황태자를 배웅하였다. 그리고 전국의 일본인들로 하여금 황태자의 쾌유를 빌도록 하는 칙령을 내렸다. 교토에 사는 한 일본 여인은 황태자를 시해하려고 한 부끄러운 일본인을 대신하여 속죄의 자살을 하여 '열녀(烈女)'로 칭송되었다.

니콜라이 황태자는 다음 일정인 요코하마와 도쿄 방문을 취소하고 급거 블라디보스토크로 떠났다. 1891년 5월19일 시베리아 횡단철도 기공식의 기록 사진을 보면 니콜라이 황태자의 머리는 하얀 붕대로 칭칭 감겨져 있다. 일본에서는 러시아가 공격해 올 것이라는 '공아증(恐俄症)'이 팽배하였으나 알렉산더 3세는 관용으로 사건을 넘겼다. 5년 후 니콜라이 황태자는 알렉산더 3세의 급서로 황제(니콜라이 2세)가 된다. 1896년 모스크바에서 거행된 대관식에는 고종의 시종무관 민영환이 참석하였다. 오쓰의 악연이 있는 메이지 천황과 니콜라이 2세는 1904년 러일전쟁으로 다시 마주치게 된다. 니콜라이 2세는 실정과 함께 러일전쟁, 1차 세계대전의 여파로 1917년 볼셰비키(러시아 과격파 혁명주의자)에 의해 강제 퇴위되면서 300년 역사의 로마노프 왕조도 문을 닫게 된다. 니콜라이 2세는 1918년 7월 시베리아의 예카테린부르크에서 가족과 함께 처형된다. 볼셰비키는 은폐를 위해 황제가족 시신(屍身)을 모두 소각하였다. 그러나 무슨 우연인지 오쓰사건 백년만인 1991년에 시신이 발굴되고 오쓰에서 수거된 황태자의 DNA로 니콜라이 2세의 시신임이 밝혀졌다.

중국의 '광창우(廣場舞)'

중국 베이징에 인상적인 것 중의 하나는 중국 사람들이 집단으로 모여 춤을 추는 것이었다. 어느 날 새벽에 날이 밝을 무렵 산책을 위해 아파트를 나서자 어디선가에서 음악소리가 들렸다. 소리가 나는 쪽으로 따라 가보니 작은 공원이 있고 공원의 한쪽에서 중노년(中老年) 남여들이 모여서 집단으로 춤을 추고 있었다. 서울에서는 볼 수 없는 풍경이라 신기하여 한참 구경하던 기억이 난다. 그 후 몇 년을 살다보니 공원뿐만이 아니라 로터리 등 공공 장소에서는 매일 아침저녁으로 사람들이 모여 춤을 추는 것을 자주 볼 수 있었다. 날씨가 따뜻해지는 봄부터 가을 까지는 물론이고 한 겨울에도 두툼한 외투를 입고 연신 하얀 입김을 내뿜으면서 광장에 나와 춤을 추었다. 휴대용 카세트 레코더에서 흘러 나오는 음악에 맞추어 추는 각종 춤으로 보는 사람까지도 흥겹게 하였다.

언젠가 중국의 지인(知人)을 만나 공원의 춤 이야기를 꺼냈더니 "광창우(廣場舞)!" 하면서 깔깔거리고 웃는다. 별다른 취미가 없는 어르신들이 아침에 모여 운동하고 친구들도 만나니 육체적 정신적으로 이만한 것이 없다고 한다. 아침잠이 없는 지인의 부모도 눈만 뜨면 밖으로 나가시니 좁은 집에서 어른들 눈치 보느라고 못다 한 부부 간의 대화도 그 때 나눈다고 한다. 내가 처음 베이징에 근무할 때는 집들이 많지 않아서인지 소음공해(noise pollution) 이야기는 없었는데 요즈음은 공원이나 광장에 가까이 사는 사람들은 매일 아침 들려오는 '광창우'의 음악 소리에 잠을 설치는 사람이 많다고 한다.

사실 중국에서 광장이나 공원 등에서 음악을 틀어 놓고 집단으로 춤을 추는 이른 바 '광창우'(plaza mass dancing)는 1980년대부터 시작 되었다고 한다. 그 무렵 대도시가 정비되어 길이 쭉쭉 뻗고 공원이나 광장이 만들어졌지만 주변에 아파트가 들어서지 않고 빈 땅이 많았다. 그런데 중국의 급격한 경제성장으로 도시의 인구가 늘어나고 내 집 마련의 부동산 붐으로 허허벌판이었던 공원이나 광장 주변에 여유 공간 없이 빽빽이 아파트가 들어서기 시작하였다. 주택가의 어지간한 공터는 사라지면서 이때부터 '광창우'의 소음문제가 대두되었다고 한다. 더구나 1990년대 중반부터 국유기업의 구조 조정으로 대거 퇴직(退休)을 당한 50대의 젊은 할머니들이 '광창우'에 합세하였다. 그들은 주로 저녁 식사를 끝낸 후 화려한 유니폼까지 갖추어 입고 춤을 춘다. 중국에서는 광장에 나온 활기 찬 50대를 '광창우 따마(大媽)'라고 부르고, 외지(外紙)에서는 '춤추는 할머니(dancing grannies)'로 소개하고 있다. 따마들은 1960-70년대 문화혁명 시 홍위병 경험에서 집체주의에 익숙하여 '광창우'에 일종의 향수를 느낀다고 한다. 홍위병들은 매일 광장에 모여 확성기를 크게 틀어 놓고 "공산당이 없으면, 신중국도 없다(沒有共産，就沒有新中國)!"는 노래를 부르면서 마오쩌둥(毛澤東)을 찬양하였다.

전문가들은 중국의 활기 찬 50대 따마들이 앞으로 증권계와 부동산계의 큰 손, 해외관광의 큰손이 될 것으로 내다보고 있다. 그들의 장롱예금이 중국경제에 영향을 주고 있어 마치 과거 일본의 '와타나베 부인'을 연상시킨다고 한다.

'광창우'에 나오는 사람들은 대개 청력이 쇠퇴한 어르신들이고 '따마'들은 소리가 커야 흥이 난다고 우정 음향기의 볼륨을 높이고 있어 주택가의 소음공해는 이만 저만이 아니다. 특히 입시생을 가진 부모들에게는 참기 어렵다. 주민들은 여러 차례 민원을 제기하였지만 당국이라도 20-30년 계속되어 온 '광창우'를 쉽게 중단 시킬 수는 없었다. 그간 경제성장에 집중하느라고 노인복지시설이 제대로 없는 중국에서 중노년들에게 아침저녁으로 광장에 나와 춤추는 것까지 막을 수가 없었다. 중국정부는 '광창우'를 사회주의 중국의 집단문화로 긍정적으로 보고 소음문제 대책에 소홀히 하였다. 드디어 사건이 터졌다. 수년 전 베이징에서는 소음을 참지 못한 한 남자가 공중에 향해 엽총을 쏘고 맹견을 풀어 광장에서 춤추는 사람들을 혼비백산 시켰다. 그리고 어느 지방도시에서는 고층 아파트 베란다에서 물을 뿌리거나 고성능 확성기로 음향대포(경고음)를 쏜 사건도 있었다. 그 이후도 수많은 민원과 함께 비슷한 사건이 끊어지지 않고 있었다. 과거에는 도시라도 농촌에서 올라온 지 오래지 않아 서로 터놓고 이야기하여 집집마다 서로 아는 사이라 대 놓고 불만을 터트리지는 못했지만 이제는 급속한 도시화로 전국 곳곳에서 올라 와 서로 잘 모르는 주민이 많고 개인주의가 만연하여 옛날의 분위기는 사라진지 오래된다. 지방도시에 따라서는 저녁 9시부터 오전 7시까지 주택가에 소음을 내는 사람들에게 벌금을 물리는 특별 조례를 만들어 사실상 '광창우'를 금지시키고 있다. 따마들도 스스로 같은 시간대에는 소음(噪)을 내지 않겠다고 "자오인(噪音)

No (no noise)"라는 피켓을 들고 캠페인을 벌리기도 하였다. 그럼에도 불구하고 주민간의 분쟁이 심각해지자 국민 오락 스포츠를 담당하는 국가 체육총국은 이 문제를 해결하기 위해 머리를 싸매고 있다.

신도시를 중심으로 아침저녁 운동만을 유도하기 위해 고정 운동 시설 설치, 춤을 규격화하고 장소를 한정, 음악의 소리(데시벨)를 낮추거나 이어폰의 보급 등 여러 가지 방안을 만들어 시행에 나서고 있지만 '광창우 따마'들의 반발도 만만치 않다. 주민들의 소음문제도 있지만 '광창우'는 이제 13억 중국인의 대표적인 놀이문화로 정착되고 중국을 방문하는 외국인에게는 좋은 관광 포인트(景点)가 되고 있다. 그리고 해외여행을 즐기는 '광창우 따마'들은 시간과 장소가 있는 한 여행지에서도 함께 모여 춤을 춰, 현지인의 호불호에 관계없이 중국의 '광창우'는 세계적인 뉴스가 되고 있다. 중국이 이미 고령사회로 접어들고 있다. 부유하기 전에 고령화 현상(未富先老)에 부담이 되고 있는 중국에서 '광창우'는 큰 예산지출을 없이 중노년들에게 즐거움을 줄 수 있는 대안이 될 수 있다. 중노년들을 '광창우'에서 쫓아내서는 안 된다. 중국의 경제발전에 핵심적 역할을 한 그들에게 은퇴 후 운동도 하고 팍팍한 생활의 스트레스를 풀면서, 친구들을 만나 친교도 다지는 '광창우'가 유일한 낙이 아닐까 하는 생각을 하게 된다.

뚝섬에서 만난 치우왕(蚩尤王)

중국의 시진핑 국가주석의 통치이념은 중화민족의 부흥 즉 중국의 꿈(中國夢)을 이루는 것이라고 한다. 중국몽과 함께 중화민족의 시조인 황제(黃帝) 헌원(軒轅)이 대한 이야기가 화제가 된 적도 있다. 일부 학자들은 신화의 영역에 속했던 황제 헌원의 이야기를 고고학의 발달을 근거로 역사의 영역으로 끌어내고 있는 것 같다. 동북아시아에서는 옛날부터 우월적인 중화민족(華)과 그렇지 못한 주변민족(夷)간의 이른바 화이(華夷)를 엄격히 구분하는 화이질서(華夷秩序)를 구축하였다. 그 구분을 지어 준 영웅이 황제 헌원으로 보고 있다. 산시성(陝西省) 시안(西安)에서 북쪽으로 300km 정도 가면 황제릉(黃帝陵)이 조성되어 있다 그곳에는 "황제께서 천명으로 나라를 세우시고 추악한 치우(蚩尤)를 주살하시어 화(華)와 이(夷)를 구분지어셨다" 라는 문구가 있다. 매년 황제릉을 찾아 참배하는 국내외의 중국인들은 이곳에서 자신들의 정체성을 확인하는지 모른다.

사마천(司馬天)의 사기(史記)에 의하면 중국 고대에는 2차례 문명의 충돌이 있었다고 한다. 고대 동양문명의 맹주를 놓고 벌린 치열한 전쟁이었다. 전쟁의 잔혹성을 묘사하여 "들판에는 피가 백리나 흘렀고 병장기가 핏물에 둥둥 떠 다녔다"는 과장된 기록이 있을 정도이다. 중화민족의 시조인 황제 훤원은 2차례의 전쟁에서 모두 승리하여 중국의 초대 천자(天子)로서 천하를 다스렸다고 한다. 허베이성(河北省)과 랴오닝성(遼寧省)의 경계에 위치하는 장자커우(張家口) 인근의 반취안(阪泉 판천)에 일어난 반취안 전쟁은 황제 헌원(軒轅)이 이끄는 중화민족이 복희 여와 염제(신농)으로 이어지는 고대 삼황 부족과의 전쟁이었다. 황제 훤원은 화이(華夷) 혼합 민족을 이끌고 있는 삼황부족의 최후의 왕인 염제와 반취안 전쟁을 통하여 승리한다. 삼황부족을 제압한 황제 헌원의 마지막 라이발은 산동성의 동이(東夷)족을 통솔하는 치우였다. 치우는 삼황부족의 잔존 민족과 구려족(九黎族) 등 80여개의 변방 민족을 결속시켜 세력을 과시하였다. 장소는 반취안 인근의 줘루(탁록 涿鹿) 지방이다. 황제 헌원은 줘루전쟁에서 모든 지혜를 동원하여 막강한 치우세력을 격파하였다. 치우 세력이 패배하자 구려족이 분산되어 남방으로 이주하여 지금의 묘(苗)족 려(黎)족 등이 되었고 치우의 세 아들도 뿔뿔이 흩어졌다고 한다. 그 중 한 아들이 동북으로 달아나 지금 한반도인의 선조가 되었다는 설도 있다.

줘루 전쟁에서 치우는 망했지만 싸움을 잘하는 치우에 대한 숭배가 대단하여 진시황은 치우의 사당을 만들었고 유방도 항우와 싸우기 전에 반드시 치우에게 무공을 빌었다고 한다. 우리나라에서도 고려시대부터 치우왕에 대한 전설이 내려온다. 그가 동이족으로 분류되어 단군의 선조로 알고 있는 사람도 많다. 한반도에서도 치우왕을 전쟁의 신으로 숭배되어 왔다. 무장들은 출진하기 전에 반드시 치우사당에서 제사를 지냈다고 한다. 이순신 장군의 난중일기에서도 치우사당에서 제사지낸 기록이 나온다. 당시에 한반도에는 치우사당이 많았다. 서울에서 치우왕에 대한 전설이 남아 있는 곳이 성수동에 있는 뚝섬이다. 뚝섬은 본래 한강과 중랑천에 둘러싸인 저지대로 홍수가 나면 일시 섬이 되는 곳이다. 조선을 건국한 태조 이성계는 무장 출신이라 새로 도읍을 정한 한양에 사냥터가 필요했다. 그는 지금의 뚝섬에 치우사당을 지어놓고 치우왕을 상징하는 치우기(纛旗 독기)로 치우사당을 표시하였다. 독기에는 검은 쇠꼬리나 꿩 꼭지 털로 만든 장식물을 달았다. 뚝섬은 본래 독기가 있는 섬을 의미하는 독도(纛島)가 뚝도 뚝섬으로 변형되었다. 지금의 뚝섬은 치우사당이 있는 섬이라는 의미이다.

태조 이성계 이후 역대 조선왕조의 왕들은 이곳을 사냥터로 정해놓고 신하들이 활을 쏘게 하고 직접사열을 하여 무예를 연마했다. '화살곶이벌' '살곶이(箭串)벌'이라는 지명의 유래도 이곳 사냥터에서 나왔다. 이러한 전통으로 조선왕조의 역대 왕들은 뚝섬에 나와 사냥을 겸하여 무예를 익히고 갑옷차림으로 치우사당에 치우제(纛神祭 독신제)를 지냈다고 한다. 홍수로 유실되어 지금은 없어졌지만 당시의 치우사당에는 치우왕이 황제 헌원이 싸웠던 '탁록 전투도'가 걸려 있었다고 한다. 치우왕은 전쟁에 패배하여 천하의 맹주가 되지 못했지만 황제 헌원의 후손인 중화민족을 제외한 주변의 소수 민족 즉 동북아시아 지역의 여러 민족의 시조로 생각하는 사람도 있다. 서울에서 치우왕의 스토리가 남아 있는 뚝섬에 치우사당을 복원하고 내친 김에 황제릉과 같은 '치우릉(蚩尤陵)'을 조성한다면 어떨까. 중화민족 이외의 치우왕 후손들인 동북아시아의 여러 민족들이 찾아오는 관광 명소가 될 것이다. 그리고 치우사당에는 황제와 치우의 대전인 '탁록전투도'를 그려 놓으면 요우커(遊客)에게 흥미를 유발하고 자녀들에게는 광활한 중국을 무대로 천하를 다투어 싸운 고대 영웅들의 이야기가 시공(時空)을 초월하여 상상력을 키워 줄 수 있을 것으로 본다.

줘루(탁록)전쟁의 최종 승리자인 황제 헌원은 자신을 포함 후손인 전욱, 곡, 요, 순 등 5제 시대를 연다. 마지막 순(舜)임금의 신하 중에 우(禹)라는 사람이 있었다. 그는 황하 치수사업에 실패한 아버지의 뒤를 이어 가정도 돌보지 않고 양서류처럼 항상 물과 가까이 하면서 치수사업을 성공시킨다. 후에 순임금의 천거로 왕이 된 우는 새로운 국가 하(夏)를 창건한다. 중화민족 최초의 국가로 기원전 2070년경이다. 중국은 중국몽의 장기포석으로 '일대일로(一帶一路)'를 내 세우고 있다. 육지와 해양의 신 실크로드 프로젝트이다. 중국은 둔화되고 있는 경제성장을 밖에서 끌어 오겠다는 발상이다. 이 거대한 프로젝트의 금융지원을 위해 57개국을 창립회원국로 아시아인프라투자은행(AIIB)을 설립한다. 중화민족(華)이 주변민족(夷)과 협력 동반성장을 하겠다는 것이다. 과거의 중국몽은 황제와 치우왕의 구분을 통하여 화이질서를 강조했지만 새로운 중국몽은 황제와 치우왕 후손들의 화이공영(華夷共嬴 윈.윈)으로 이루어져야 한다고 생각한다.

김교각 스님의 신라 사자견(獅子犬)

최근 중국의 반부패 드라이브가 최고조에 달하고 있다. 상하이의 모터쇼에서 자동차를 선전하는 미녀들이 사라지고 중국의 골프장도 텅텅 비었다. 주중은 물론이고 주말에도 라운딩하는 골퍼가 잘 보이지 않는다고 한다. 신 중국 건국 직후 골프는 '금지된 놀이(forbidden game)'로 배척되어, 골프장이 동물원이나 어린이공원으로 바뀌었는데 지금의 중국 분위기가 당시를 상기시킨다고 한다. 최근 중국을 다녀 온 지인에 의하면 베이징과 상하이를 중심으로 짱아오(藏獒 Tibetan mastiff)로 불리는 덩치가 큰 사자견(獅子犬)이 상상할 수 없는 헐값 매물로 나와 있으나, 누구 하나 거들 떠보는 사람이 없다고 한다. 얼마 전까지만 해도 수억 원 씩 하는 짱아오는 부(富)의 상징으로 고급 선물로 활용되었으나 지금은 부패의 상징이 되었다고 한다.

짱아오는 신라의 김교각(金喬覺 697-794) 스님이 중국으로 갈 때 수호견으로 데리고 간 신라 사자견의 일종이다. 중국 안후이성(安徽省)에 있는 중국 4대 불교성지인 주화산(九華山)에는 지장보살로 숭앙받고 있는 신라의 성덕왕의 왕자 김교각 스님의 스토리가 전해지고 있다. 그곳의 기록에는 김교각 스님이 719년 불법을 공부하기 위해 바다 건너 중국으로 올 때 자신을 보호해 줄 사자견(神犬)과 함께 왔다고 전한다.(新羅國王子爲求正法携神犬渡海來唐)

사자견은 사자를 닮은 얼굴 모습과 우람한 덩치로 부쳐진 이름이지만 본래 중앙아시아 초원에서 양떼를 지켜주는 목양견(牧羊犬 sheep dog)이었다. 사자처럼 털이 많고 갈기가 있는 사자견이 중국과 한국에서 악귀를 쫓는 길상의 동물로 취급되는 것을 불교의 전래와 함께였다고 한다. 불경에는 사자의 이야기가 자주 나온다. 인도에서는 사자가 백수(百獸)의 왕으로 불리고 있다. 깨달음을 얻은 부처님은 사람 가운데 으뜸(人中獅子)으로 동물 중에 으뜸(獸中王)인 사자에 비유된다. 부처님의 설법을 사자의 포효에 비유하여 사자후(獅子吼)라고 하고, 부처님의 걸음을 사자보(獅子步), 부처님이 앉은 곳을 사자좌(獅子座)로 부르고 있다. 사자처럼 용맹스러운 기운으로 번뇌를 없애고 부처님이 되신 것이다. 불교의 나라 스리랑카의 국기(Lion flag)에 사자가 그려져 있다. 인구의 74%인 싱할라족은 스스로 사자의 자손이라고 한다. 불교의 발상지 인도에는 불교를 보급시킨 아소카왕 석주(石柱)의 사자상이 국장(emblem)으로 되어 있다.

사자를 백수의 왕이라면 호랑이는 맹수의 왕이라고 한다. 사자와 호랑이는 모두 고양잇과의 동물로 먼 사촌간이다. 그러나 사자의 서식지는 초원이고 호랑이는 산림이므로 서로 만나 싸울 일은 없다. 호기심 많은 고대 로마 사람들은 사자와 호랑이를 1:1로 싸우게 하였다. 사자보다 몸집이 더 큰 호랑이는 단독으로 공격하지만 사자는 무리지어 공격한다. 1:1 싸움의 경우 호랑이의 빠른 공격과 체중을 실은 강한 앞발차기에 사자가 수세에 몰린다. 승자는 호랑이였다. 호랑이를 타이거(tiger)라고 부르는데 이는 그리스어로 '화살'이라는 뜻이 있다고 한다. 호랑이가 사냥할 때 그 빠름이 화살 같다고 하여 부쳐진 이름이다. 과천 서울동물원의 사자 사육사 이야기를 들으면 우리 속의 사자 중에는 반드시 우두머리가 있어 위계질서가 분명하다고 한다. 사자를 백수의 왕으로 보는 것은 무리지어 움직이는 사자 속의 우두머리는 신하를 거느리듯 왕다운 모습이 있기 때문인지 모른다. 고대 국가에서 왕권의 상징으로 사자가 인용되기도 하였다. 고대 인도에서 사자가 수호수(守護獸)로서 인정받아 불상의 좌우에 사자상이 놓여 있는 곳이 많고 이집트의 스핑크스도 사자의 몸에 인간의 얼굴을 하고 있다.

불교가 수호수 사자와 함께 중국으로 전래되었지만 중국에는 사자가 살지 않았다. 중국의 12지(十二支) 동물에는 사자가 없다. 아프리카의 초원이외에 아시아대륙에서 사자가 서식하는 곳은 페르시아(이란) 등 중동지방과 인도이다. 중국에서 사자라는 말도 페르시아어 '서(Shir)'에서 음역한 '스(Shin 獅)'였다. 단음절 '스(獅)'를 보조하기 위해 접미사 '즈(子)'와 함께 '스즈(獅子)'라는 단어가 탄생하였고 우리나라와 일본은 '사자' 또는 '시시'로 같은 글자(獅子)에 발음만 다르다. 불교에서 부처님을 보호하는 사자의 전설이 중국과 한반도에 전래되었으나 실제 사자가 없어 사자를 닮은 북방 유목민의 사자견이 인기를 차지했다. 고구려의 고분 벽화에 사자견이 보이고 신라의 사자견은 불교와 함께 고구려에서 전래되었다고 본다. 고구려와 신라에서 귀족들은 반드시 호신용으로 사자견을 데리고 다녔다. 왕자인 김교각 스님도 중국으로 건너 갈 때 자신의 사자견을 데리고 갔을 것이다. 중국의 기록에는 김교각 스님이 사자견을 타고 이동하였다고 하니 신견(神犬)으로 표현한 것도 무리가 아니다.

일본의 쇼토쿠(聖德) 태자의 스승인 고구려 혜자(慧慈)스님이 일본에 가져 온 사자견이 고마이누(高麗犬)가 되었다. 고구려 장수왕 이후에는 고구려를 고려라고 불렀기 때문에 고마(고려)는 고구려를 의미한다. 일본에서도 고마이누는 점차 멸종되고 지금은 벽사수복(闢邪守福)의 석상만 남아 있다. 중국의 석사자상과 일본의 고마이누 석상은 암수 한 쌍이다. 오른편(右)에 입을 벌리고 있는 것은 숫컷이다. 입을 벌리고 숨을 들이쉬는(inhale) 모습으로 진언(眞言)을 알린다고 한다. 왼편(左)에 입을 닫고 있는 것은 암컷이다. 입을 닫고 코로 숨을 내쉬는(exhale) 모습으로 열반(涅槃)을 의미한다고 한다. 한반도의 사자견은 삼국의 멸망으로 귀족사회의 붕괴와 함께 점차 개체수가 줄어든다. 임진왜란 등 전쟁을 겪고 일제 강점시대 에 군용으로 징발되어 거의 멸종되었다고 한다.

지금 경북 지방에는 리틀 사자견인 삽살개가 복원 보호되고 있다. 삽살개는 체구가 사자견에 비교할 수 없을 정도로 작지만 얼굴 모습에서 원래 사자견의 분위기를 느낄 수 있다. 신라의 절이나 왕릉에는 사자의 석상을 수호신으로서 탑을 받치게 하거나 왕릉의 입구에 두었다. 기와에도 사자의 얼굴 모습을 조각하여 집을 지었다. 안압지에서 출토된 귀면와(鬼面瓦)는 사자의 얼굴로 악귀를 쫓아내는 역할을 하였다. 중국에도 사자상이 많이 남아 있다. 자금성을 지키는 천안문의 사자상 뿐만이 아니라 중국의 쓰허위안(四合院)이나 큰 건물의 정문에는 반드시 수문장처럼 석사자상이 놓여 있다. 암수 한 쌍의 돌사자는 집을 지켜주는 수호사자(guardian lion)이므로 중국인의 사랑을 받고 있다. 좌측은 암사자로 새끼를 감싸고 있고 우측은 숫사자로 공(球)을 희롱하고 있다.

오래 전에 중국에서 일본의 도요타(豊田) 자동차가 판매되면서 자동차 광고가 나왔다. 광고를 본 중국인이 크게 분노하여 도요타 자동차회사에 항의를 하였다고 한다. 광고 속에 도요타 자동차가 달리고 중국의 돌사자가 이에 거수경례를 하는 장면이 있었기 때문이다. 사자를 수호신으로 여기는 중국의 문화를 이해 못한 황당한 광고였던 것이다. 사자상을 비교해 보면 인도의 사자상은 실제 사자의 모습을 하고 있지만 중국의 사자상은 목에 방울로 장식되어 있는 등 실제 사자보다 사자견에 가깝다는 느낌이 든다. 그러나 실제 사자를 본 적이 없는 어린이들에게는 구분하기 어려울지 모른다. 몇 년 전 중국의 어느 중소 도시의 동물원에서 일어 난 일이다. 그 동물원의 사자가 문제가 있어 사자우리가 비어 있었다고 한다. 어린이들에게 인기가 있는 사자를 구해 와야 하는 데 방법이 없어 사자 대신에 사자견을 우리에 넣어 어린이들을 속였다는 기사가 있었다.

동아시아의 지정학과 미일 동맹

70년 전 태평양전쟁에서 승리하여 일본의 무조건 항복을 받아 낸 미국은 일본을 영원히 전쟁을 할 수 없는 나라로 만들 계획이었다. 미국은 일본을 스위스와 같은 영세중립 낙농국가를 만들면서 태평양전쟁을 일으킨 일본의 군수재벌을 해체하고 일본 내 군수시설은 동남아시아로 보내려고 하였다.

그러나 동아시아 정세는 미국이 원하지 않는 방향으로 흐르고 있었다. 중국의 내전에서 마오쩌둥(毛澤東)이 장제스(蔣介石)에 승리하여 공산 중국을 건국하고, 스탈린의 지원을 받은 북한의 김일성이 기습적인 남침전쟁을 감행한 것이다. 이러한 분위기에 고무되어 일본 내에서 좌익 공산주의자 활동이 강화되고 있었다. 동아시아의 공산화를 우려한 미국이 한가하게 일본을 낙농국가로 둘 수 없었다. 1951년 미국은 일본과 안전보장 조약을 체결하고 1960년 이를 보완 신미일안보조약으로 미일동맹의 실질적 근거를 만들었다. 그리고 1978년 소련의 위협에 대응하기 위해 미일방위협력지침(안보가이드라인)을 만들었다. 1997년에는 이를 개정, 냉전 해체 후 북한의 핵위협 등 새로운 안보환경에 대응하였다. 그리고 이번에는 부상하는 중국에 대응하기 위해 미일동맹을 글로벌로 확대하였다.

나는 일본에 근무하면서 일본은 태풍의 나라라는 생각을 했다. 겨울이 지나면서 남태평양에서 발달된 태풍이 수없이 올라온다. 태풍이 너무 많아 이름대신에 올라오는 순서대로 번호를 매길 정도다. 그러나 한반도까지 도달하는 태풍은 많지 않다. 대부분 일본 열도의 높은 산에 부딪쳐 깨지고 말기 때문이다. 일본 지도를 보면 일본열도가 한반도를 둘러싸고 활처럼 휘어져 있음을 알 수 있다. 일본 열도는 한반도로 올라오는 태풍의 방파제(water-typoon breaker)이면서 지정학적으로는 대륙의 세력을 막아주는 태평양의 보루라는 생각도 들었다. 지진과 함께 일본의 최대의 자연재해인 태풍은 카미가제(神風)라는 이름으로 일본을 외침으로부터 지켜주기도 하였다.

20세기 초 극동 아시아에서 러시아의 남진(南進)은 중국과 인도에 기득권을 가진 영국을 긴장시켰다. 영국은 아프리카 종단정책과 남아프리카의 다이아몬드 광산과 금광을 확보하기 위해 현지의 네덜란드계 백인 보어인과 두 차례 전쟁(Anglo-Boer War)으로 러시아의 남진을 막을 여력이 없었다. 러시아는 삼국간섭을 통해 청일전쟁의 승리로 얻은 요동반도를 반환케 하여 일본은 와신상담(臥薪嘗膽)을 하고 있었다. 두 나라의 이해가 일치되어 영국은 영일동맹을 맺고 러일전쟁에서 일본의 승리를 도왔다. 일본은 이러한 국제적 분위기를 이용 대한제국을 합병(경술국치)한다. 그 후 혁명으로 제정러시아가 망하지만 독일제국의 부상에 위협을 느낀 영국은 일본과 동맹을 유지한다. 양호우환(養虎憂患)이라고 할까. 1차 세계대전 후 세력이 커진 일본의 대륙(중국) 침략을 우려한 영미 등 해양세력은 일본을 경계하였고 결국 태평양 전쟁으로 이어졌다. 전후 소련의 부상과 냉전 그리고 소련이 붕괴되었지만 덩샤오핑(鄧小平)의 중국이 부상했다. 덩샤오핑은 도광양회(韜光養晦 칼날의 빛을 감추고 은밀히 힘을 기른다)의 원칙을 지켜 주변국을 안심시켰다. 그러나 덩샤오핑 사후 장쩌민(江澤民) 후진타오(胡錦濤)를 거쳐 시진핑(習近平) 주석에 이르러서는 개혁 개방 30년의 성과를 내세워 중국몽(中國夢) 실현을 위한 유소작위(有所作爲 필요할 경우 제 몫의 역할은 한다)의 정책으로 바뀌었다.

미국이 중국의 부상에 대응 일본과의 동맹 강화가 필요해진 것은 변화된 지정학적인 환경이 만들어 주었다. 일본이 자신들에게 유리한 지정학적 환경만 믿고 잘못된 과거에 대해 사과하지 않으면 과거 제국주의 시대와 다를 바 없다. 일본은 미일관계만 좋으면 아시아 주변국과의 관계도 좋아질 것이라는 착각을 갖고 있다. 그러나 한국 등 아시아 국가와 관계가 좋아야 미국의 진정한 존경을 받고 지속 가능한 신뢰도 끌어 낼 수 있다. 결자해지(結者解之) 차원에서 과거사 문제를 조기 극복하여 이 지역에서 존재감을 갖는 것이 미국으로서도 바라는 바일 것이다. 수년 전 아베 총리의 방미 기간 중 오바마 당시 대통령과 함께 워싱톤 D.C의 링컨 기념관에서 내셔널 몰을 바라보고 있는 사진이 기억난다. 이름이 같은 아베(安倍-Abe) 총리가 노예(slave)해방으로 유명한 링컨(에이브-Abe) 대통령을 본받기를 기대하였으나 아베 총리의 미 의회 상하원 합동연설 내내 성노예(sex slave 일본군 위안부) 피해자 이용수 할머니가 방청석에서 쓸쓸히 지켜보고 있었지만 한마디도 언급도 없어 실망한 기억이 있다.

비렌드라 국왕의 비극과 네팔민주공화국

2015년 4월25일 네팔의 수도 카트만두로부터 80km 떨어진 곳에서 진도 7.8의 강력한 대지진으로 카트만두와 인근 농촌의 피해가 엄청났다. 특히 카트만두 어디에서도 보이는 유네스코 세계유산 건축물인 다라하라(빔센)탑이 붕괴되어 처참한 잔해만 보여 주고 있었다. 9층 높이의 이 탑은 1834년 완공되어 100년 후인 1934년 대지진에서도 살아남아 탑의 머리에 장식되어 있는 힌두 시바(Shiva)신의 가호를 받고 있는 것으로 보였다. 당시 언론을 통해 카트만두 중심부가 폐허처럼 무너진 것을 보면서 지금부터 30여 년 전의 일이 생각난다. 당시 나는 미국에서 연수를 끝낸 후 귀국하여 아주국 서남아과에서 근무하였다. 1981년 여름이었다. 서남아과는 인도 파키스탄 스리랑카 네팔 등을 담당하는 지역과이다.다음 해인 1982년 가을에 아랍에미리트(UAE)로 발령받아 나갔기 때문에 인도와 네팔을 담당한 나의 서남아과 근무는 불과 1년을 좀 넘긴 기간이었다. 서남아과 근무 중 가장 기억에 남는 것은 네팔에 대한 것이다. 네팔은 우리나라처럼 자원이 별로 없고 해발 8000m의 고산으로 둘러싸여 한 때 외국인의 입국도 거부했던 은둔자의 나라(hermit kingdom)였다. 그리고 중국과 인도라는 초강대국 사이에 끼여 지정학적 어려움이 많은 것도 우리와 흡사하였다. 네팔은 국토가 직사각형 모양이지만 국기는 깃발모양의 삼각형으로 특이하다. 에베레스트

산을 포함하여 안나푸르나 마나슬루 등 우리의 귀에도 익은 세계의 10대 최고봉 중 8개가 포함되어 있어 알피니스트의 메카이고 일반인에게도 생애 한번은 꼭 가봐야 하는 동경의 나라였다.

네팔에는 '어머니와 모국은 천국보다 위대하다(Mother and motherland are greater than heaven'라는 말이 있다. 천국보다 멋있는 네팔이 지금 지진의 피해가 크고 수많은 사람이 무너진 건물의 잔해에 파묻혀 목숨을 잃었다. '지진이 사람을 죽이지 않고 무너진 건물이 죽인다(Earthquakes do not kill people, buildings do)'라는 지진 전문가의 말이 상기된다. 우리나라를 포함하여 수많은 나라들이 구호금을 내고 구호 팀을 보내 네팔을 도왔다.그 중에도 인도와 중국의 구호활동이 눈에 띄였다. 보도를 보면 중국의 인민해방군 청뚜(成都)군구 배지를 단 군인들이 구조에 직접 나서고 있고 '란톈(藍天)구원대'라는 푸른 제복을 입은 구조대가 내시경 카메라 같은 기구를 가지고 다니면서 건물 잔해 깊숙이 집어넣어 매몰된 사람의 생사여부를 확인하고 있었다. 중국은 아시아 인프라 은행(AIIB)을 통한 일대일로(一帶一路 바다와 육지의 실크로드) 프로젝트에 이번 대지진으로 파괴된 도로 교량 등 네팔의 인프라 재건을 포함 시켰다.인도는 헬리콥터 13대를 동원 의료팀과 구조대를 신속히 보내 구조 활동을 돕고 있었는데 네팔에 부족한 헬리콥터는 교통이 마비된 산간지역을 이어주는 효과적 방법이었다. 인도는 이번 기회에 왕정 폐지이후 중국에 가까워진 네팔을 역사 종교 문화의 오랜 연관성을 강조 관계개선의 의욕을 보이는 것 같았다.

네팔은 인도와 함께 대표적 힌두교 국가이다. 네팔의 지정학적 위치가 중국과 인도의 지원경쟁을 끌어내는 모습이다.내가 서남아과에서 근무할 때에는 즉위 10년을 맞이하는 비렌드라(1945-2001) 국왕이 네팔을 통치하고 있었다. 입헌군주제를 선호했던 비렌드라 국왕은 국민으로부터 폭 넓은 지지와 신망을 받고 있었고 대외관계에서도 중국과 인도를 고루 방문 양국 사이에서 균형외교도 잊지 않았던 것 같았다. 남북한과의 관계에서도 균형을 이루어 한국(1974.5)과 북한(1974.6)과 거의 동시에 수교하였다. 당시 나는 수첩 속에 비렌드라 국왕의 사진과 함께 '인도에 항복하는 것보다 국민에게 항복하는 것이 낫다(It's better to surrender to the people rather than surrender to India)'라는 국왕의 글귀도 적어 두었다. 네팔의 처지가 조선왕조 말기에 백성을 무시하고 당쟁을 일삼다가 일본에 나라를 빼앗긴 우리와 비슷해 이 말에 끌렸다.

비렌드라 국왕은 영국 이튼 칼리지에서 공부하고 하버드대학에서 정치학을 수학한 개명군주였다.서남아과에서 비렌드라 국왕을 알게 된 때로부터 꼭 20년이 되는 2001년 6월, 나는 해외 근무를 마치고 다시 외무부 본부에서 일하고 있었다. 그 때 비렌드라 국왕 가족의 비극적인 뉴스를 접하게 되었다. 비렌드라 국왕은 아이슈와라 왕비와 함께 나라얀히티 왕궁에서 왕세자가 난사한 총에 살해된 것이다. 세계 왕조사에 유례가 드문 네팔왕실대학살사건(Nepalese Royal Massacre)이다.범인인 왕세자 디펜드라(1971-2001)는 내가 처음 서남아과 근무 때는 10살의 애 띤 외모의 소년이었다. 그로부터 20년 후 디펜드라 왕세자는 30세 나이의 청년이 되었다. 2001년 6월1일 저녁 나라얀히티 왕궁에서는 왕족들의 정례 만찬이 열렸다.

왕세자는 부왕과 어머니 왕비와 언쟁을 하였다. 왕세자가 좋아하여 결혼하고자 하는 여자를 부모가 반대하고 있었기 때문이다. 특히 여자 집안은 왕비 가문과 적대관계에 있었다. 앞으로 왕비가 될 며느리로 받아들일 수 없는 상황이었다. 화가 난 디펜드라 왕세자는 술에 잔득 취해 자기 방으로 돌아갔다. 조금 후 나타난 왕세자의 손에는 소총과 기관단총이 쥐어져 있었다. 네팔 육군사관학교 출신의 왕세자는 총기에 익숙하다. 그는 비렌드라 국왕과 아이슈와라 왕비 그리고 왕자(남동생)와 결혼한 공주(여동생)를 차례로 살해하고 다른 왕족을 5명을 죽였다. 그리고 스스로 총을 쏘아 자살을 기도하였으나 의식 불명상태로 병원으로 이송 되었다. 디펜드라 왕세자는 병상에서 자신도 모르는 사이에 자기가 사살한 부왕을 승계하여 국왕이 되었다가 결국 깨어나지 못하고 6월4일 사망한다. 가장 짧은 '3일 국왕'이다.

디펜드라 국왕이 죽자 그를 섭정한 삼촌 갸넨드라가 새로운 국왕이 된다. 갸넨드라는 마침 지방출장으로 왕실 만찬에 참석치 않아 생명을 구했다. 왕실대학살 사건에 갸넨드라 가족의 피해가 거의 없어 형인 비렌드라 국왕과 의견이 맞지 않은 갸넨드라의 궁중 쿠데타라는 루머도 있었다.새로운 왕이 된 갸넨드라는 형과 달리 절대군주제를 지지하여 민주화 의식이 높아진 네팔 국민과 대립하게 된다. 국민들이 갸넨드라 국왕에게 등을 돌리면서 산악과 농촌 지역을 중심으로 왕정타파를 내세운 마오이스트(Maoist)와의 내전이 격화되고 국토를 서로 양분할 정도로 반군의 기세가 드높았다.2006년 4월 갸넨드라 국왕의 독재에 반대하는 시민 궐기로 '네팔의 봄(Loktantra

Andolan 국왕 없는 민주화 운동)'이 왔다. 국왕 갸넨드라의 정치적 특권이 박탈되면서 10년을 끌었던 내전도 종결되었다. 이어서 2008년 제헌의회에서는 왕정폐지를 공식적으로 결의하였다. 네팔은 더 이상 왕국이 아니고 공화국(네팔연방민주공화국)이 되었다.

네팔 대지진은 인도판(Indian plate)이 유라시아판(Eurasian plate) 아래에서 밀어 올려 일어났다. 더구나 카트만두 계곡은 수천만 년 전 호수의 밑바닥 퇴적물이 융기한 지형이라 흔들림이 더 심했다고 한다. 전문가들에 의해 오래전부터 예고된 지진인데 미리 대비를 못하고 속절없이 당한 것도 내전에 의한 정국의 불안 때문이라는 지적이 있다. 그나마 다행인 것은 그 날이 휴일(토요일)이라 학교 건물이 무너졌으나 학생들의 희생은 없었다고 한다.네팔의 국명이 그 곳에 사는 '네와르(Newar)' 민족에서 유래된다고 하지만 히말라야 수호신(神 Ne)의 보호(ɔal)를 받는다는 의미도 있다고 한다. 지진 발생 후 3년이 지났다. 네팔에는 아픔을 나누고 위로하는 전 세계의 구호의 손길로 점차 회복되고 있다. 국내에 거주하는 네팔 다문화 가족들과 함께 네팔을 위해 기도하면서 지금까지 여러 악조건에서 '신의 보호(Nepal)'를 믿고 꿋꿋이 살아 온 네팔의 복원력(resiliency)을 믿고 싶다.

만주국과 기시 노부스케(岸信介)

베이징 대사관 근무 시 지린(吉林)성의 성도 창춘(長春)에 출장을 자주 가게 되었다. 당시는 선양(瀋陽) 총영사관 개설되기 이전으로 지린성은 대사관 관할이었다. 창춘은 인민광장을 중심으로 방사형 도로가 뻗어 있어 중국 도시 같지 않은 분위기였다. 중국 공산당 지린성위원회 본부건물이 일본의 성(城)의 천수각(天守閣)을 닮아 이상한 느낌이 들었다. 지인의 설명에 의하면 일본 오사카 성을 본딴 건물로 과거 만주국 시대 일본 관동군의 사령부가 있었던 곳이라고 한다.

관동군은 만주사변을 일으키고 만주국 건국에 중심 역할을 한 악명 높은 일본 최강 정예군이다. 창설 당시 산하이관(山海關) 동쪽(당시 만주국 영역으로 지금의 동북 3성)을 지키라는 의미로 관동군이 되었다고 한다. 관동군이 사령부의 건물을 지을 때 가도정명(假道征明)이라는 황당한 명분으로 조선을 침략(임진왜란)하고 중국을 넘어 다 본 토요토미 히데요시(豊臣秀吉)의 못다 이룬 야망을 이루기 위해 히데요시의 오사카 성을 재현하였을까 하는 생각이 든다. 일본은 만주국을 건국하고 창춘을 수도로 정하면서 새로운 수도 즉 신징(新京)으로 이름을 바꾸었다. 신징은 19세기 파리를 모델로 건설한 신도시였다고 한다. 창춘에는 아직도 일본식 건물이 많이 남아 있었다. 지린대학 기초의학원의 건물도 자세히 보면 일본 국회의사당의 모습을 그대로 가져다 놓았다. 다만 지붕은 자금성처럼 기와로 되어있어 중일합작이란 느낌을 갖게 한다. 이 건물은 당시 만주국 정부의 정무원 건물이다.

일본의 항복과 함께 만주국은 멸망되고 옛 이름 창춘을 되찾았다. 만주국은 일본이 만주사변을 계기로 청조의 마지막 황제(선통제) 푸이(溥儀)를 만주국 초대 황제(강덕제)로 내세운 일본의 괴뢰국가였다. 국제연맹이 리튼 조사단을 파견 만주국의 실정을 조사하였다. 1933년 제네바의 국제연맹에서는 리튼 보고서(Lytton Report)에 대한 찬반 의결이 있었다. 당시 일본 대표는 영어에 능통한 마쓰오카 요스케(松岡洋右 1880-1946) 국회의원이었다. 그는 후에 남만주철도회사(滿鐵)의 총재와 외무대신을 역임하였다. 마쓰오카 요스케는 일본의 야마구치(山口) 현 출신으로 어릴 때 아버지가 사업에 실패하자 13세 때 미국 오레곤 주의 친척집에 위탁되고 그 곳에서 미국 감리교의 후원으로 오레곤 대학을 졸업하였다. 일본으로 돌아 와서 외무성에 입부하였다가 퇴직하고 만철에 근무한 경력이 있는 마쓰오카 의원은 동양인의 영어라고 할 수 없을 정도의 유창한 영어로 '십자가 위의 일본'이라는 논리로 국제연맹을 설득시키고자 하였다. 예수님이 십자가 걸형(桀刑)에 처하였지만 그의 진실이 후에 알려지듯 국제사회는 일본을 십자가 걸형에 처하려고 하지만 일본의 정당성은 후세가 알아 줄 것이라는 황당한 논리였다. 마쓰오카는 자신이 크리스찬이라는 것이 의심스러울 정도로 기독교를 끌어넣은 억지 논리를 전개하였다. 그러나 국제연맹은 만장일치로 일본이 세운 만주국을 부인하였다. 일본은 국제연맹의 결의에 불복 탈퇴하면서 고립을 자초하였다.

일본의 정치인으로서 만주국과 관계가 깊은 사람 중의 한 사람으로 기시 노부스케(岸信介)를 이야기한다. 그는 아베 신조(安倍晉三) 현 총리의 외조부이다. 1936년 만주국의 산업차관으로 기시 노부스케가 부임하였다. 당시 38세의 가장 잘 나가는 상공관료로서 만주국 건설을 위해 관동군으로부터 삼고초려의 끈질긴 요청에 의한 것이라고 한다. 기시 노부스케는 관동군의 기대에 부응하여 만주국의 산업(경제)개발 5개년 계획을 입안 성공시키고 1940년 일본으로 귀임한다. 1941년 관동군 참모장 출신의 도조 히데키(東條英機 1884-1948)가 총리가 되면서 그는 상공대신으로 발탁된다. 기시 노부스케는 1896년 일본의 야마구치시(山口市)에서 사토 노부스케(佐藤信介)로 차남으로 태어났다. 아버지 사토 히데스케(佐藤秀助)는 야마구치현청의 관리였다. 그는 본래 기시 히데스케(岸秀助)였는데 처가인 사토가(佐藤家)에 데릴사위로 입양되면서 처가 성을 따라 사토 히데스케가 된 인물이다. 어머니는 모요(茂世)로 야마구치 현의 명문가 사토 집안의 따님이다. 그가 태어 날 때 외증조부 사토 노부히로(佐藤信寬 1816-1900)가 기뻐하여 자신의 이름 자 노부(信)를 취하도록 허락하여 노부스케가 되었다고 한다. 메이지(明治)유신 이전에 죠수번(長州藩)의 관료(藩士) 출신의 노부히로는 집권세력인 도쿠가와 막부 타도(倒幕派)에 가담한 혁신가였다. 죠수번이 구주를 토벌할 때 참가한 공로로 메이지유신 이후에 시마네(島根)현의 현령이 되었다. 그가 은퇴한 후에도 이토 히로부미(伊藤博文) 등 정치원로들이 찾아 올 정도로 유명 인사였다고 한다. 부친 히데스케는 노부스케가 3살이 될 때 야마구치현청의 직장을 그만두고 부인과 함께 처가가 대를 이어 해오던 양조장 사업을 이어 받았다. 사토 집안은 본래 양조업(주조업) 면허를 가지고 있었다. 모요가 결혼 직후에는 남편 따라 야마구치 시에 살면서 그 면허를 일시 타인에게 빌려주었다가 남편이 사직하고 고향(布施)에 돌아와서 양조업을 계속하게 된 것이다.

부부는 1889년에 첫아들 이치로우(市郎), 1896년에는 둘째아들 노부스케, 1901년에는 셋째아들 에이사쿠(榮作)를 얻었다. 첫째 둘째는 현청 말단 관리의 아들로 태어났지만, 에이사쿠는 양조장 사장집의 아들로 태어났다. 세 형제 모두 머리가 좋아 마을 사람들의 부러움을 샀다. 마을 사람들은 세 형제 중에 '머리(頭 두뇌)는 첫째부터, 배짱(度胸)은 셋째부터'라는 말을 자주 하였다고 한다. 머리 좋은 노부스케가 중학 3년 때 아버지 친가의 성 기시(岸)를 따르게 된다. '사토 노부스케'에서 '기시 노부스케'로 바뀌었다. 그러나 다른 두 아들은 사토 성을 그대로 쓴다. 장남 이치로는 군인이 되어 해군중장에서 퇴역하였고 막내 에이사크는 형 기시 노부스케에 이어 일본 총리가 된 인물이다. 기시 노부스케는 도쿄제국대학을 졸업하고 고등문관시험에 합격한다. 그는 수재들이 근무하는 내무성이 아닌 농상공성에 들어가 혁신관료로 두각을 나타낸다. 전술한 바와 같이 만주국 상공차관으로 만주국의 산업을 발전시켜 일본의 군수산업에 큰 기여를 하였다. 도조 히데키 내각의 상공대신이 되는 계기를 마련한다. 이러한 인연은 독(毒)이 되어 전후 도조 히데키와 함께 A급 전범 용의자로 체포된다. 육군대장 도조 히데키는 사형에 처하나 문관인 기시 노부스케는 다행히 불기소 처분을 받는다. 그러나 공직에서는 일시 추방되었다가 요시다 시게루(吉田茂)의 자유당에 가입하면서 복권된다.

기시 노부스케는 요시다 시게루와 대립하면서 자유당에서 제명되고 하토야마(鳩山一郎)와 함께 일본 민주당을 결성한다. 후에 민주당은 자유당과 합당 자유민주당(자민당)이 되면서 자민당의 초대 간사장이 된다. 후에 총리가 되는 자민당의 총재 경선에 나섰으나 이시바시 단잔(石橋湛山)에 패배하였다. 그러나 2개월 후 이시바시 총리가 병으로 사직하여 기시 노부스케는 후임 총리가 된다. 기시 노부스케의 사위가 아베 총리의 아버지인 아베 신타로(安倍晉太郎)이다. 나카소네 야스히로(中曾根康弘) 내각의 외무대신을 역임한 아베 신타로는 3남 노부오(信夫)를 처남인 기시 노부스케의 장남 노부와(信和)에 입양시켜 기시(岸)의 성을 따르게 한다. '아베 노부오'에서 '기시 노부오'로 이름이 바뀐다. 기시 노부오는 현재 참의원 의원이다. 할아버지 대에는 형제간이 사토와 기시로 나누어지고 아베 총리에 와서는 아베와 기시로 나뉜다.

양조장 사장 집 아들인 에이사쿠는 마을 사람들로부터 도련님으로 귀여움을 독차지 하였다. 항상 우쭐한 기분으로 공부는 않고 강에 나가 물놀이 하느라고 본래 검은 얼굴이 더 새까맣게 되었다고 한다. 야마쿠치 중학을 졸업하고 구마모토의 제5고에 합격한다. 당시 시험준비를 위해 같이 하숙하면서 제5고에 합격한 친구로 히로시마 출신의 이케다 하야토(池田勇人)는 에이사쿠 보다 먼저 총리가 되었다. 에이사쿠도 형과 같이 도쿄제국대학을 졸업하고 고등문

관시험에 합격한다. 철도성에 근무하면서 형과 달리 두각을 나타내지 못하고 좌천되는 등 관료생활이 매끄럽지 못했다. 이것이 오히려 복(福)이 되어 패전 후 점령군으로부터 전범의 혐의를 받지 아니하고 공직에도 추방되지도 않았다. 그러나 전후 정치인이 되어 형 기시 노부스케가 자민당 간사장을 할 때 총무회장으로 형의 오른 팔 노릇을 하였다.

기시 노부스케는 총리가 된 후 대미 자주외교를 지향 미국과 일본의 불평등 안보조약을 개정 신 안보조약을 체결한다. 아이젠하워 대통령과의 협상 결과이다. 그러나 국내의 여론이 나쁜데도 불구하고 국회 비준을 강행하자 이른 바 '안보투쟁(1960)'이라는 대규모 민중시위로 발전되어 기시 노부스케는 총리직을 사직한다. 기시 총리가 사직하자 사토 에이사쿠의 친구 이케다가 총리가 된다. 에이사쿠는 이케다 총리의 총재의 3선을 막기 위해 총재 경선에 뛰어 들지만 이케다에게 패배한다. 얼마 후 이케다 총리가 병으로 물러나자 그 뒤를 이어 총리가 된다. 이는 1956년 형 기시가 총리가 된 과정과 유사하다. 형제끼리 총리가 된 것도 드문 일이지만 전임자의 병으로 총리직을 이어 받는 것도 더욱 드물 것 같다. 2018년 9월 자민당총재 3선에 성공 2021년까지 총리직을 수행하게 된 아베 총리는 어릴 때 지역구 의정활동으로 도쿄의 자택을 자주 비우는 부친(安倍晋太郎) 대신에 외조부의 귀여움을 받고 자랐다고 한다. 외조부에 대한 추억에서인지 아베 총리가 초선의원 시절인 1995년 10월, 창춘을 방문 외조부 기시 노부스케가 근무한 만주국 국무원을 찾았다고 한다.

정철의 성산별곡(星山別曲)과 한일국교정상화

'공산(空山)에 쌓인 잎을 삭풍이 거두어 불어
떼구름 거느리고 눈까지 몰아오니
천공(天公)이 일을 즐겨 옥으로 꽃을 지어
만수천림(萬樹千林)을 잘도 꾸며냈구나'

송강 정철이 정쟁에 휘말려 고향(담양군 청평면 지곡리)에서 유배생활을 하면서 성산(星山)기슭과 송강(松江)강변의 사계절 자연의 아름다움을 읊은 성산별곡의 일부이다. 성산별곡의 한글 병풍이 2015년 6월22일 서울과 도쿄의 한일국교정상화50주년 기념행사장에 등장하여 화제가 되었다.

1965년 6월22일 한국은 1905년 을사늑약에 의해 외교권을 상실한 이후 60년 만에 일본과 외교관계를 회복하는 한일기본조약에 서명을 하였다. 장소는 사토 에이사쿠(佐藤榮作) 당시총리의 공관이었다. 그 후 한일기본조약은 양국 국회의 동의를 얻어 1965년 12월 18일 서울에서 비준서를 교환하면서 발효된다. 비준서 교환 당시 사진을 보면 한글 서예가 갈물 이철경 여사의 성산별곡 12폭 병풍이 보인다.

비준서 교환 당시 대통령 비서실장이었던 이후락 실장이 1970년 1월, 3대 주일 대사로 부임하면서 병풍의 전반 6폭은 도쿄로 가지고 가고, 후반 6폭을 한일우호의 증표로 주한 일본대사관 가네야마 마사히데(金山正英)대사에게 기증하였다. 그러한 연유로 서울행사에 사용된 병풍 뒷면에 '한일협정 비준서 교환식 기념품 이후락 증 1970. 1.26' 이라고 적혀 있다. 이후락 대사가 가지고 간 전반부 6폭도 이번 도쿄행사에서 사용되었다. 서울과 도쿄에서 성산별곡의 12폭 전체 병풍이 50년 만에 한일우호의 상징이 된 것이다.

한일기본조약이 발효됨에 따라 한국은 1965년 12월 주일대표부 공사로 근무 중인 김동조 대사를 초대 대사로 임명하였고 일본의 경우 1966년 3월에 기무라 시로시치(木村四郎七)대사가 초대 대사로 부임하였다.

지난 50년 한일관계는 '시지푸스의 바위'처럼 위로 끌어 올리면 다시 굴러 내려가 처음부터 다시 올려야 하는 좌절을 겪기도 하였으나 그래도 중단 없이 발전을 이어 왔다. 삭풍이 몰아치는 겨울이다가도 다시 만물이 소생하는 봄이 오는 자연의 이치처럼 한일관계에서도 냉온탕이 계속되어 온 것이다.

50년 전 한일 양국의 대표가 서명한 한일기본조약(한일협정)에는 1)어업협정 2)재일교포의 법적지위 및 대우협정 3)청구권 및 경제협력협정 4)문화재 및 문화협력협정 등 4개의 협정과 25개의 문서로 되어 있다. 한일 기본조약이 양국이 마음에서 화해를 이루고 만들어 낸 조약이 아니었다. 냉전시대 미국의 세계전략의 일환으로 한일 양국이 손을 잡도록 한 미국이 관여한 사실상의 '3국 관계'의 결과라는 평가가 있다. 한일 기본조약은 전문에 기술되어 있는 것처럼 1951년 9월8일 미국의 샌프란시스코에서 서명된 미국과 일본과의 강화조약을 배경으로 한다. 이른 바 샌프란시스코 체제의 일환이다.

미국의 워싱턴 D.C를 방문할 때 덜레스 공항을 이용하게 되는데 덜레스 공항은 존 포스터 덜레스의 이름에서 따온 것이다. 그는 딘 애치슨 국무장관의 법률고문으로 샌프란시스코 체제의 설계자로 알려져 있다. 반공주의자인 덜레스는 소련과의 냉전체제하에서 중국의 공산 통일과 북한의 남침도발로 아시아의 공산화에 위협을 느끼고 있었다.

덜레스는 일본을 공산주의의 물결을 막는 방파제로 생각하고 일본이 식민지 지배라든지 침략에 대한 충분한 사과 배상이 없었음에도 샌프란시스코 강화조약을 통해 일본에 주권을 넘겨주고 동일자(9.8)로 미일 안전보장조약에도 서명하였다.

일본의 주권이 회복되자 도쿄의 연합국최고사령부(GHQ)의 시볼트 외교국장의 중재로 1951년 10월 한일국교정상화를 위한 최초 회담이 개최되었다. 그러나 대규모 배상요구를 해 놓고 있는 이승만 정권하에서는 별다른 진전이 없다가 1961년 5월 새로이 집권한 군사정부는 일본의 기술과 자금을 조달하기 위해 국교정상화 회담을 적극적으로 이어갔다. 1961년 11월22일 일본을 방문한 박정희 의장은 이케다 하야토(池田勇人) 총리를 만나 협조를 부탁하였고 다음해 김종필 중앙정보부장과 일본의 오히라 마사요시(大平正芳) 외상 간에 협상내용에 합의하였다.

샌프란시스코 시청 건너편에 전쟁기념 오페라하우스 건물이 있다. 매주 월요일만 관람이 되어 최소 2주 전에 신청해야 내부 투어가 가능하다. 이 오페라하우스에서 일본이 항복하기 전인 1945년 3

월부터 6월까지 국제법 변호사인 덜레스가 중심이 되어 국제연합(UN)헌장을 만든 곳이며 1951년의 일본과 강화조약과 미일안전보장조약의 산실이기도 하다.

덜레스 고문은 1950년 6월20일 북한의 남침 5일전에 방한하여 공산주의자와 마주보는 최전선인 38도선을 시찰, 북한의 동정을 살폈다. 그는 후에 아이젠하워 대통령의 국무장관(1953-1959)으로 임명되었다. 그의 반공의식은 월남의 평화를 위한 제네바 회의에서 당시 중국의 저우언라이(周恩來)총리가 내민 악수를 거절한 것으로 유명하다.

중국 대륙의 공산화와 북한의 남침으로 아시아와 한반도의 상황이 위급할 때 반공주의자 덜레스는 태평양과 미국을 보호하기 위해 일본을 반공 보루로 만드는 미일동맹을 강화하고 같은 동맹국인 한일 양국의 결속을 도모하는 것이 미국의 전략이었다.

이러한 이유로 1965년 한일국교정상화에 문제가 있었다는 주장이 꾸준히 나오고 있다. 지난 50여년 한일 관계가 순탄하지 못한 것은 피해 당사자인 한국국민의 목소리가 제대로 반영되지 못한 한일 양국간의 진정한 '화해'의 결과가 아니었기 때문이다. 미 · 소냉전하에서 미국의 동북아 정책이 동력을 제공하고 일본의 전후처리의지, 한국의 근대화를 위한 경제개발 의욕에 의한 '타협'의 산물로 분석되고 있다.

뉴욕의 차이나타운

정부의 국비유학생으로 선발되어 가족과 함께 뉴욕소재 컬럼비아 대학 특수대학원의 석사과정에서 2년간 미중(美中)관계를 중심으로 국제관계학을 공부한 적이 있다. 당시 같이 공부한 학생들은 미 국무성이나 국제기구에서 일하고 싶어 하는 젊은 학생들이었다. 그들은 여름 방학을 이용 베이징이나 상하이를 다녀와서 중국의 실제 모습을 알려주기도 하였다. 그 때 만난 A 교수는 중국 전문가로 나에게 많은 관심을 보였다. 순수한 학생이라기보다 중견 공무원으로 파견되어 공부했기에 그러한 사정을 아는 A 교수는 가끔 점심 식사에 초대 남북한 관계며 한중관계에 대해 물어 오기도 하였다. 당시 우리나라는 중국과 수교 이전이라 중국하면 대륙보다 타이완을 떠 올릴 때였다. 우리는 대학 앞에 '문 팰리스(月宮)'라는 중국 식당에서 만났다. A 교수는 '페이킹 덕 (베이징 오리요리)' 같은 진짜 중국 음식을 먹고 싶다면 지하철을 타고 차이나타운으로 내려가야 한다고 알려주었다. 그 때 처음으로 뉴욕에 차이나타운이 있다는 것을 알았다. 중국음식은 여러 사람이 먹어야 제 맛을 알 수 있다고 하여 친구들과 함께 중국어 실습을 핑계로 차이나타운으로 내려 가 '페이킹 덕(Peking duck)'을 시켜 먹곤 했다. 맨해튼 아래쪽에 위치한 차이나타운으로 가 보니 왁자지끌한 가게가 줄지어 늘어 있고 중국인들이 무거운 것을 메고 바삐 움직이는 모습은 진짜 중국인 거리 같왔다. 요리는 '페이킹 덕'이지만 실제로는 뉴욕시 인근의 롱 아이랜드에서 키운 오리라고 했다. 사실은 '페킹 덕'을 먹은 것이 아니고 '롱 아이랜드 덕'을 먹었다고 농담 하던 기억이 난다.

가족과 함께 미국이나 카나다를 자동차로 여행할 기회가 있었다. 여행 중에 아침이나 점심은 일정이 바쁘다는 이유로 아이들이 좋아하는 햄버거 등으로 간단히 해결하였지만 저녁만큼은 차분히 앉아 입맛에 맞는 음식을 먹고 싶었다. 한국 음식점을 찾아 가고 싶지만 당시 미국의 중소 도시에는 한국 음식점이 없었다. 그러나 대부분의 도시에는 규모는 작지만 차이나타운이 있어 중국 음식점을 쉽게 발견할 수가 있었다. 익숙한 중국요리 몇 개를 시키고 짜차이(소금에 절인 뿌리채소) 또는 라자오짱(중국식 고추장)을 주문하여 느끼한 중국요리에 섞어 먹으면 속이 개운했다. 미국에서 가장 규모가 크고 역사가 오래되었다는 샌프란시스코의 차이나타운도 가보았다. 안내해 준 지인의 이야기에 의하면, 19세기 중반 캘리포니아에 금광이 발견되면서 이른 바 골드러시가 시작되고 미국 대륙횡단철도(Central Pacific Railroad)를 부설되면서 막노동자로서 중국인을 대거 데려왔다고 한다. 막노동자라는 의미의 쿠리(苦力)라는 말이 그때 생겨났다고 한다. 광부며 철도부설 노동자로 열악한 환경에 살아남은 중국인들은 귀국하지 않고 샌프란시스코에 그대로 눌러 앉아 오늘 날 미국의 대표적인 차이나타운으로 발전시켰다고 한다.

중국의 남부에는 객가인(客家人 하카)이라는 집단이 있다. 그들은 본래 황하 유역 등 중원에 살다가 몽골이나 만주족이 세운 이민족의 지배를 거부하고 남쪽 해안지역인 푸젠(福建)성 및 광둥(廣東)

성에 내려 와 '토루'라는 성채(城砦) 같은 공동주택을 지어 놓고 자신들의 언어로만 대화하며 자기들 끼리 살아 왔다. 1851년 광둥성 북쪽 작은 마을 (花縣)에서 홍수전(洪秀全)이라는 기인이 나타나서 자신은 여호와의 둘째 아들이자 예수 그리스도의 동생이라고 주장하면서 아편전쟁의 패전으로 흔들리고 있는 민심을 잡고자 하였다. 홍수전은 태평천국이라는 나라를 세워 난징(南京)을 수도로 정하고 양쯔강(長江)을 사이에 두고 청국정부와 10년에 걸친 전쟁을 이어갔다. 중국에 기독교 교리에 의해 태평천국이 세워졌다는 소식을 들은 서양열강은 많은 관심을 보였으나 교리의 이단성으로 크게 실망하고 태평천국의 진압에 가담하자 1864년 홍수전이 자살하고 난징이 함락되면서 태평천국은 멸망한다. 전쟁의 와중에 전란을 피해 돈 많은 객가인 및 광둥성의 토착 지주들은 홍콩의 자유항에 내려 와 대륙의 물산을 동남아시아 화교들에게 되파는 중계무역을 하였다. 동남아 화교들은 15세기 초 명나라의 정화(鄭和)제독의 동남아시아 인도 등 남해 원정으로 주요 항구 주변에는 일찍이 차이나타운(唐人街)을 형성하여 거주하고 있었다. 반면에 돈이 없는 서민들은 야채행상, 노역 등 홍콩에서 막 노동을 하고 있었다. 그 무렵 미국 서해안에서 금광이 발견되고 철도부설을 위해 막 노동일을 할 수 있는 노동력(쿠리)이 크게 필요하였다. 그러나 당시 청나라의 해금(海禁) 정책으로 해외 인력 송출은 불법이었다.

애로호 사건을 계기로 영국과 프랑스는 제2차 아편전쟁(1856-1860)을 일으킨다. 영불 연합군이 베이징의 이화원 및 원명원을 약탈, 불을 지르고 마지막으로 자금성을 점령한다. 황제 함풍제는 열하(熱河)로 달아나고 황제의 동생 공친왕이 협상에 나선다. 영불 연합군은 협상이 잘 진행되지 않자 자금성도 불태우겠다고 협박을 하자 공친왕은 러시아의 중재를 통해 영불 연합국과 굴욕적인 협상을 한다. 그 결과가 1860년의 베이징 조약이다. 청국은 베이징 조약에 의해 홍콩 섬 건너편의 주룽(九龍)을 영국에 할양한다. 홍콩 섬은 1차 아편전쟁(1840-1842)의 난징조약에 의해 1842년 영국에 이미 양도 되었다. 이로써 주룽반도의 바운더리 도로(Boundary Street)를 경계로 남쪽을 모두 영국이 차지한다. 영국은 이에 만족하지 않고 1898년 바운더리 도로 북쪽에서 심천강 이남까지 청국령으로 남아있던 주룽반도 전체와 란타오 섬을 99년간 조차한다. 영국은 이 넓은 땅을 신계(新界 New Territory)란 이름으로 홍콩에 편입시켰다. 1997년 신계의 조차가 끝나는 해에 영국은 신계를 포함 영구 할양 받은 홍콩 섬과 주룽을 50년간 일국양제(一國兩制)의 조건으로 중국에 반환(hand over)하였다.

청극은 러시아에게는 베이징 조약 중재 대가로 우수리 강 동쪽인 연해주(沿海州 블라디보스토크 시가 있는 프리모르스키 지방)를 할양해 준다. 연해주의 할양으로 청국은 동해로 나가는 진입로가 완전히 막히고 러시아와 조선은 두만강을 두고 서로 마주보게 된다. 당시 연해주를 할양은 하더라도 한 뼘 정도의 두만강 하구(河口)지역만이라도 지켰다면 오늘 날 중국이 동해로 나가기 위해 북한 땅을 거칠 필요가 없었을 것이다. 또한 러시아의 한반도에서 영향력이 그다지 크지않아 러일전쟁의 빌미를 제공하지 않았을 수도 있었다.

베이징 조약으로 청국은 값싼 쿠리가 필요한 열강의 요구에 굴복하여 자국민의 해외이주 금지 정책을 철폐한다. 드디어 인력 송출이 합법화된 것이다. 홍콩은 미국의 캘리포니아에 본격적으로 쿠리를 공급하는 인력수출의 중심이 되었고 이 쿠리들에게 중국 전통음식을 보내주는 생활 보급기지가 되었다. 홍콩을 거쳐 샌프란시스코로 보내진 쿠리는 약 3만 정도 추산하였다. 당시 중국에서는 샌프란시스코를 골드러시에 비추어 '황금의 산(金山)'으로 불렀다. 미국의 금산에 이어 오스트레일리아 시드니 근처에서도 금광이 발견된다. 쿠리를 송출할 수 있는 새로운 금산이 생긴 것이다. 샌프란시스코는 구금산(舊金山)으로 바뀌고 시드니는 신금산(新金山)으로 불렀다.

오래 전 김혜수 주연의 '차이나타운'이라는 영화가 상연되었다. 세계 도처의 차이나타운이 푸젠성과 광둥성 등 중국 남부의 연안지역 사람이 중심을 이루고 있지만 인천의 차이나타운은 한반도와 지리적 근접성으로 유일하게 산둥(山東)성 출신이 모여 산다고 한다. 영화를 통해 인천의 차이나타운 이야기를 알고 싶어 영화관을 찾았으나 전혀 다른 이야기였다. 부제(副題)에 나와 있는 것처럼 '쓸모있는 자만이 살아남는 곳'이 차이나타운이라는 하드보일드한 범죄영화였다. 차이나타운이라는 이름보다는 마피아의 대부(代父 God Father)를 연상케 하는 냉혹한 대모(代母)가 등장하는 폭력물 영화였다.

세계 곳곳에 흩어져 있고 역사가 수 백 년 된 차이나타운에 그러한 이야기가 없지는 않을지 모르지만 내가 아는 차이나타운이라는 이름에는 걸맞지 않다는 생각을 하였다.

베이징 블루와 서울 블루

2014년 11월 베이징의 교외에서 개최된 APEC(아시아 태평양 경제 협력체) 정상회담 때는 전형적인 베이징의 쪽빛(藍色) 가을 날씨를 보여 주었다. 사람들은 마술처럼 반짝 되 살아 난 베이징의 푸른 하늘을 'APEC 블루'라고 비꼬았다. 손님에게는 씨암탉도 잡아 준다는 중국 고유의 손님접대(하오커 好客)문화가 일시적이나마 수도 베이징을 스모그의 도시라는 악명에서 벗어나게 하였다. APEC 행사가 끝나면서 그간 중단시켰던 공장이 다시 가동되고 홀짝으로 운행되던 자동차도 밀물처럼 몰려나와 베이징은 다시 스모그 도시로 변했다고 한다. 요즈음 베이징의 날씨는 좋다. 그렇지만 몇년 전만 해도 베이징 가기가 무서울 정도로 공기가 나빴다. 몇해 전 초여름 베이징에 다녀온 기억이 난다.

인천 공항에서 두 시간 거리의 베이징에 도착하였다. 비행기 객창을 통해 바라 본 공항 주변의 대기는 어찌된 일인지 예상과는 달리 소나기가 지나 간 거리처럼 깨끗해 보였다. 비행기에 내리자 마중나온 지인의 얼굴도 밝다. 모처럼 베이징의 파란 하늘을 보여주어 뿌듯한 모양이었다. 지인은 이러한 하늘이 요 며칠 지나가는 반짝 하늘이 아니고 지난 4월부터 계속되고 있다는 것이다. 과거 악명 높았던 베이징의 대기가 이제는 '스모그 프리'의 베이징 블루가 되었다고 자랑스러워한다.

베이징 체재가 2박 3일의 짧은 일정이었지만 세수한 것 같은 베이징의 푸른 하늘을 모처럼 즐겼다. 즐비한 고층 건물과 신록이 잘 조화되어 눈이 부셨다. 가지고 간 마스크는 쓸모가 없어졌다. 베이징 블루를 실감한 며칠이었다. 베이징에 오래 거주하는 지인은 베이징 블루에 대해 몇 가지 분석을 내 놓았다. 우선 시진핑(習近平) 국가 주석의 반부패 드라이브의 효과라고 한다. 중국의 환경관련 공무원들이 부패에 젖어 공장 굴뚝에서 배출되는 매연 등 환경기준에 맞지 않는데도 기준에 맞는 것처럼 눈감아 주어 결과적으로 대기를 오염을 시킨 예가 많았다는 것이다.

또한 하수구에 배출되는 오염도 눈감아주고 엉터리로 측정하여 강물이나 호수를 많이 오염시켰는데 이제는 그러한 부패 사슬 구조가 사라져 대기뿐만이 아니고 하천도 깨끗해졌다는 것이다. 관련 공무원이 현지 부패업자와의 결탁이 끊어지게 되어 환경관련 기술과 인력을 선진국에서 조달하여 기술의 수준이 향상된 것이다. '대기환경규제강화'로 발전소 제철소 시멘트 공장 등은 반드시 탈질설비 장착의 의무가 부과되어 대기 정화용 촉매필터 시장이 급성장하고 있다고 한다. 주로 이 방면에 우수한 기술을 가지고 있는 한국 업체가 수혜를 받고 있다. 과거 현지 업자와의 결탁으로 한국의 환경 관련 기술이 사용되지 못했는데 이제는 환경 공무원들이 제대로 된 기술을 찾게 됨으로써 한국의 기술이 각광을 받고 있는 것으로 보인다.

두 번째는 지방정부의 지도자 평가에서 과거에는 '경제성장 만능주의'로 경제성장이 가장 높게 반영되고 환경문제는 거의 무시되었는데 지금은 거꾸로 환경이 가장 높은 우선순위로 평가되고 있다고 한다. '중국몽(中國夢)은 베이징 공기부터'라는 베이징 시민의 소박한 바람이 있다. 베이징뿐만이 아니라 여타 지방정부 지도자들도 자신의 입신을 위해 그리고 중국의 대외적 이미지 개선을 위해 관내의 공장의 매연가스 배출 등을 직접 챙기기 때문에 전반적으로 깨끗한 대기를 유지하는데 힘쓰고 있다는 것이다. 세 번째는 2022년도 동계올림픽 개최지로 확정되어 올림픽 관련자가 수시 방문하여 베이징의 대기를 체크해 오고 있다고 한다. 베이징이 2022년 동계올림픽 개최를 위해 국제올림픽위원회(IOC)총회에서 카자흐스탄의 알마티와 경합을 벌렸다. 베이징시는 최대 약점인 공기의 질을 개선하기 위해 '바람 길(風穴)'을 만들기 시작하였다고 한다. 베이징 주변에 무질서하게 식목 되었던 이른 바 녹색장성(防風林)을 벌목하여 '바람 길'을 만들고 베이징의 도시 계획도 '바람 길'을 생각하여 건물의 위치를 결정한다는 것이다.

베이징은 북쪽과 서쪽이 산으로 막혀 있지만 동남이 열려 황사가 내습해도 동남의 '바람 길'로 빠져나갔는데 무질서한 도시 계획으로 동 남 지역에 고층 건물을 지어 옛날부터 내려오던 '바람 길'이 막혔다. 전문가들은 베이징은 플라시(排水)기능이 고장 난 양변기처럼 오염된 대기가 제대로 빠져 나가지 못해 스모그현상이 일어나고 있다고 주장한다. 낙후된 굴뚝 산업, 노후 자동차의 배기가스, 세계최대 석탄 사용국 등의 이유로 스모그의 도시 베이징의 대기 오염은 비관적이었다. 심지어 외국인들 사이에는 대재앙을 경계하는 '에어포카립스(airpocalypse)'라는 자조적인 신조어도 나왔다. 공기(air)와 종말(apocalypse)의 합성어로 공기오염에 의한 묵시론적인 미래를 강조하였다. 외국인의 탈출 러시가 이어지고 베이징의 미국대사관은 베이징 대기의 수준을 '건강에 매우 해롭다(very unhealthy)'에서 '건강에 치명적(hazardous)'이라고 경고하여 사람들은 외출 시 반드시 마스크를 착용을 권장하기도 하였다. 특히 한자녀 정책에 의해 독자(one child)를 두고 있는 베이징의 여유 있는 가정(well-to-do families)들은 자녀를 공기가 깨끗한 미국 카나다 또는 호주에 조기유학이나 이민을 보낸다는 이야기가 파다하였다. 이제는 상황이 달라진 것 같다.

서울의 미세 먼지의 30-40%는 베이징의 영향을 받는다고 하니 서울 시민은 베이징 블루에 고마워해야 할지 모른다. 베이징과 서울은 역시 일의대수(一衣帶水)의 관계라 베이징 블루는 서울 블루를 가져 오기 때문이다.

대마도 불상과 '레이디 인 골드'

대마도(對馬島 쓰시마)는 부산에서 50km 정도 떨어진 우리나라에서 가장 가까운 일본의 섬인데 원시림과 청정한 바다로 한국의 아마추어 등산객이나 낚시 군이 자주 찾는 곳이기도 한다. 대마도는 지리적으로 한반도에 가까워 17세기 이후 200년간 조선통신사의 왕래를 통한 일본의 도쿠가와(德川) 막부와 조선 왕조 간의 한일외교의 현장이었다. 특히 이즈하라(嚴原)의 세이잔지(西山寺)는 임진왜란 당시 종군 외교승인 겐소(玄蘇)가 세운 절로 전쟁 후에는 아메노모리 호슈(雨森芳洲)가 이 곳에서 조선통신사를 접대하는 등 조선과 외교 활동의 중심으로서 유명하다.

대마도는 대한제국의 마지막 황녀 덕혜옹주의 결혼과도 관계가 있다. 고종황제가 환갑나이에 얻어 귀여워하던 덕혜옹주가 일본의 농간으로 대마도 영주의 아들 소 타케유키(宗武志)와 1931년 정략결혼하였다. 이즈하라에는 덕혜옹주의 결혼 기념비가 있다.

임진왜란때 겐소와 함께 고니시 유키나가(小西行長)의 심복으로 맹활약을 하는 소 요시토시(宗義智)는 대마도의 초대 영주이다. 요시토시는 크리스찬인 고니시의 딸 '마리아'를 아내로 맞이하고 자신도 '다리오'라는 세례명을 가진 크리스찬 장수였다. 1598년 요시토시는 순천왜성에서 고립된 고니시를 구출하여 이순신 장군이 대승

한 노량해전을 피해 구사일생으로 귀국하였으나 토요토미(豊臣秀吉) 사후 일본의 내란 상태에 휘말린다. 요시토시는 장인 고니시를 따라 도쿠가와(德川家康)가 이끄는 동군과 대립하는 서군에 가담하였으나 1600년 세끼가하라 전투에서 패배 고니시와 함께 멸문의 화를 입게 된다. 그러나 독실한 불교도인 도쿠가와는 조선외교에 활용하기 위해 요시토시를 사면하고 불교로 개종시켜 '반쇼(万松)'라는 법명을 내린다. 그 후 대마도는 불교가 보편화되어 곳곳에 사찰이 들어서고 불교가 흥성하였다.

섬의 구석구석에 불상을 모신 절이며 신사가 많아 한반도 도래 불상만 130여개가 된다고 한다. 대마도 사람들은 이러한 불상이 '왜구에 의한 약탈'이 아니고 한일 간 오랜 문화 교류의 결과라고 이야기한다. 2012년 한국의 4인조 문화재 절도단이 대마도의 간논지(觀音寺 세이잔지의 말사)와 가이진(海神)신사에서 각각 관세음보살좌상과 동조여래입상 등 불상 2점을 훔쳐 한국으로 반출해 오다가 붙잡혔다. 이른 바 '대마도 불상도난사건'이다. 이 불상은 일본의 국가 및 지방의 문화재로 지정되어 있다. 불상을 조사한 국내 전문가는 불상의 제작 연대가 통일신라와 고려시대의 것으로 밝혔다. 그 중 하나는 1330년(고려 충선왕 원년) 충남 서산 부석사에 봉안된 기록이 나와 부석사가 가처분 소송을 해두고 있다. 1370년 전후 서산 지역에 왜구의 출몰이 많아 그때 약탈된 것으로 유추할 수 있지만 구체적인 증거는 없다고 한다.

유네스코가 1970년에 규정한 '문화재 불법 반출 반입에 대한 협약'에 의하면 훔친 문화재는 원주인에게 돌려주도록 되어있다. 국내

학자들 간에도 찬반 여론 대립되어 돌려주어야 한다는 측과 훔친 불상이라도 우리 문화재가 반환되어 온 것인데 돌려주어서는 안 된다는 주장도 강했다. 대마도 불상 도난사건으로 대마도뿐만이 아니고 일본 지식인들의 한국에 대한 감정이 좋지 않았다. 우리는 일본에 비해 문화선진국이면서도 16세기 말 임진 및 정유년 등 두 차례에 걸쳐 침략을 받았고, 20세기 초에는 36년간 강점을 당했기에 일본에는 우리의 약탈문화재가 수없이 많다. 1965년 한일기본조약(문화재협정) 체결 당시 우리 정부는 4000여점의 문화재 반환을 요구하였지만 돌아온 것은 1000여점에 불과하였다. 그것도 '인도'라는 명목으로 막도장, 짚신, 의류 등 대부분 인사동에서도 구할 수 있는 어이없는 물건들이었다. 일본 정부는 한일 기본조약으로 문화재 환수는 끝난 문제라는 태도를 고수하고 있지만 아직도 안견의 몽유도원도 같은 국보급 문화재를 포함 수십만 점의 약탈 문화재가 일본의 민간인 소장으로 남아 있다고 한다. 문화재 환수는 시간을 가지고 꾸준히 연구하고 노력해야 할 과제이다.

얼마 전 '우먼 인 골드(Woman in Gold)'라는 외국 영화가 개봉 되었다. 오스트리아 출신의 '마리아 알트만' 부인이 나치 독일에 의해 약탈된 명화 '아델레 블로흐-바우어 초상'을 합법적으로 환수해 낸 실화로 근거로 만든 영화이다. 이 초상화는 오스트리아 상징주의 화가 구스타프 클림트(1862-1918)의 전성기 대표작으로 알트만 부인의 숙모인 아델레 의 관능적인 여성미와 금박(金箔)을 이용한 현란한 색채로 많은 사람들을 매료시켰다. 1500억 원에 상당하는 세계에서 가장 비싼 초상화의 하나로 알려진 이 그림은 비엔나 미술

관에서 '레이디 인 골드'라는 이름으로 전시되어 있었다. 1940년대 나치를 피해 미국으로 이주한 알트만 부인이, 열정과 정의의 변호사와 함께 8년에 걸쳐 오스트리아 정부를 상대로 숙모의 초상화 '레이디 인 골드' 환수에 성공하는 해피 엔딩 스토리가 진한 감동을 주었다. 오스트리아 정부도 '비엔나의 모나리자'라고 할 정도로 아끼는 그림이지만 나치 치욕의 역사를 외면할 수 없고 약탈 물건은 돌려주어야 한다는 오스트리아인의 양심이 국보급 초상화를 원 소유주의 가족에게 돌려주었다는 내용이다. 이 영화에 많은 시사점이 있었다. 우리는 문화재 환수에 감정적인 접근보다는 장기적으로 문화재 환수관련 전문 변호사를 육성하여 끈질기게 법적 접근을 계속 한다면 약탈 문화재를 합법적으로 환수해 올 수 있는 기회가 더 많이 열릴 것으로 보인다.

"빼앗긴 것을 다시 되찾는 것은 당연한 일이 아닌가요?" 알트만 부인의 너무나 '당연한' 이 말이 한동안 머리에서 떠나지 않았다.

윤봉길 의사와 미완의 암살

몇해 전 인기리에 개봉한 최동훈 감독의 영화 '암살'은 일제 강점시 조선주둔 일본군 사령관(조선사령관)에 대한 암살을 다룬 영화이다. 우리가 역사에서는 실제 경험해보지 못한 1930년대 경성(京城 서울) 한복판에서 결혼식을 무대로 집단 암살을 영화로 만들어 냈다. 평소 흔히 듣는 '암살'이란 두 글자의 의미가 영화를 통해 무겁게 다가왔다. 암살이란 '정치적 영향력을 가진 사람을 정치적 사상적 입장 차이를 동기로 해서 비합법적 방법으로 비밀리에 살해하는 형위로 영어로는 assassination이다. 이는 11세기 페르시아에서 소수정예 비밀결사대를 조직하여 이들에게 마약의 일종인 하시시(hashishin)를 주어 정부요인을 암살한 것에서 유래한다고 알려져있다.

일제가 1905년부터 한반도를 강점하기 시작하면서 해방된 1945년까지 우리나라에 이토 히로부미(伊藤博文 1841-1909) 초대통감 이후 2명의 통감과 9명의 총독, 그리고 14명의 조선사령관이 거쳐갔다. 독립투사의 1급 암살 타깃은 한반도를 강점한 일본의 수뇌부였지만 1909년 10월 하얼빈에서 초대 통감 이토 히로부미를 저격한 안중근 의사 이후 10년만인 1919년 9월, 남대문(서울)역에서 3대 총독 사이토 마코토(齊藤實 1858-1936)에게 수류탄을 투척한 강우규 의사 외는 알려진 것이 없다. 사이토 마코토는 부임 첫날 강우규 의

사의 수류탄 투척 암살을 피하여 1927년까지 총독 직을 수행하였고 2년 후 5대 총독으로 다시 부임하였다가 1932년 일본의 내각총리로 영전하였다. 그러나 1936년 쿠데타(2.26사건)를 일으킨 일본의 청년 장교들에 의해 자택에서 40여발의 총탄을 맞고 처참하게 살해된다.

최 감독은 어느 인터뷰에서 "꿈을 꾸고 그 꿈을 만들어 대중에게 보여주는 사람이 감독"이라고 했는데 그는 오래전부터 상하이 임시정부의 김구 선생이 결성한 한인 애국단원이 중국 땅이 아닌 조선의 경성에서 암살의 성공 드라마를 실현시켜 보는 꿈(영화)을 꾸었는지 모른다. 최 감독은 애국단원이 하지 못한 '미완의 암살'을 영화에서는 완벽하게 완성시켰다. 최 감독의 시나리오에서 1933년 암살시켜야 할 조선사령관은 가와시마 요시유키(川島義之)육군중장이었던 것 같다. 당시 총독은 우카기 가즈시게(宇垣一成). 영화에서는 허구 인물 가와구치 마모루(川口葵)사령관이 암살된다. 실제 가와시마 중장은 영화와 달리 조선군사령관 직을 무난히 수행한 후 육군대신으로 영전된다. 최 감독이 꿈꾼 '암살'은 007 영화처럼 모두 시원하게 완수된다. 가와구치 사령관과 친일 기업인 강인국 그리고 친일파 변절자 염석진까지. 최 감독의 이러한 꿈은 1932년 4월 29일 상하이 홍커우(虹口)에서의 윤봉길 의사의 성공에서 출발하는 것 같다.

"중국의 100만 대군도 하지 못한 쾌거를 한국의 한 청년이 해냈다"고 당시 중국의 장제스(蔣介石) 총통이 윤 의사의 의거를 극찬하였다. 그는 많은 중국군을 희생시키고 상하이를 무단 점령한 일본군 총사령관 시라가와 요시노리(白川義則)를 살해하고 요인들에게 중상을 입힌 윤 의사의 의거를 누구보다 기뻐했다. 이 때 장 총통의 뇌리에 각인된 '한인(韓人)은 살아있다'는 강한 인상이 1943년 카이로 회담에서 한국의 자유 독립을 강력히 요구하는 계기가 되었는지 모른다. 상하이 홍커우(지금은 루신)공원에 가 보면 윤 의사를 호를 딴 매헌(梅軒)이라는 현판이 붙은 정자가 있다. 정자 내에는 1932년 4월 29일 거사 당시 사진이 진열되어 있다. 천황의 생일인 천장절 행사에 참석한 단상의 요인들이 일본의 국가 기미가요를 제창하는 사이 윤 의사가 던진 물통 폭탄이 터졌다. 단상의 요인들이 국가를 부르느라고 급히 몸을 피하지 못해서인지 타깃이 되었던 시라가와 육군대장은 다음 날 죽고 나머지 단상의 요인들은 겨우 목숨은 구하였으나 다리를 잃고 눈을 잃는 중상을 입었다. 그들은 일본의 영웅이 되었지만 일본에 의해 노예상태가 된 한국인의 민족적 자존감을 되새기면서 불편한 몸으로 여생을 살아갔을 것이다.

윤 의사의 '미완의 암살'로 인해 살아남은 그들은 누구인가. 1945년 9월 2일 일본 도쿄 만(灣)에 정박한 미국의 미주리호 선상에서 항복 문서에 사인하려고 한 중년 노인이 10kg 무게가 나는 의족의 다리를 쩔뚝거리고 지팡이를 짚고 나타난다. 그는 1932년 4월 천장절 행사의 단상에서 윤 의사가 던진 폭탄의 파편이 우측 다리를 관통 절단해야 하는 중상을 입었다. 당시 주중공사 시게미쓰 마모루(重光葵 1887-1957)였다. 직업외교관이던 시게미쓰는 그 후 소련 및 영국 대사를 거쳐 도조 히데키(東條英機) 내각의 제2기 외상(1943.4-1944.7)이 된다. 제1기 외상은 일본군의 하와이 진주만 공격(1941.12)을 승인한 도고 시게노리(東鄕茂德 1882-1950) 외상이었다. 그는 정유재란 당시 정읍에서 납치되어 간 도공(陶工)의 후예

(한국명 朴茂德)였다. 도고 시게노리는 미국과의 전쟁을 반대하여 전범은 피할 것으로 보였으나 하와이 진주만 폭격시 외상이었고 소련대사 시절 악연으로 소련 검찰관의 주장이 관철되어 A급 전범이 되어 감옥에서 병사한다.

시게미쓰는 패전 직후 히가시구니노미야(東久邇宮) 내각의 외상(1945.8-1945.10)이 된다. 1945년 9월 항복문서에 일본 대표로서 서명을 하기위해 미주리호에 오른 것이다. A급 전범이 된 시게미쓰는 스가모(巣鴨) 감옥(도쿄 이케부쿠로 선샤인 빌딩 자리)에서 복역하다가 석방되고 공직 추방에서도 풀려 나 정치 활동을 통해 개진당(改進黨)의 당수, 민주당 하토야마 내각의 부총리 겸 외상이 된다. 시게미쓰 전 외상이 한 때 한국 언론에 보도 되었다. 시게미쓰가 롯데 그룹의 신동주-동빈 형제의 어머니인 일본인 시게미쓰 하쓰코 여사의 친척으로 초창기 롯데가 사업을 키운 것도 시게미쓰가 뒤를 봐 주었다는 내용이다. 그러나 롯데 측에서는 시게미쓰 전 외상과는 아무런 인척관계가 없다고 부인했다. 윤 의사의 폭탄을 맞은 단상의 노무라 기치사부로(野村吉三郎 1877-1964) 해군중장은 오른쪽 눈을 잃었다. 그는 함대사령관으로서 양쯔강(長江)에서 함포사격으로 시라가와 육군을 지원했다. 노무라는 다음해 해군대장으로 승진하고 1937년 퇴역한다. 퇴역 후 귀족학교로 불리는 학습원의 원장에 취임하고 후에 외상 주미대사를 역임한다.

1939년 조선 총독 아베 노부유키(阿部信行)가 일본 내각총리가 된다. 당시 총리 후보로 데라우치 히사이치(寺內壽一)가 물망에 올랐지만 일본 남방군의 총사령관으로 한시도 자리를 비울 수 없다는 이유로 다음 순번인 아베 총독이 총리가 된 것이다. 데라우치 히사이치는 초대 조선총독의 데라우치 마사타케(寺內正毅)의 아들이다. 아베 총리는 정권 발족 직후는 외무대신을 겸임하였으나 유럽에서 2차 세계대전의 발발로 국제법 전문가인 노무라 학습원 원장을 외상으로 발탁한다. 그러나 미일관계가 악화됨에 따라 1940년 11월 고노에 후미마로(近衛文磨) 내각은 미국의 루스벨트(Franklin D. Roosevelt 1882-1945) 대통령과 교우관계인 노무라 전 외상을 주미 대사로 임명한다. 노무라 대사가 주미 대사관의 해군무관으로 근무할 때 루스벨트 대통령은 해군성 차관이었다.

일본은 노무라 대사를 통해 미국과 교전을 피하기 위해 막판 교섭을 벌리고 있었으나 미국의 헐(Cordell Hull 1871-1955) 국무장관은 강경하였다. 후에 국제연합을 결성하여 노벨 평화상을 수상한 헐 장관은 미국의 최장수 국무장관이다. 이른 바 '헐 노트'라고 불리는 미국의 일본에 대한 최후통첩은 1) 일본의 중국에서 전면철수 2) 독일 이태리 일본의 3국 군사동맹 파기 3) 중국의 충칭(重慶)정부 이외 정부 부인이었다. 일본이 이를 무시하면서 미국과의 관계가 악화되자 고노에 내각은 구루스 사부로 (來栖三郎 1886-1954) 전 독일 대사를 미일교섭담당 특별대사(제2의 대사)로 파견 노무라 대사를 돕게 한다. 해군 출신의 노무라 대사는 영어가 부족한 반면 구루스 대사는 미국통의 직업외교관으로 미국에 오래 근무하였고 부인도 미국인이라 미국에 지인도 많았다. 그러나 미국으로서는 구루스 대사가 미국이 파기를 바라는 3국 군사동맹의 서명자로 기피 인물이었다. 협상은 결국 결렬되었다.

윤 의사의 거사에서 왼쪽 다리를 잃은 우에다 겐기치(植田謙吉) 육군중장은 가와시마가 육군대신으로 영전한 후 그 후임 조선사령관으로 부임하였다. 그리고 1934년 육군 대장으로 승진 관동군 사령관이 된다. 단상의 무라이 구라마쓰(村井倉松 1888-1953) 당시 상하이 총영사는 얼굴과 신체에 수많은 파편을 맞았다. 그는 시드니 총영사 타이랜드 공사로 영전하고 퇴직하였다. 전쟁 후 고향 아오모리(青森)현의 하치노헤(八戶)시의 시장을 역임하였다. "이토 히로부미는 일본의 원훈(元勳)이지만 한국인에게는 원흉(元兇)이다.", "한일 역사를 넘나들면 영웅(英雄)이 역도(逆徒)가 되고 역도가 영웅이 된다." 김종필 전 총리의 말이 틀리지 않는 것 같다. 일제 강점 시 독립투사들의 암살 대상은 일본의 대단한 영웅들이었다.

베이징 올림픽의 그랜드 슬램

평창동계올림픽이 끝나자 세계의 눈은 4년 후인 2022년 동계올림픽 개최지인 베이징으로 이동한다. 평창올림픽 폐막식 때 보여준 화려한 베이징 동계올림픽의 예고편의 인기가 말해준다. 중국의 수도 베이징은 역대 올림픽 사상 여름과 겨울올림픽을 모두 개최하는 첫 도시가 된다. 올림픽의 그랜드 슬램이다. 2008년의 하계올림픽(夏娛)에 이어 2022년에 동계올림픽(冬奧)의 개최지로 선정되었기 때문이다. 구미(歐美)의 선진국들이 하계와 동계 올림픽을 치룬 경험은 있지만 한 도시가 두 행사를 모두 개최한 예는 없었다.

지난 2015년 7월31일 말레이시아 쿠알라룸프르에서 국제올림픽위원회(IOC) 총회에서 토마스 바흐 위원장이 "베이징" 하면서 '베이징(BEIJING 2022)'이 표기된 카드를 보여 주자 베이징 올림픽 유치팀은 기뻐서 펄쩍 펄쩍 뛰었고 베이징은 완전 축제 분위기였다.

그보다 4년 전 남아프리카 공화국 더반에서 당시 자크 로그 IOC 위원장이 "평창" 하고 부를 때 한국인 모두가 잠시 숨이 막혔던 감동을 13억의 중국인이 느꼈을 것 같다. 투표 결과, 베이징 (44표)은 라이벌 도시 알마티가(40표) 보다 근소한 표차로 승리하였기에 중국의 흥분은 더했을 것이다. 평창의 경우 라이벌이었던 독일의 뮌헨이 얻은 25표보다 2배반 이상인 63표를 얻은 압도적 승리와 비교된다.

더반에서 동계올림픽 개최지로 평창이 아니고 뮌헨이 선정되었다면 뮌헨은 독일이 통일된 후 처음 개최되는 올림픽이 됨과 함께 역사상 처음으로 여름과 겨울올림픽을 모두 개최하는 첫 도시가 될 뻔했다. 뮌헨은 1972년 9월 하계올림픽이 개최되었으나 이스라엘 대표단에 대한 검은 구월단의 테러로 피로 얼룩진 아픈 기억을 가지고 있다.

제9대 IOC 위원장인 토마스 바흐는 사실 평창과 경합한 뮌헨의 동계올림픽 유치위원장이었다. 바흐 위원장은 이번 쿠알라룸프르 총회에서 베이징을 동계올림픽 개최지로 선정함으로써 뮌헨이 이루지 못한 동일 도시의 동·하계 올림픽 개최라는 꿈을 베이징이 이루게 해 준 셈이다.

베이징은 부드러운 이미지의 류옌둥(劉延東 여) 국무원부총리를 단장으로 하고 농구 스타 야오밍(姚明) 등을 내세워 2022년 동계올림픽 유치를 위해 치밀하게 준비하였다. 동계올림픽 로고도 동(冬)을 이용하여 2022을 숫자를 겨울과 연결하여 2008년 베이징 하계올림픽의 로고가 경(京)을 육상선수로 형상화한 것과 유사하다.

평창의 3수와 달리 단번에 유치한 베이징의 운이 좋았다. 당초 유럽의 노르웨이 오슬로, 스웨덴의 스톡홀름 등이 개최신청을 하였고 아시아에서는 카자흐스탄의 알마티가 신청하였다. 더구나 노르웨이와 스웨덴은 눈의 나라로 전통적인 겨울 스포츠 강국이다.

대륙 안배를 중시하는 IOC로서는 2018년 평창이 개최지로 선정되어 동북아시아에서 연속 동계올림픽 개최지 선정은 어려워 보였다. 더욱이 2020년 도쿄가 하계올림픽이 열릴 예정이므로 동북아시아에서 2년 마다 동계-하계-동계 올림픽이 개최되는 진기록이 발생되는 것이다.

그러나 이변(異變)이 일어났다. 노르웨이와 스웨덴 등 유럽국가가 시딘들의 미지근한 반응과 재정상의 이유로 유치를 포기한 것이다. 올림픽의 인기가 높지만 유치 후보도시의 납세자로서는 개최비용이 문제다. 3주간 잔치를 위해 수년간 갚아야 할 부담이 견디기 어려운 것이다. 미국의 보스턴이 2024년 하계올림픽 유치를 포기한 것도 같은 맥락이다.

남은 두 도시는 베이징과 알마티이다. 알마티는 1997년 아스티나로 수도를 옮기기 전까지 카자흐스탄의 수도로 기본 인프라가 잘 되어 있다. 지리적으로는 중앙아시아의 알프스라고 불리는 텐산(天山) 산맥의 기슭에 위치한 눈(雪)의 고장이다. 선수들이 무한한 자연설로 경기를 할 수 있다. 4년 전에는 동계아시안게임의 개최지로 시설의 70%가 이미 준비된 후보도시였다.

알마티는 모든 경기시설이 반경 30km 이내 위치하고 있으며 겨울 스포츠의 자연 환경을 제대로 갖춘 동계올림픽의 최적 개최지로 선전하였다. 알마티 홍보 문구도 베이징을 겨냥하여 "동계올림픽답게(Keeping It Real)"였다.

반면에 2008년 하계올림픽을 개최한 베이징은 동계올림픽에는 어울리지 않아 보였다. 분산개최가 불가피하다. 도시 종목이라고 일컬어지는 아이스하키와 피겨스케이트 및 스피드스케이트 등 빙상종목은 베이징 시내에서, 스키 등 설상종목은 베이징에서 60 km 밖의 옌칭(延慶)과 160km나 떨어진 허베이(河北)성 장자커우(張家

口)에서 개최한다는 것이다. 장자커우는 산이 별로 없고 겨울에는 춥기만 하지만 건조해서 눈이 별로 오지 않는다. 인공눈으로 스키장을 채울 수밖에 없다.

베이징은 떠오르는 중국의 수도로 모르는 사람이 없을 정도로 잘 알려진 도시인데다가 시진핑(習近平) 국가주석이 영상 메세지를 통해 정부의 확고한 지지를 보증하여 안정감을 주었다. 베이징 유치단은 베이징에서 장자커우까지 고속철도를 부설하여 선수들의 이동거리를 50분 이내로 줄이겠다고 약속하였다. 물론 고속철 부설은 올림픽과는 별도로 국가 예산에서 충당한다는 것이다.

베이징의 유치단은 바흐 위원장이 제창한 '올림픽 아젠다 2020(기존시설 활용으로 예산절감)'에 따라 개최비용을 최대한 줄일 수 있다는 점을 강조했다. 2008년 하계 올림픽 때 인기를 끌었던 새 둥지 모양의 메인 스타디움(Bird Nest 鳥巢)에서 개폐회식을, 각수(角水)모양의 국가 수영센타(Water Cube 水立方)에서 빙상경기를 한다는 것이다. 2008년 하계올림픽 때 400억불을 투입 과다 투자로 비난을 받았던 시설을 재활용하는 것이다.

중국의 약재에 동충하초(冬蟲夏草)가 있다. 겨울에는 벌레이던 것이 여름에는 버섯으로 변한다. 겨울과 여름의 정수(精髓)가 하나의 약재에 들어 있으므로 명약이 된 것이다. 베이징 유치단은 여기에서 힌트를 얻어 하계올림픽과 동계올림픽을 수도 베이징에 모두 담아 보자고 생각했는지 모른다. 동계아시안 게임을 열었던 눈의 고장 하얼빈이나 장춘이 아니고 눈과는 관계가 없어 보이는 베이징을 선택하였다. 하계올림픽은 대도시에서, 동계올림픽은 덜 유명하지만 눈이 많은 작은 도시에서 개최하는 지금까지의 패러다임을 바꾸는 발상의 전환이다.

올림픽 유치에는 항상 인권(human rights)문제가 제기된다. 인권문제에 대해 서방세계의 점수는 짜다. 라이벌 국가인 카자흐스탄의 경우에 누르술탄 나자르바예프 대통령이 독립이후 25년 이상 장기집권의 독재자로 알려져 있다. 그의 임기는 2020년이 되어야 끝나게 된다. IOC 위원들은 카자흐스탄의 인권 상황이 중국보다 나을 것이 없다고 판단했는지 모른다.

뉴욕 타임스의 시사만평에 시 주석의 얼굴을 한 스키어가 2022년 동계올림픽을 향해 활강(downhill)하고 있는데 인권 운동가(human rights activists)가 중국을 견제하고자 따라 내려가다가 나무에 부딪쳐 낭패하는 모습을 그려져 있다.

또 하나의 걸림돌은 베이징의 악명 높은 스모그이다. '올림픽 블루'를 만들기 위하여 대기 오염을 줄이는 작업이 계속되어 왔고 올림픽 실사단이 베이징을 방문했을 때 푸른 하늘을 만났다고 한다. 베이징은 계속해서 미세먼지 농도를 일정 수준이하로 낮출 것을 약속하였다. 인공설 제조에 의한 환경문제도 거론되었지만 베이징의 환경 개선 의지를 믿고 개최지로 선정한 것 같다.

중국은 2022년 동계올림픽 유치로 국위선양은 물론 침체되고 있는 경기부양의 효과를 기대하고 있다. 특히 인근 허베이성과 공동개최함으로써 베이징-텐진-허베이성(京津冀)의 인구분산과 수도권 정비를 위한 인프라 투자의 명분을 얻게 되었다. 겨울에 눈이 많은 인구 3억의 동북지방의 겨울스포츠 보급에도 촉매제 역할을 하여 관련 산업의 발전도 기대하고 있다.

2022년은 중국공산당 창당(1921.7)의 100주년이 되고 샤오캉(小康 기본적 의식주 해결)사회가 되는 의미 있는 해로, 시 주석은 동계 올림픽을 유치 개최함으로써 중화민족의 위대한 부흥인 중국의 꿈(中國夢)을 실현시킨 지도자의 한사람으로 자리매김 될 수 있다.

조선호텔과 대한제국의 환구단

1897년 고종은 대한제국(the Great Han Empire)을 선포하였다. 그리고 자신이 황제로서 중국 및 일본과 대등하며, 서구열강에게는 독립된 제국으로서 위용을 과시하기 위해 경운궁(지금의 덕수궁) 앞에 환구단(圜丘壇)을 만들고 그 부속 시설로 황궁우(皇穹宇)를 건립하였다. 청국군대가 한 때 주둔했던 남별궁 자리로 지금의 조선호텔뿐만이 아니라 롯데호텔(과거 반도호텔)과 백화점이 포함되는 넓은 지역이다. 지금은 3층 팔각정인 황궁우만 남아있다.

사실 고려시대까지는 왕이 하늘에 제사를 지내는 천제(天祭 제천행사)가 있었지만 조선조에서는 중국의 압력으로 천제는 하늘의 아들(天子)인 황제만 할 수 있고 왕은 그러한 권한이 없다고 자제했다. 고종은 대한제국의 황제로서 천제를 당당하게 지낼 수 있게 된 것이다. '하늘은 둥글고 땅은 네모(天圓地方)지다'라는 동양의 전통 우주관에 따라 천제의 제단을 둥글게 만든다. 그래서 환구단 또는 원구단(圓丘壇)으로 부른다.

중국 베이징에는 자금성의 4배 규모의 거대한 수림을 동반한 천단(天壇 the Temple of Heaven)이 있다. 이는 베이징의 동서남북에 일월천지(日月天地)에 제사를 지내는 제단이 있고 천제를 지내는 천단은 베이징의 남쪽에 위치하여 규모가 가장 큰 제단이다.

지금은 공원으로 개방되어 있다.

천단 공원에는 천제를 위한 원구단 (圜丘壇 theCircular-Mound of Heaven)이 있다. 원구단은 하늘을 바라보는 텅 빈 공간으로 문자 그대로 둥근 제단이다. 원구단 북쪽에 천제를 지낼 때 사용하는 신패가 안치되어 있는 황궁우(皇穹宇 the Imperial Vault of Heaven)가 있다. 단층의 둥근 건물이다. 그리고 우리나라에는 없는 거대한 기년전(祈年殿 the Hall of Prayer for Good Harvest)이 있다. 기년전은 천안문 자금성과 함께 중국의 대표적인 건물로 높이 38m로 3층 구조 전각이다. 이름 그대로 중국의 황제가 풍년을 기원하는 특수 실내 제단이다.

대한제국의 환구단이 있었던 소공동의 조선호텔은 역사적으로 중국, 일본과 연고가 깊은 곳이다. 조선조 태종의 둘째 딸 경정(慶貞) 공주가 결혼하여 왕실에서 궁(宮)을 지어 주었다. 사람들은 이곳을 '소공주동(小公主洞 작은 공주골)'이라고 불렀다. 줄여서 소공동이 되었다.

150여년 후 선조는 소공동 일부에 인빈 김씨의 소생으로 요절한 의안군(義安君)을 위해 궁을 지어 주었다. 이 궁은 임진왜란 때 서울을 점령한 일본군의 총대장 우키타 히데이에(宇喜多秀家)군대가 주둔하였다. 우키타 군은 종묘에 주둔하고 있었는데 행주산성에서 권율 장군에 크게 패하고 부상까지 입어 의안군의 집으로 주둔지를 옮겼다고 한다. 일본군이 물러 간 후에는 명나라 장수 이여송 군대가 주둔하였고 그 후 중국(청) 사신의 숙소(영빈소)로 사용되었다. 그러한 연유로 임오군란과 청일전쟁 시 파병된 청군이 주둔하기도

하였다.

고종이 대한제국을 만방에 선포하고 독립의 상징인 환구단을 조성한지 13년이 되는 해인 1910년 일본은 대한제국과 병합조약을 맺고 조선총독부를 설치 한반도를 통치한다. 조선총독부는 서울을 방문하는 일본 또는 외국의 요인이 숙박할 수 있는, 도쿄의 데이코쿠호텔(帝國호텔 1891년 개업)과 같은 영빈관이 필요하였다.

총득부는 경성(京城 서울)역에서 멀지 않고 조선은행(현재 한국은행 본관)과 경성부 청사(현 시청)에서 가까운 환구단을 헐고 서양식 호텔 신축을 계획하였다. 총독부는 일본 고베에서 활동하고 있던 독일 건축가 게오르그 데 라란데(Georg de Lalande)에게 설계를 맡겼다. 베를린 공대를 졸업한 게오르그는 조선총독부(구 국립중앙박물관)의 건물도 설계하였다. 호텔에는 국내 처음으로 오티스(Otis)사가 제작한 엘리베이터가 설치되었다.

당시 애국 청년들이 황실이 제천행사를 하는 신성한 지역에 호텔 건립을 반대하여 신축현장을 기습하여 수비병을 살해하는 사건도 있었다고 한다.

호텔은 완공되어 1914년 10월10일 '조센호테루(Chosen Hotel)'라는 이름으로 영업을 시작하여 30년간 많은 일본 또는 친일 인사들이 다녀갔다. 1945년 일본이 항복하면서 한반도의 38도 이남에 미군의 군정이 실시되고 군정청의 사령부가 이 '조센호테루'에 주둔한다. 미군이 물러 간 후 한국 정부가 인수 '조선호텔(Chosun Hotel)'이라는 이름으로 영업을 계속하였다. 독립 대한민국이 당시 조선의 국명을 모두 대한으로 고쳤지만 조선이 그대로 유지된 것은 이 호텔의 이름과 조선일보사 정도로 보인다.

1958년 화재로 당시 4층의 호텔 건물이 거의 전소하였다. 이 때 정부가 호텔을 완전히 헐고 환구단을 복원할 수 있는 기회였다고 아쉬워하는 사람이 많다. 그러나 당시 외국인의 숙박 시설이 부족한 상황에서 대한제국의 환구단 복원에 큰 의미를 부여하지 않았는지 모른다. 호텔은 복구되어 1970년 미국의 스타우드 그룹과 제휴 20층 건물의 '웨스틴 조선호텔'로 발전한다. 1995년 신세계 백화점 그룹이 웨스틴 소유 분을 전량 인수하여 '신세계 조선호텔'로 완전 민영화되었다. 환구단의 복원은 더욱 어려워지고 황궁우로 만족해야 했다.

상하이 임정의 상하이 탈출

상하이는 아편 전쟁이후 개방된 항구 도시이며 교통의 중심이고 자유 무역항으로 세계 도처의 사람들이 몰려와 거주하는 국제도시였다. 이곳에 일본에 의해 강점된 조국의 앞날을 걱정한 대한의 젊은 애국자들이 일본의 영향력이 미치지 않는 상하이에 모여들기 시작했다. 그들은 친목단체를 만들어 정기적으로 모임을 가지고 조국의 앞날을 걱정하였다.

당시 오스만 제국 해체 후 그리스로부터 터키를 지켜 낸 청년 장교 케말 파샤의 '터키청년당'의 활동을 참고하여 '신한청년당'으로 이름을 짓는다. 1918년도였다. 이들은 국내와 달리 급변하는 국제정세에 민감하였다. 마침 1차 세계대전에서 승리한 연합국은 윌슨 미국 대통령이 주창하는 민족자결주의를 내세워 과거 제국주의의 식민지의 독립을 지지하였다. 신한청년당은 1918년 12월 윌슨 미국 대통령에게 한국의 독립청원서를 몰래 보냈다. 그리고 파리에서 강화회의가 개최되는 정보를 입수하여 영어가 능통한 김규식을 대표로 파견한다. 도쿄의 유학생들에게는 식민지가 독립할 수 있는 세계 조류를 알려준다. 이에 따라 1919년 2월8일 도쿄에서 독립 선언서가 나왔다. 파리 출발 직전에 김규식은 세계 여론을 통해 한국의 독립을 알리기 위해서는 대규모의 독립운동을 신한청년당 당원들에게 부탁하였다. 김규식의 부인 등 많은 애국지사들이 국내로 잠입 독립운동을 준비한다. 마침 국내에서도 고종의 인산일(葬禮)에 맞추어 천도교 기독교 불교 등 종교단체 출신을 포함 33인의 민족 지도자들이 3월1일 독립 선언서를 채택하고 한반도 전역에서 독립운동이 일어난다. 3.1 독립운동 후 이를 계속 확대해 나가기 위해 그 해 4월 13일 상하이에 신한청년당원을 중심으로 망명정부를 설립된다.

망명정부는 일제의 대한제국 침탈과 식민 통치를 부인하고 한반도 내의 항일 독립운동 주도가 목적이다. 9월11일에는 각지에서 설립된 임시정부를 흡수 통합하여 본격적인 상하이 임시정부가 수립되고 초대 대통령으로 이승만이 선출된다. 상하이 임시정부의 지도체제는 그 때 그 때 상황에 따라 변한다. 처음에는 대통령제를 하다가 내각책임제와 집단지도 체제로, 그리고 주석제로 바뀐다. 그리고 임정 청사도 일제의 중국 침략에 따라 상하이-항저우-자싱-난징-창사-광저우-중칭 등으로 이전한다. 그 중에 가장 오래 있었던 곳은 상하이이다. 1919년부터 1932년까지 23년간 상하이에 있다 보니 상하이가 임정의 대명사가 되었다. 상하이 임정을 이끌던 김구 선생이 구사일생으로 상하이 위기를 탈출한 후 상하이에는 다시는 돌아오지 않았다. 1930년대 들어 와서 임정은 쇠퇴일로에 있었다. 승승장구하는 일제로부터 독립이 요원해 보여서인지 국내외 지원도 끊어졌다. 김구 선생은 새로운 방법을 찾아야 했다. '한인애국단원'을 모집하여 일본의 요인을 암살하는 충격 요법이다. 일본어가 능통한 이봉창과 윤봉길을 한인애국단원으로 가입시켰다. 한인애국단원의 1차 거사는 1932년 1월 도쿄에서 일어났다. 이봉창 의사가 일왕의 궁성 근처에서 일왕 히로히토를 향해 수류탄을 던졌다. 실패였다. 2

차 거사는 3개월 후 4월 29일 일왕의 생일인 천장절 기념행사에 윤봉길 의사가 투척한 물통 폭탄이 대성공을 거두었다.

도쿄 사건에 잔뜩 긴장되어 있던 일본은 상하이에서 다시 허를 찔려 패닉 상태에 빠졌다. 윤봉길 의사는 현장에서 체포되었지만 암살의 배후로 김구 선생을 지목하였다. 일제는 김구 선생에게 60만 위안(지금의 200억 원 정도)이라는 천문학적 현상금을 걸었다. 임정 요원들은 상하이를 떠나야 했다. 일부는 항저우(杭州)로 가고 일부는 자싱(嘉興)으로 흩어졌다. 김구 선생은 신변을 안전을 위해 상하이의 YMCA 간사로 있는 미국인 피치(George A. Fitch) 목사의 집에 숨어들었다. 피치 목사는 미국 선교사의 아들로 수저우(蘇州)에서 태어났다. 그는 임정의 활동을 적극 지원하여 윤봉길 의사가 거사를 할 수 있도록 자신의 자동차에 태워 홍커우(虹口) 행사장까지 데려다 주었다.

프랑스 조계지에 있는 피치 목사의 집은 안심할 수는 없었지만 피치 목사가 미국인이라 일본이 함부로 대할 수 없었다. 3주가 지나자 피치 목사의 집도 더 이상 안전하지 않았다. 김구 선생은 중국인 추푸청(楮輔成)의 도움을 청했다. 추푸청은 중국 신해혁명의 원로로서 항일구원회 회장으로 있었다. 추푸청은 자신의 아들 추펑장(楮鳳章)이 있는 자싱으로 피신할 것을 종용했다. 추펑장은 자싱에는 수륜사창이라는 면사 공장을 경영하고 있었다. 김구 선생은 자싱으로 결정하였다.

그러나 피치 목사의 집을 빠져 나가는 것이 문제였다. 피치 목사 집 주위에는 거액의 현상금을 노린 일본의 밀정들이 우글거리고 있었다. 피치 목사는 꾀를 냈다. 김구 선생을 자신의 부인과 부부처럼 위장 시키고 자신은 운전기사로 분장하여 부부가 외출하는 것처럼 하여 집을 빠져 나가는 계획이다. 피치 목사는 김구 선생에게 흰 얼굴로 분장시키고 서양인 옷을 입혔다. 그리고 자신의 부인을 김구 선생과 함께 뒷자리에 동석시켜 부부처럼 보이도록 하였다. 그리고 자신은 운전기사 복장을 하고 운전대를 잡고 집을 빠져 나왔다. 집 밖의 밀정들이 눈치 채지 못했다. 김구 선생은 자싱으로 가는 열차에 몸을 실었다. 추푸청은 자싱에 도착한 김구 선생을 메이완지에(梅灣街)에 있는 자신의 비서 겸 양아들인 첸둥성(陳棟生) 집의 한 쪽을 쓰도록 하였다.

자싱은 운하와 호수의 도시이다. 보통 도시에는 마차나 자동차가 필요하듯 이곳은 배가 없으면 다닐 수가 없다. 첸둥성은 김구 선생을 위해 주아이빠오(朱愛寶)라는 20대의 처녀 뱃사공이 딸린 소형 배(장크선)를 준비했다. 당시 자싱의 소형 배의 사공은 모두 촨냥(船娘)이라고 부르는 처녀들이었다. 물정 모르는 처녀 뱃사공은 김구 선생이 광둥 출신의 중국인으로 알고 헌신적으로 모셨다. 몇 해 전에 자싱에 가 볼 기회가 있었다. 고속철로 상하이 홍차오 역에서 25분 달리면 자싱 남역에 닿는다. 김구 선생이 도피 생활을 했다는 메이완지에의 첸둥성 집에 가보았다. 남호가 내려다보이는 별관 2층 방이 김구 선생이 기거하던 방이다. 방 한쪽에 계단과 별도로 비밀 통로도 만들어져 있었다. 김구 선생의 방은 첸둥성 내외가 기거하는 침실과 마주 보여 유사시 즉각 연락이 되도록 되어 있었다. 호수 가에는 도피용 배가 옛날처럼 매어져 있었다. 김구 선생은 추푸청 일가의 도움으로 며느리 친정집 자이칭(載青)별장 등 주거지를 옮겨 가면서 일제의 추격을 피했다. 상하이 임정 청사 재개관식에 박 대통령의 초청으로 추푸청의 후손들이 참석한 것은 의미 있는 일이다.

김구 선생은 자신의 일기(백범일지)에서 '오늘은 남문 밖 호수에서 자고, 내일은 북문 밖 호수로'라고 일본의 감시망을 피해 자싱에서 선상표박 생활도 했다고 기록했다. 당시 김구 선생은 부인 최준례를 사별한 홀몸이고 뱃사공이 20대 처녀라는 남녀 관계 설정으로 두 사람의 애틋한 만남을 소재로 하는 소설이 나와 한 때 화제가 되기도 했다. 중국인 소설가가 쓴 '촨웨(船月)'라는 작품이다. 1935년부터 임정은 당시 수도 난징으로 옮기면서 항저우와 자싱으로 나누어져 있던 임정이 합치게 된다. 1937년 중일전쟁 발발과 함께 난징도 일본에 의해 강점되어 임정은 장제스 총통의 배려로 임시 수도 충칭으로 옮긴다. 그리고 5년 후 그 곳에서 해방을 맞는다.

거금의 현상금이 걸려있는 데도 불구하고 추푸청 일가의 도움으로 목숨을 잃지 않고 무사히 귀국한 김구 선생은 1949년 6월 '경교장의 총성'에 의해 안두희에게 암살된다.

조선의 마지막 개혁군주 정조

한 때 TV 인기 드라마 '이산(정조)'이 일본 NHK에서도 방영되어 일본 사람을 만나면 '이산'이 화제가 되곤 하였다. 드라마 '이산'을 통해 정조는 세종대왕과 비견될만한 군주로 꼽혔다. 개혁 군주로 알려진 정조는 아버지의 죽음으로 죄인의 아들은 왕이 될 수 없다(罪人之子 不爲君主) 라는 세론이 높아 처음 상당기간은 왕권 확립에 치중해야 했다.

먼저 비명에 생을 마감한 아버지 사도세자의 복권을 준비했다. 양주 배봉산의 수은묘(垂恩墓)를 영우원(永祐園)으로 격상시킨 후 수원의 화산(花山)으로 천봉(遷峰 이장)을 한다. 수원 팔달산을 중심으로 신도시 화성(華城)을 만들어 화산에 거주하던 백성들을 집단 이주시켰다.

풍수 전문가들은 조선조에 정통성이 낮은 왕들이 천봉을 통하여 지위를 높이는 이른바 '사친추숭(私親追崇)'의 방법으로 왕권을 강화해 왔다고 한다. 정조도 왕권확립을 위해 천봉과 함께 규장각을 설치하여 신진 인재를 등용하고, 장용영(壯勇營 국왕 경호대)을 통해 독자적 정치기반을 조성 기득권세력을 견제하였다. 신도시 화성을 건설하여 기득권세력을 서울에 남겨 두고 신진 학자들을 중심으로 신도시에서 개혁 정치를 실현하려고 했던 것이 정조의 꿈이었는지 모른다.

중국에서 지인이 찾아오면 지하철 1호선을 같이 타고 수원으로 곧잘 내려간다. 꿈을 이루지 못한 정조의 미완의 화성을 보여주기 위해서다. 팔달산을 끼고 버드 내(柳川)의 버들잎처럼 타원형처럼 늘어진 화성은 전형적인 성곽도시(城市)이다. 화성의 동서남북 성문은 걸출하다. 북쪽을 바라보는 장안문(長安門), 남쪽의 팔달문(八達門)은 서울의 4대문에 비교해도 손색이 없다. 한반도 성곽도시의 대표는 서울이라고 하지만 도시의 발전에 가려져 체감하기가 힘들다.

나는 화성을 '리틀 한양'이라고 부르는데 중국의 지인은 '리틀 베이징'으로 부르고 싶다고 한다. 화성 성벽에 전돌(塼)이 사용되었고 서울의 남대문에서는 볼 수 없는 옹성(甕城 군사적 보호를 위해 중요한 성문 밖을 반월로 둘러쌓은 이중 성벽)을 지적하면서 중국 베이징의 성문이 생각이 난다고 한다.

사실 화성 축조 기록을 보면 당시 과학 기술을 총 동원하여 중국의 축성기술을 원용 거중기를 만들어 사용하였고 점토를 기와처럼 고온에 구워 만든 전돌로 성벽을 쌓았다. 건축 현장에는 연경(燕京 베이징)사절로 중국을 다녀 온 실학파들이 중심이 되었으므로 중국의 분위기가 없지는 않을 것으로 생각된다.

우리는 수원 화성을 둘러 본 후 융건릉을 찾았다. 정조는 영우원 천봉을 위해 서울 인근의 풍수 길지를 물색했다. 서울에서 멀지 않은 수원부에 화산이라는 곳이 풍수 길지로 소문이 났지만 이미 수원부 관아가 들어 선 읍성(邑城 또는 邑治)이 조성되어 있었다. 지금 같으면 기존의 도시에 많은 사람이 모여 살아 천봉을 할 수 없는 상황이었다. 그리고 백성을 이주시킬 대체도시(신도시)를 마련하는 것도 문제였다. 효종이 승하하면서 화산에 능을 조성할 것을 생각했다지만 감히 나서지 못한 것도 그러한 이유에서였다고 한다.

숭문호학(崇文好學)의 정조는 독서를 통해 수원 팔달산 아래 새로운 도시가 될 입지를 갖춘 곳이 있음을 알았다. 100년 전 반계 유형원이 '반계수록'을 통해 이미 지적해 두었기 때문이다. 신도시 건설의 후보지는 결정된 셈이다. 정조는 신도시의 이름으로 화성으로 명명하고 유수부로 승격시킨다. 초대 유수로는 영의정을 지낸 자신의 최 측근 채제공(蔡濟恭 남인의 영수)을 임명하는 등 파격적인 인사를 통해 화성을 중시하고 있음을 내외에 보여 주었다.

정조는 화성을 건설하여 화산의 백성을 이주시키고 화산에는 아버지 사도세자를 모시면서 화산과 화성은 부모와 함께 자신의 뼈를 묻는 송추지향(松楸之鄕)이라고 하였다. 화성행궁의 정문에 '신풍루(新豊樓)'라는 편액을 단 것도 이러한 의미에서다. 한고조(漢高祖)의 고향 풍패지향(豊沛之鄕)을 비유하여 정조는 자신의 새로운 풍패(고향)를 얻었다는 것을 알리기 위해서다.

1795년 정조는 대대적인 을묘원행(乙卯園行 왕릉이 아닌 현륭원에 참배)을 통하여 어머니 혜경궁 홍씨의 회갑연을 화성행궁에서 치른다. 당시 기록을 보면 첫째 날 아침 일찍 창덕궁을 출발하여 한강의 배다리를 건너 시흥행궁에서 일박하고, 둘째 날에는 시흥을 출발 화성행궁(봉수당)에 도착하며, 셋째 날에는 화성 향교 대승전 참배와 문무별과를 시행하여 지방 인재를 선발하였다.

넷째 날에는 아버지를 찾아 현륭원 참배하고, 다섯째 날에는 봉수당에서 혜경궁 홍씨의 회갑연 거행하며, 여섯째 날에는 신풍루에서 백성들에게 쌀을 나누어 주면서 그들의 애로사항을 들었다. 일곱째 날에는 귀경 길에 올라 시흥행궁에서 다시 일박을 하고, 여덟째 날에는 시흥에서 경로행사를 끝내고 저녁에 창덕궁에 도착하였다. 7박 8일간의 긴 일정이다.

정조의 화성행차를 그린 '화성원행반차도'를 보면 행차를 직접 보는듯한 박진감을 느끼게 된다. 왕위에 오른 지 20년이 다되어 가는 시점에 왕권을 과시하고 기득권세력을 견제하려는 개혁군주로서의 위상이 엿보인다. 정조가 꿈꾸는 나라가 금방 이루어 질 것 같은 예감이 드는 행사이다.

화성행궁과 융건릉을 둘러 본 지인은 정조의 부모에 대한 효성은 중국 청나라의 건륭제의 효성을 연상시킨다고 한다. 조선조 정조와 비슷한 시기에 청나라에서는 건륭제가 있었다. 건륭제의 어머니는 아버지 옹정제가 황제가 되기 전 친왕시절 입궁한 인물로 신분이 비교적 낮았다. 옹정제가 일찍 죽고 제위에 오른 건륭제는 생모를 황태후로 모시고 효성을 다하였다. 건륭제의 강남순행은 여행을 좋아하는 어머니에 대한 효도여행이었다고 한다.

정조가 현륭원 조성과 화성행궁 건설은 부모에 대한 효심을 넘어 화성을 정치 경제 군사 중심의 부도(副都)로 만들어 자신의 개혁정치의 기반을 구축하기 위한 다분히 정치성을 띤 프로젝트였다.

조선조에는 정도전의 건국이념에 따라 유교적 이상과 정치철학으로 무장한 재상(宰相)이 중심이 되어 다스려지는 신권(臣權)정치를 이상으로 생각했다. 이는 왕이 왕권을 통해 국정을 독단적으로 처리하려는 것을 억제하여 왕권과 신권의 조화로움 속에 국가의 안정과 번영을 기하려는 데 목적이 있었다.

그러나 인조반정 후 집권세력(서인)은 신권정치를 명분으로 자신들의 기득권을 키워 나가고 있었다. 기득권 유지를 위해 왕권을 억제하면서 자신들의 입맛에 맞는 왕을 선택하는 것이다. 인조의 장남 소현세자를 죽게 하여 효종을 즉위시키고, 노론과 소론으로 분화된 숙종조에는 소론이 지지하는 경종이 요절하자, 출신 배경의 약점이 있는 영인군을 왕(영조)으로 옹립하여 정국을 좌지우지하였다. 정조는 개혁 군주로서의 싹을 보인 아버지 사도세자를 광인으로 만들어 죽음으로 몰아넣은 것도 기득권세력(노론)의 농간으로 이해하였다.

정조는 아버지가 이루지 못한 꿈을 개혁을 통하여 새로운 나라를 만들고 싶었다. 그러나 정조가 49세(1800년)에 죽음으로써 새로운 나라를 만들어 보려는 아버지와 자신의 꿈이 끝났다. 조선조 마지막 개혁 군주의 꿈이 안개처럼 사라진 것이다. 정조의 예상치 않은 죽음으로 기득권세력은 세도정치로 변형되면서 결국 조선 왕조가 패망의 길로 접어든 것이 아닌가 하는 생각이 든다.

부산(釜山)에서 본 한일(韓日)관계

영화 '국제시장'을 보면서 많이 운사람 일수록 부산을 자주 찾는다고 한다. 부산을 배경으로 천만 관객을 동원한 영화가 '국제시장' 이외에도 '변호인' '해운대' 등이 있다.

옛날에는 부산하면 동래(東萊)를 생각하였다. 지금은 동래가 '부산의 동래'이지만 과거에는 부산이 '동래의 부산'이었다. 부산보다 동래가 먼저 있었던 것이다. 부산 전체가 동래였는데 지금은 다 내놓고 작은 구(區)로 남았다. 부산의 서면(西面)도 본래 동래군 산하 서면이었다.

동래에 사는 사람들은 '동래' 발음이 잘 안되어서인지 '동네'라고 발음하는 경우가 많다. 동래 출신의 지인이 들려 준 '설렁개그' 같은 경험담 이야기가 기억난다. 서울에 가서 '부산 동래'에서 왔다고 자신을 소개하면 "부산 동네? 어느 동네?" 하고 되묻는다고 한다. 부산의 동래를 '동래'라고 발음해도 '동네'가 되어버리기 때문이다.

그런데 동래(東萊)의 뜻이 봉래산(蓬萊山)의 동쪽이란 의미라고 한다. 봉래산이라면 중국의 진시황이 불로초를 찾아 서복(徐福)을 보냈다는 영주산, 방장산과 함께 삼신산(三神山)의 하나이다. 우리는 일반적으로 금강산을 봉래산, 지리산을 방장산, 한라산을 영주산으로 생각하지만 진짜 봉래산은 부산에 있다는 이야기이다. 부산 지도를 놓고 봉래산을 찾았더니 영도(影島)의 최고봉이 봉래산이다.

지리적으로 영도 봉래산의 동쪽 방향에 동래가 있는 것은 틀림없다. 서복을 연구하는 학자에 의하면 서복의 일행이 우리 남해안의 남해도 거제도와 부산 영도를 거쳐 경주와 울산에 상륙하였다고 한다. 그들이 바다에서 바라 본 영도의 산을 신선이 사는 봉래산으로 이름 지었는지 모른다.

영도는 절영도(絶影島)를 줄여 부른다는데 절영도는 그림자가 없는 섬이란 뜻이다. 옛날 삼국시대에 이 섬에서 준마(駿馬)를 방목했는데 너무 빨라 그림자를 남기지 않았다하여 절영도로 불렀다는 설과 고려시대 공도(空島)정책으로 사람의 그림자(人影)을 남기지 않아서 붙여진 이름이라는 설도 있다.

부산 지역은 고대 신라와 가야국의 세력이 충돌하는 곳으로 두 나라의 전장 터였다고 한다. 신라가 가야국을 합병하고서는 신라의 왕과 귀족이 이곳에 자주 왔던 것 같다. 태종대는 신라의 태종 무열왕의 고사가 있는 곳이다.

부산 해운대는 조선 8경의 하나로 알려진 경승지이다. 신라의 학자 최치원이 동백섬에 다녀가면서 바위에 자신의 호인 해운(海雲)을 새겨 해운대라는 이름이 유래되었다. 해운대 일대는 온천이 유명하여 신라의 진성여왕이 온천치료(湯治)를 위해 수차 다녀 간 기록이 남아 있다고 한다. 이 때부터 알려진 해운대 온천이 부산이 개항되면서 일본인에 의해 본격적으로 개발되어 부산(해운대 동래)이 온천도시로 관광 휴양객을 끌어 왔다.

고려 태조 왕건이 후삼국을 통일하고 수도를 개성으로 옮기자 부산은 한반도의 가장 구석진 곳에 위치하게 되어 관심을 끌지 못했다. 그러다가 고려 말 왜구의 침공으로 한반도 남해안이 해방(海防)의 기지가 되었다. 조선 건국초기에는 왜구를 회유하기 위해 경상도 해안의 부산포(富山浦) 제포(창원) 염포(울산) 등 삼포에 일본인의 거주를 허가하였다. 그 후 삼포(三浦)에서 반란이 일어 나 일본인이 삼포를 점령하는 사건이 발생한다.

당시 부산포는 지금의 부산(釜山)과는 한자의 표기가 다르다. 고려시대 이래 이곳의 어촌을 부산포(富山浦)로 불렀다. 일본의 동해안 쪽에 도야마(富山)현이 있다. 부산(富山)은 산이 많다는 의미가 있다.

부산의 산 모양이 도톰하여 가마솥(釜)처럼 생겼다 하여 부산(釜山)으로 한자 표기가 바뀌었다는 이야기가 있다. 일부 학자들은 동구 좌천동의 증산(甑山 시루산)이 떡시루 즉 가마솥(釜)과 닮았다고 부산이라는 이름이 유래되었다고도 한다. 여하튼 1470년 성종실록에서 처음으로 부산(釜山)이란 표기가 나타난다.

부산이 일본과 가깝다는 것이 부산 발전에 도움이 될 것 같다. 2011년 동일본대지진 이후 일본 사람들의 부산에 대한 관심이 부쩍 높았다. 부산의 고급 아파트 가격이 올랐다든가 기네스북에 오른 센텀시티의 세계 최대의 백화점의 손님으로 일본 사람이 많다고 한다. 사실 해운대에서 대마도까지 50km 밖에 안 되어 일 년에 60일은 대마도(쓰시마)가 육안으로 보이고 후쿠오카와 시모노세키도 200km 밖에 안 된다고 한다.

부산과 후쿠오카는 같은 경제권으로 그쪽 사람들이 쇼핑하러 오사카나 도쿄에 안가고 부산으로 온다고 한다. 부산은 세계의 주요 도시 뿐만이 아니라 일본의 주요 도시와도 자매관계를 맺고 도시외교에도 활발히 하고 있다. 부산 시와 일본 후쿠오카 시의 민간단체가 2006년부터 '부산-후쿠오카 포럼'을 만들어 놓고 교류를 활발하게 하고 있다.

2017년 10월 프랑스 파리에서 개최된 제13차 유네스코 국제자문회의에서 한일 양국의 '조선통신사 관련 기록물 111건 333점'이 유네스코세계기록유산으로 등재되었다. 조선통신사 기록물의 한일 공동등재는 부산이 중심이 되어 시모노세키등 일본 지방도시들간 힘을 합해 조선통신사 행렬의 복원을 위해 부단한 노력을 기울인 결과물이라 할 수 있다. 국가가 아니고 지방도시가 주체가 되어 의기투합한 산물이다.

과거에는 부산이 일본과 지리적으로 가깝다는 것이 독(毒)이 되었다. 임진왜란 대에는 부산이 1차 공격의 대상이 되었다. 1592년 4월12일(음력) 대마도를 출발한 일본의 침략 제 일진은 4월13일 영도 앞바다에 도착했다. 고니시 유키나가(小西行長)가 이끄는 병선 700척에 1만8700명의 군인이었다.

경상 좌수사 박홍은 일본의 대군을 이길 수 없다고 판단하여 청야(淸野)작전으로 식량창고에 불을 지르고 병선을 가라앉히고 도망을 쳤다. 당시 경상 우수사 원균도 상황이 급박하여 병선에 불을 지르고 달아났다. 4월13일 고시니 군은 짙은 안개를 틈타 부산진에 상륙하였다. 당시 부산진성의 남문은 바로 바다에 닿을 정도로 바다가 깊숙이 들어와 있었다.

부산진성의 정발은 죽기로 싸워 전사하고 일본군은 배후를 우려하여 다대포진도 함락시켰다. 다음 목적지는 동래성이다. 동래 부사 송상현은 경상 좌도의 총책임자이다. 고니시는 서울을 가기 위해서는 동래성을 교두보로 삼아야 했다.

동래성을 5중으로 포위한 고니시 군은 동래성을 향하여 목찰(木札)을 던졌다. 목찰에는 '싸우겠다면 싸울 것이로되, 싸우지 않으려면 길을 빌려 달라(戰則戰矣 不戰則假道)'가 쓰여 있었다. 송상현은 즉시 그 목찰에 다음의 글귀를 써서 고니시 군에게 다시 집어 던졌다. '싸워 죽기는 쉬우나, 길을 빌리기는 어렵다(戰死易 假道難)'

송상현은 박홍 원균 등 무신이 도망가는 가운데 문신으로 죽음을 두려워 않고 조복을 입은 채 진두지휘로 끝까지 싸워 장열한 전사를 하였다. 송상현 부사는 나라에 대한 충성을 다하기 위해 연로한 아버지를 두고 먼저 가는 불효를 용서해 달라는 유언을 남겼다고 한다. 부산진성과 동래성이 무너지니 일본의 10만 대군이 부산을 통해 속속 상륙하였지만 수군으로 막을 수 없었다. 당시 한반도의 남해안을 지키는 4명의 수사(水師)가 있었다.

서울에서 보면 가장 왼쪽의 수사가 경상좌수사(박홍 59세) 본영은 동래(지금의 수영)다. 경상좌수사는 낙동강 동쪽에서 경주까지 관할한다. 낙동강 서쪽에서 섬진강 동쪽까지는 거제도에 본영을 둔 경상우수사는 원균(53세)이 맡고 있었다. 섬진강 서쪽부터 장흥군의 홍거천(洪巨川)까지 여수에 본영을 둔 이순신(48세)의 전라좌수사가 있다. 홍거천 서쪽의 전라우수사는 이억기(32세)가 해남 본영에서 담당하고 있었다.

임진년 4월 선조의 인사정책이 임진왜란을 가져왔다고 보는 학자도 있다. 일본군의 주공격선인 경상도 좌우 수사에 나이가 많고 무능한 수사가 배치되어 제대로 싸워보지도 못했다는 것이다. 만일 이순신이 경상좌수사 박홍 자리에 있었다면 어떠했을까. 이순신이 잘 싸워 일본군이 상륙을 포기하고 물러갔을까. 오히려 기습공격을 받은 이순신은 부산진성의 정발 장군처럼 죽음을 무릅쓰고 싸워 전사했을 것이다. 그 후 이순신이 없는 남해안은 일본 수군이 제해권을 장악하여 조선왕조는 명의 원군이 도착하기 전에 망했을 것이라는 가설이 설득력이 있다.

임진왜란이 끝나고 조선과 토요토미 히데요시(豊臣秀吉) 사후 일본의 신정부는 화해정책을 편다. 일본의 도쿠가와 이에야스(德川家康)의 에도(江戶) 신정부 치하의 260년간 조일 두 나라는 조선통신사 교류를 통하여 성신(誠信)의 길을 가고 있었다. 여기에는 대마도 번주의 노력이 컸다.

일본과 조선의 화해를 위해 대마도 번주(藩主)는 동래에서 멀리 떨어진 부산포에 조정의 허가를 얻어 지금 용두산 공원 주변 (초량)에 왜관(무역관)을 설치했다. 초량왜관은 10만평 규모로 나가사키 데지마(出島)의 화란 무역관의 4000평에 비하면 25배의 크기이다.

일본은 화란과는 데지마를 통해 통상(通商)을, 조선과는 대마도와 초량왜관을 통해 통신(通信)하였다고 한다. 초량왜관은 거주 일본인 400-500명으로 일본 마을의 축소판인 '리틀 재팬'이었다. 교역장 재판청 신사(神社) 등을 갖추어 있고 동의보감으로 유명해진 조선의 의학을 배우고자 일본 전역의 의사들이 찾아 왔다. 초량왜관은 일본이 가진 유일한 해외공관이고 임진왜란 이후 조선의 대일 외교의 원점이었다.

일본의 대 조선 외교관 아메노모리 호슈(雨森芳洲)는 초량왜관에 체류하면서 조선어 독본을 저술하여 조선 외교에 종사할 후진을 양성하였다. 왜관이 다시 역사에 나타나는 것은 명치유신 이후 1871년 폐번치현(廢藩置縣)의 정책 이후였다. 대마도 번주가 없어지고 현이 되자 명치정부의 외무성은 대마도 번주가 관리하던 초량왜관을 접수하여 주 조선 외교공관으로 사용하려고 했다. 1872년 하나부사 요시모토(花房義質 후에 일본의 초대공사)가 부산에서 이러한 작업을 지휘하였다.

당시 실력자 대원군은 초량왜관의 소유권이 조선에 있음을 주장하고 일본 외무성 직원의 퇴거를 명령하였다. 한때 일본과 조선 사이에 전쟁이 일어 수 있는 급박한 상황으로 발전되어 일본에서는 정한론(征韓論)이 대두되는 계기가 되기도 하였다.

그러나 1875년 조일 수호조규에 의해 일본의 외교사절이 서울에 주재하게 되자 초량왜관 문제는 자연히 해결되었다. 임진왜란 이후 200년간 조일 간 교역의 중심이 되어왔던 초량왜관이 문을 닫게 되었다.

일본으로서는 지근거리의 부산에 대한 매력을 잊을 수 없었다. 일본은 철도 부설권을 얻어 1905년 1월1일 서울과 부산을 잇는 경부선을 개통시킨다. 1910년 일본은 대한제국을 병합한다. 임진왜란의 7년 전쟁의 폐해를 회복하지 못한 조선은 가해자 일본에 의해 다시 나라를 빼앗긴 것이다.

일본은 부산을 집중적으로 발전시켰다. 1925년4월1일 경상남도의 도청을 진주에서 부산으로 옮겼다. 부산은 대륙에서 일본으로, 일본에서 대륙으로 가는 양방향 출입구(gateway)로서 발전을 거듭하였다. 한국 전쟁 기간(1950-53)에는 임시수도의 기능을 했다. 1990년대 북방정책으로 중국과 러시아에 대한 관심은 부산을 일시적으로 침체시켰다. 더구나 부산의 중심 산업인 조선 신발 등 은 경쟁력을 잃고 있었다.

부산의 르네상스가 왔다. 해운대의 개발과 함께 해운대 땅 값이 오르고 있다고 한다. 해운대에 가면 옛날 학창 시절에 들은 선배의 이야기가 생각이 난다. 그는 시골 부모님에게 부산에서 사립대학을 다닌다고 거짓말을 해놓고 매년 등록금과 하숙비를 받았다. 그러나 대학에는 다니지 않고 일용근로자 생활로 숙식을 해결하고 시골에서 부쳐준 목돈으로 해운대 인근의 땅(논밭)을 사들였다는 것이다. 그 선배가 지금 어디에 있는지 지금쯤 큰 땅 부자가 되었는지 모른다.

앞으로 수년 후에는 해운대 센텀(Centum 라틴어의 100의 의미로 100% 완벽을 기한다는 뜻과 100년을 내다본다는 뜻이 있다고 한다)시티의 월드 비즈니스 타워(107층), 극동호텔 자리에 건설되는 엘시티 타워(108층)와 87층 주거용 건물 2동, 그리고 부산시청이 있던 곳에 건설되는 부산 롯데타운 타워(108층)등 부산의 고층 건물이 즐비하게 된다. 푸른 바다와 맑은 하늘을 배경으로 하는 고층 건물은 마치 바다 건너 일본 사람들에게 어서 오라고 손짓 하는 것 같다. 부산은 동북아시아의 중심 도시로 거듭나면서 400만 전후 부산 인구가 다시 탄력을 받게 될 것 같다.

광군제와 중국의 소비혁명

중국에서는 매년 11월 11일 대광군제(大光棍節)행사가 열린다. '싱글' 즉 짝이 없는 '솔로'의 의미가 있는 숫자 1이 일 년 중 3번 겹치는 날을 '중(中)광군제' 가장 많이 4번 겹치는 날을 '대(大)광군제'로 부른다. 20 여 년 전 중국의 기발한 대학생들이 서양의 밸런타인데이에 맞서 연인이 없는 솔로들을 위한 날로 '광군제'를 만들었다.

서양의 밸런타인데이는 연인들의 날이다. 고대 로마 제국에서 군인들의 결혼을 금지시킨 황제의 칙령을 어기고 결혼을 주선한 성 밸런타인(Saint Valentine) 주교가 269년 2월14일 처형되었다. 사람들은 그의 순교일을 기념하여 매년 2월14일에 연인들이 선물을 주고받으면서 서로의 사랑을 확인하는 날이 되었다.

중국의 최대 전자상거래 업체인 알리바바 마윈(馬雲)회장은 2009년부터 11월11일(雙11)의 광군제를 기념하여 전자 상거래 온라인 쇼핑행사를 개최해 왔다. 지난해 행사는 혁명이라고 할 만한 쇼핑 광풍을 불러왔다. 232개국의 판매자와 구매자가 하루 동안 거래한 금액만 16조 5000억 원에 달하는 사상 최대의 기록이다. 글로벌 시대에 맞추어 '하이타오족(海淘族)'으로 불리는 해외 직구족을 겨냥한 상품이 많았기 때문이라고도 한다.

전직 영어강사로 인터넷 기업을 성공시킨 마윈 회장은 007 시리

즈의 주인공인 다니엘 크레이그를 초빙 깜작 쇼를 펼쳤다. 그리고 저장성 항저우 본사에서는 당일 매출액을 전광판으로 실시간 공개하면서 사람들을 열광시켜 쇼핑행사를 거대한 축제로 만들었다.

마윈 회장의 아이디어로 중국의 광군제는 일약 미국의 '블랙 프라이데이(Black Friday)'와 유럽 및 영연방 국가의 '박싱 데이(Boxing Day)'에 비견되는 세계 최대의 쇼핑행사가 되었다.

미국에서는 11월의 마지막 주 목요일의 추수감사절 다음 날인 금요일에 연중 최대 규모의 쇼핑이 이루어지는데 이날에 처음으로 흑자(black ink)를 기록하게 된다는 의미에서 '블랙 프라이데이'라고 부른다. 유럽 및 영연방 국가에서는 크리스마스 다음날인 12월 26일이 '박싱 데이'이다. '박싱'은 크리스마스 때 받은 선물 상자를 의미하는데 '박싱 데이'는 크리스마스 재고를 소진하기위해 물건 값을 대폭 할인하여 최대 규모의 쇼핑이 이루어지는 날이다.

'블랙 프라이데이'와 '박싱 데이'는 오프라인 쇼핑이 중심인데 비해 광군제는 매장이 없는 외국 업체도 참여하는 전자상거래 전용 쇼핑행사다. 광군제 쇼핑은 세계적인 온라인 거래 추세에 힘입어 앞으로 쇼핑 규모의 증가는 몇 배로 늘어날지 예상을 불허하고 있다.

글로벌 시대에 잘 맞는 알리바바 마윈 회장의 튀는 발상이 세계를 놀라게 했다. 국내 언론에서도 "글로벌 직구전쟁의 새 지평을 보여준 중국 광군제", "세계를 뒤흔든 무서운 모바일 쇼핑 혁명" 등의 타이틀로 중국의 광군제 쇼크를 전하고 있다. 중국 보다 훨씬 앞선 1990년대부터 전자상거래를 시작한 정보통신기술(ICT)의 선진국인 한국은 뭘 하고 있느냐는 산업계에 대한 질타가 숨겨져 있다.

업계에서는 마윈 회장의 아이디어뿐만이 아니고 중국 정부가 규제를 없애 주는 등 전자상거래의 성장을 정책적으로 도우고 있다고 주장한다. 우리나라에서는 보안과 개인정보 등 각종 규제가 너무 많아 중국과 같은 '광군제'는 나올 수 없다고 한다.

글로벌 변화에 따라 자신을 개혁하면서 혁신과 창조를 이끌어 내는 마윈 같은 기업인과 함께 중국인의 폭발적인 소비 욕구가 광군제 소비 혁명을 일으켰다고 생각한다. 한 때 전 세계 소비의 중심이 미국이었다면 이제는 중국이 그 역할을 이어받을 것 같다. 개혁 개방 이후 열심히 일만해 온 중국 사람들은 지금까지 제대로 된 소비문화를 경험하지 못했다. 이제 소비할 수 있는 분위기만 조성되면 중국인의 소비는 급격히 늘어날 것 같다. 중국경제가 지금은 조정기로 성장이 둔화되고 있지만 오래지 않아 소비와 서비스 중심의 경제로 탈바꿈하여 지속적인 경제성장이 이루어 질 것으로 보는 관측이 많다.

중국의 런민비(위안화) 이야기

국제통화기금(IMF)이 11월 30일 중국의 런민비(renminbi 人民幣)를 2016년 10월부터 특별인출권(SDR 特別提款權) 구성통화에 포함한다고 발표하였다. 현재의 구성비는 미국의 달러(41.73%) 유로(30.93%)에 이어 제3위(10.92%)로 일본의 엔(8.33%) 영국의 파운드(8.09%)가 런민비를 따르고 있다.

런민비가 이제 국제 주요통화의 엘리트 클럽에 당당히 가입하게 되어 국제무역과 금융거래에서 달러 유로 다음의 주요통화로 공인받은 것이다. 사람들은 '런민비의 굴기'를 이야기 하고 국제무역 거래에서 한손에는 링컨의 '그린백(Greenback 미달러)' 다른 한 손에는 마오쩌둥의 '레드백(Redback 런민비)'을 손에 쥐어야 한다는 말이 나오고 있다.

20년 전 중국 베이징 대사관에 근무하면서 처음으로 런민비를 만나게 되었다. 당시 정부에서 달러로 봉급을 주므로 중국은행에 달러 구좌를 개설하였다. 런민비에 대해서는 관심이 없었다. 물건 구입에 필요한 만큼 런민비를 그때그때 바꾸어 사용하면 되었다. 중국을 떠날 때는 다 사용하지 못한 런민비를 모두 달러로 환전해야 하기 때문이다. 런민비는 중국에서나 필요한 돈이지 중국 밖을 나가면 아무 쓸 데가 없는 돈으로 보였다. 지금은 달라졌지만 당시 화폐의 종이 질도 나빠서 금새 걸레처럼 헤어져 만지고 싶지 않은 돈이었다.

돈의 이름이 인민 '런민비'(人民幣)고 발행기관도 인민은행이다. 처음에는 중국은행이 우리의 한국은행처럼 중앙은행인 줄 알았다. 그러나 나중에 보니 인민은행이 따로 있었던 것이다. 중국에는 인민이 최 상위 개념이었다. 중국 공산당은 인민을 위해 복무하는 정당이고 군인도 국가의 군인(國軍)이 아니고 인민을 해방시킨 공산당의 군대(黨軍 인민해방군)인 것을 나중에 알았다.

인민은 영어 people의 번역어로 본래 보편적인 민주주의 제도에서 사용되어 왔다. 국민국가(nation state)의 국민보다 넓은 의미를 가지고 있다. 20세기 공산주의가 대두하면서 공산주의 국가에서는 국적 개념이 있는 국민(nation)보다 국적과 관계없이 사상과 이념으로 통합하는 '인민(people)'을 선호하였다. 그러다 보니 자유주의 시장경제 국가에서는 사상적으로 '인민'이란 말을 기피하여 중국 돈의 이름도 '런민비' 보다는 '위안화(元貨')라고 부르기를 좋아하는 것 같다.

중국의 중앙은행으로서 발권은행인 인민은행은 중화인민공화국 건국 이전에 창설되었다. 당시 중국은 장제스의 국민당과 마오쩌둥의 공산당 간의 내전 중이었다. 마오쩌둥은 전쟁 자금 조달을 위해 공산당 지배지 즉 인민 해방구인 화북지방을 중심으로 화폐를 발행했다. 당시 화북은행과 서북 농민은행 등을 합병하여 화북의 중심지 스자좡(石家莊)에서 인민은행 창설과 함께 런민비를 발행하였다. 1948년 12월 1일이었다.

그 후 중국 공산당이 대륙을 통일하고 1949년 10월 1일 신 중국이 건국되자 런민비는 중국의 법정통화(legal tender)가 되어 오늘에 이른다. 인민 해방구에 쓰이던 군표(軍票)같이 보잘 것 없던 런민비가 중국의 발전과 함께 세계 3위의 주요 통화가 된 것이다. 미국의 링컨 대통령이 남북전쟁(내전)의 자금마련을 위해 그린백을 처음으로 발행하기 시작한 배경이 연상된다.

런민비는 경화(금속화폐)와 지폐가 있다. 주로 지폐가 많이 사용되는데 위안(元)표기로는 1위안, 5위안, 10위안, 20위안, 50위안 그리고 100위안 등이 있고 지아오(角)표기에는 1지아오, 5지아오가 있다. 1위안은 10지아오이다. 위안(元)은 본래 위안(圓)의 약자이다. 동양권에서 고대부터 돈은 둥근 형태에서 시작되어 우리나라와 일본도 돈의 단위가 원(환) 또는 엔(円)이다. 모두 둥글다는 의미이다.

미 달러를 그린백이라고 부르는 것은 달러 뒷면이 모두 그린(綠) 칼라이기 때문이다. 미 재무성 색깔이라고 한다. 런민비는 중국 공산당 색깔인 레드(紅)가 들어 있어 외국에서는 레드백이라고 부르지만 사실 100위안 지폐를 빼놓고는 가지각색이다. 1위안 지폐는 녹색, 5위안은 자색, 10위안은 청색, 20위안은 갈색, 50위안은 청록색이고 100위안만이 붉은 색깔이다.

런민비 뒷면의 도안의 풍경화는 항저우 서호, 산동성 태산, 장강삼협, 계림산수, 티베트의 포타라궁, 베이징의 인민대회당 등 다양하지만 앞면의 초상화는 모두 마오쩌둥이다. 런민비를 '마오비(毛幣)'라고 부르는 사람도 있다. 지아오화의 초상화에는 소수 민족의 얼굴이 그려져 있는 것이 특이하다.

런민비는 2016년 10월부터 SDR(특별인출권) 구성통화에 포함되었다. 미국 달러, 유로, 일본 엔, 영국의 파운드에 이어 다섯 번째이다. 개혁 개방으로 중국경제가 일본을 제치게 되자 중국은 런민비를 SDR의 구성통화에 넣고 싶어 했다. IMF는 매 5년마다 SDR의 구성통화를 검토한다. 1999년 유로가 달러 엔 파운드 다음으로 4번째의 구성통화가 되었다. 그것이 마지막이었다. 5년 전 세계 제2위의 경제 대국이 된 중국은 정식으로 SDR 구성통화에 런민비를 신청을 하였다. IMF는 구성통화 자격으로 무역 규모와 거래 자유화 정도에 따라 결정하는데 당시 런민비 경우 무역 규모는 충분하였으나 거래의 자유화에서 거부되었다. 그러나 5년 후인 금년에는 거래의 자유화가 많이 개선되었다고 본 것이다. SWIFT(국제은행간통신협회)의 통계에 의하면 국제결제에서 런민비의 순위는 5년 전 35위에서 4위로 상승하였다고 한다.

중국의 시진핑(習近平) 국가 주석은 14억 국민들을 이끌어 가는데 단순하고 이해하기 쉬우면서 깊은 뜻(grand design)이 있는 메시지를 던지기를 좋아한다. 첫 번째가 '중국몽(中國夢)'이고 두 번째가 '일대일로(一帶一路)'이다. '뉴 실크로드'라고도 부르는 '일대일로(One Belt, One Road)'는 중국몽을 실현하기 위한 방법으로 유라시아에 걸친 거대한 인프라 프로젝트이다.

이 프로젝트를 위해 당연히 자금이 필요하다. 아시아 인프라 투자은행(AIIB)을 만든 것도 자금을 끌어 오기 위해서다. 마지막 남은 수단이 누구든 안심하고 손쉽게 런민비 채권을 발행할 수 있도록 런민비를 안정적인 국제통화로 만드는 것이다. 런민비의 국제화는 시진핑 주석이 주장하는 중국몽의 화룡점정(畵龍點睛)으로 보는 사람도 있다.

런민비가 주요통화로 결정되자 금리가 낮은 중국내(on shore) 런민비 표시 채권(판다본드)발행이 늘어나면서 홍콩(off shore) 등에서 발행하던 런민비 표시 채권(딤섬본드)은 점차 줄어들 것으로 보고 있다. 전문가들은 판다가 부드러운 딤섬을 먹어 치운다고 비유한다.

우리정부도 중국에서 국채로서는 최초로 30억 위안(5444억원)규모의 판다본드(런민비 외평채)를 발행하기로 하였고 중국정부(인민은행)의 승인도 받아 두었다. 우리정부는 달러 중심의 외화보유고에 런민비 비중을 높이는 한편 중국 진출 기업의 판다본드 발행을 장려하는데 의미를 두고 있다고 한다.

런민비는 다른 주요 통화에 비해 규제가 많다. 런민비가 진정한 국제통화가 되기 위해서는 규제를 완화하고 주요통화로서 책임을 다해야 한다.

미중 무역전쟁과 최근 미국의 기준금리인상, 그리고 중국의 경제성장 둔화로 런민비 약세가 이어지고 있다. 수출을 유지해서 경기를 살리려면 런민비를 절하해야 하지만, 가파른 절하는 외국 투자자들의 중국 이탈을 부추겨 중국 경제에 부담이 될 수도 있다. 국제무역거래에서 한 손에는 링컨의 '그린백(Greenback 달러)', 다른 한 손에는 마오쩌둥의 '레드백(Redback 런민비)'을 손에 쥐어야 한다고 했는데 런민비의 쇠락이 앞당겨질까봐 우려된다.

홍콩과 선전의 추억

1997년 8월 베이징 대사관에서 홍콩 총영사관으로 전보 발령을 받았다. 홍콩이 50년간 일국양제(一國兩制 one country two systems)의 조건으로 중국에 반환된 지 2개월 쯤 지났을 때였다. 마지막 총독 패턴이 떠난 홍콩은 더 이상 영국의 식민지가 아니었다. 과거 영국 군대가 주둔했던 곳에는 인민해방군이 접수하여 낯익은 중국의 국기 5성 홍기가 펄럭이고 있었다.

홍콩은 세계 3대 미항인데다가 동서양의 문화가 어울려진 환상의 도시였다. 그러나 홍콩에 내려와 보니 베이징에서 사용하던 표준 중국어인 보통화가 통하지 않아 불편했다. 영어가 공용어이지만 택시 기사 등 일반인들은 영어 구사가 잘 안되고 현지어인은 광동화를 사용했다. 보통화는 촌스러운 공산당 말이라고 우정 기피하고 있었다.

물가가 비쌌다. 특히 매일 먹어야 하는 오이 토마토 등 야채 값이 턱없이 비쌌다. 물가가 싸고 말이 잘 통하는 중국 본토가 그리웠다. 홍콩에서 지하철(MTR)로 갈 수 있는 선전이 가까이 있어 그나마 다행이었다. 주말이면 집사람과 함께 선전으로 갔다. 각자 등산용 룩색을 하나씩 메고 국경인 로우(羅湖)로 간다. 그 곳에서 출입국 수속을 하고 나면 바로 선전의 가장 번화가 뤄후코우안(羅湖口岸)으로 나오게 된다.

베이징처럼 보통화가 통하는 선전에는 물가도 싸서 홍콩에서 오이 한 개 가격으로 흥정에 따라 오이 한 박스를 살 수 있었다. 식당에 가면 딤섬이 아니고 맵고 짠 사천요리를 먹을 수 있었다. 홍콩이 점잖은 고급 백화점이라면 선전은 인정이 넘치고 활기 찬 재래시장이었다.

장자제(張家界)등 중국 남부의 명승지를 찾아 갈 경우에도 선전 공항에서 국내선을 이용하였다. 홍콩의 첵랍콕 공항보다 항공료가 훨씬 저렴하고 중국 어디에도 닿지 않는 곳이 없을 정도로 항선이 다양했다.

홍콩과 선전의 경계는 선전강(深圳河)이다. 사실 중국의 개혁 개방 이전의 선전은 동쪽으로는 염전이 펼쳐져 있고 서쪽으로는 선전 강변의 보잘 것 없는 가난한 농어촌이었다. 홍콩의 신제(新界)의 북쪽 록마초우(落馬洲)는 지대가 높아 중국이 개방되기 전 죽(竹)의 장막에 싸여 있을 때 자유세계가 중국을 바라보는 유일한 곳으로 유명하였다. 그 때 선전 논밭의 고랑이 유달리 깊다는 것을 알아 챈 사람이 있었는지 모른다. 선전이라는 글자를 풀이하면 고랑이 깊다는 뜻인데 바다와 가까운 선전강의 염도 높은 물을 농업용수로 사용하다보니 고랑을 깊게 팠는지 모른다.

중국 역사에서 중국 남쪽은 이민족(南蠻)인 월족(百越族)이 사는 미개지였다. 한(漢)이 망하면서 일시 삼국시대가 되지만 삼국을 통일한 위(魏)가 망하고 진(晉)이 건국된다. 진은 북쪽의 이민족에 밀려 남쪽으로 내려오면서 동진(東晋)이 된다. 그 때 이곳의 지명으로 바오안현(寶安縣)이 처음으로 등장한다.

명대(明代)에 와서 왜구의 침범이 잦아지자 조정은 수군기지를 만들고 군제를 개혁하면서 "낡은 것을 새 것으로 바꾸고 안전을 위해 위험을 제거하자(革故鼎新 去危爲安)"는 의미로 뒤의 글자를 따서 신안현(新安縣)으로 지명을 바꾼다.

일본과의 전쟁(청일전쟁)에서 패배하여 국력이 쇠약해진 청(淸)국은 중국 남부에 세력을 펼치고 있는 프랑스를 견제해야 한다는 영국의 요구를 받아 들여 1898년 제2차 베이징 조약을 체결한다. 신안현 중 선전강 남쪽과 란타오 섬을 영국에 99년간 조차해 준다. 영국은 1차 아편전쟁(1840-42 난징조약)을 통해 홍콩섬을 할양 받고 2차 아편전쟁(1860 베이징조약)을 통해 주룽(九龍)을 할양받은 후이다. 이번에는 더 이상 할양 받을 명분이 없어서 99년조차를 내세웠지만 영구할양을 염두에 두고 있었는지 모른다. 국경이 된 선전강 주변은 물물교환지로 발전한다.

중화민국은 1914년 크게 줄어 든 신안현을 다시 바오안현으로 바꾼다. 허베이성의 신안현과 혼동을 피하기 위해서라고 한다. 그러나 당시 바오안현의 중심부는 선전강 주변의 장터였다. 허시(墟市)라는 장터는 우리나라 5일장처럼 정기적으로 열리는 시장이다. 광저우와 주룽간의 열차(九廣線 KCR)가 개통되면서 선전강의 장터에 역이 생긴다. 지금의 선전역이다.

1978년 중국의 개혁 개방을 주창한 덩샤오핑은 홍콩의 자본을 끌어 들이기 위해 과거 장터가 있던 선전역을 중심으로 선전강 연안을 따라 중국 최초로 경제특구를 지정하였다. 경제특구는 외국으로 간주 중국인의 출입이 제한되었다. 한때 선전의 경제특구에 근무하는 남자는 중국에서 최고의 신랑감으로 젊은 여성의 선망의 대상이었다. 월급 많고 장래가 촉망되었기 때문이다.

1979년 바오안현 전체가 선전시로 바뀌고 바오안현은 선전시내의 바오안구로 이름을 이어갔다. 당초 방대한 바오안구는 선전 인구가 늘어남에 따라 몇 개의 구로 다시 분할된다. 당시인구 3만의 작은 농어촌이 베이징, 상하이, 광저우에 이어 인구 1200만의 중국 대륙 4대 도시가 된 것이다. 이번에 사고가 난 광밍신구(光明新區)도 바오안구에서 독립해 나온 분구이다. 현재 선전공항도 바오안구 내에 있다. 애플의 부품을 받아 조립하여 아이폰 아이패드 등을 만드는 대만 기업 팍스콘(富士康)이 소재하는 룽화신구(龍華新區)도 과거 바오안구의 일부였다.

선전은 연 평균 섭씨 22.3도의 따뜻한 날씨로 야채와 과일이 풍부하여 노인들이 살기 좋은 중국의 선벨트(sun belt)이다. 양귀비가 즐겨 먹었다는 여지는 선전시를 대표하는 과일이다. 선전은 홍콩 마카오 등 대도시가 배후에 있어 자녀 취직에도 유리하다. 특히 지하철로 연결되는 홍콩은 다니기가 편리하다. 최근 겨울이 추운 동북 3성이나 베이징에 살던 나이 드신 교민들이 내려와 산다고 한다.

원삼국지(猿三國志)

중국 고대의 은(殷)대 갑골문에 나타날 정도로 역사가 오래된 간지는 10개의 천간(天干 갑을병정무기경신임계)과 12개의 지지(地支 자축인묘진사오미신유술해)를 조합한 것으로 60개의 이름(甲子)이 나온다. 태어나서 60년이 되어야 같은 이름을 만난다하여 '갑자'가 한 바퀴 돌았다는 의미로 환갑 또는 회갑이라고 부른다. 10개의 천간은 5행설에 의해 5가지의 기본 색과 5개의 방향을 나타낸다. 한 가지 색과 방향이 2년간 계속되는 셈이다. 갑을은 청색, 병정은 적색, 무기는 황색, 경신은 백색, 임계는 흑색이다. 방향으로는 청색은 동향, 적색은 남향, 황색은 중앙, 백색은 서향, 흑색은 북향이다.

중국 한(漢)대에서는 글을 모르는 백성을 위하여 생활 주변에 흔히 있는 12가지의 동물로 12지지를 나타나게 하였다. 대부분 우리나라에서도 흔히 볼 수 있는 동물이지만 용과 원숭이는 다르다. 상상의 동물인 용은 중국의 어디에도 없으나 신화와 전설을 통해 신성한 동물(靈獸)로 사람들의 마음속에 남아 있다.

'동국무원(東國無猿)'이라는 말처럼 우리나라(東國)에는 본래 원숭이가 야생으로 서식하지 않았다. 선사시대 한반도의 동굴에서 원숭이 뼈가 발견된 것으로 보아 선사시대 이후 날씨가 추워서 멸종되었는지 모른다. 그러나 따뜻한 중국의 남방과 일본에서는 야생에서 서식하여 흔히 볼 수 있다.

중국과 일본에서는 원숭이에 대해 친밀감을 느낀다고 하지만 원숭이를 야생에서 접하지 못한 우리나라에서는 원숭이에 대해 부정적인 이미지가 많은 것 같다. 원(猿)과 성(猩)의 합성어인 '원성(숭)이'라는 말이 나오기 전에 순수한 우리말로 잔나비라고 불렀다.

일반 원숭이(monkey)에는 긴 꼬리가 있지만 진화되어 꼬리가 없는 원숭이(ape)는 사람과 비슷하다고 하여 유인원(類人猿)이라고 부른다. 침팬지 고릴라 등이 여기에 속한다.

우리에게 알려진 원숭이에 대한 이야기는 대부분 12지지와 함께 중국에서 전해온 것이 많다. 중국 원숭이에는 머리가 모자라는 원숭이와 지혜로운 원숭이의 두 부류가 있는 것 같다.

조삼모사(朝三暮四)라는 고사성어에서는 원숭이의 어리석음을 이야기하고 있는 반면에 중국 고대 소설 서유기의 손오공은 카리스마를 가진 매우 지혜로운 원숭이다. 손오공은 인도의 라마신을 도운 원숭이 신(神) 하누만(Hanuman)이 모델이라고 한다. 지금도 인도의 힌두교 성전에 가면 원숭이 얼굴을 한 하누만이 조각되어 있다. 신라시대 무덤에서 길상의 부장품으로 발견되는 원숭이 토우(土偶)도 불교전래와 함께 신라에 도입된 하누만과도 관계가 있을 것으로 보인다.

중국에서는 원숭이를 원(猿)이라고 부르는 것보다 후라고 더 즐겨 부른다. '후'의 발음이 제후(諸侯)의 후(侯)와 글자와 비슷하고 발음이 같기 때문이다. 출세를 하고 싶어 하는 선비들은 벼슬(侯)을 얻기 위해 원숭이를 가까이 하는지 모른다. 원숭이가 서식하지 않는 우리나라에서는 중국의 영향으로 원숭이가 그려진 그림이나 청자를 지녔다고 한다. 중국의 지인들은 '후'가 복(福 중국음 Fu)의 발음과 비슷하여 원숭이를 사악을 물리치고 복을 가져다주는(發福) 동물로 여기고 있다.

원숭이의 새끼사랑이 유명하다. 중국에서 원숭이의 새끼 사랑을 강조하는 뜻에서 단장(斷腸)의 고사를 만들어냈다. 새끼를 빼앗긴 어미 원숭이가 창자가 끊어지는 고통으로 목숨을 잃는다는 이야기이다. 원숭이가 새끼를 품에 안고 있는 모성애적 예술 작품이 많이 눈에 띄는 것도 이와 무관하지 않는 것 같다.

일본에서도 원숭이가 야생으로 서식하고 있어 사람들의 애호를 받고 있다. 옛날 일본의 무사(武士 사무라이)들이 칼을 잘 쓴 것은 칼의 자상(刺傷)을 겁내지 않기 때문이라고 하는데 원숭이를 통해 상처를 잘 낫게 하는 신비의 온천을 알고 있기 때문이다. 다친 원숭이를 따라 가보면 산속에 비밀 온천이 있고 그 온천을 이용한 원숭이의 상처가 말끔히 나은 것을 본 것이다.

일본에는 원숭이를 '사루(자루)'라고 한다. 세 마리의 원숭이 즉 '산자루(三猿)'전설이 있다. '자루'는 일본어에 하지 않는다는 부정의 접미사도 되므로 원숭이(사루)는 '하지 않는다(자루)'는 이중 의미가 있다. 안 듣고, 안 보고, 그리고 말하지 않는다는 세 마리의 원숭이(三猿)는 참고 또 참는 인내의 극치를 말한다. '산자루'는 15세기 일본의 전국(戰國) 시대 오다 노부나가(織田信長)와 도요토미 히데요시(豊臣秀吉)의 시대를 거친 후 일본 천하를 통일하는 도쿠가와 이예야스(德川家康)의 인내 철학을 보여주고 있다. 일본 도쿄에서 멀지 않은 닛쿄(日光)에 있는 도쿠가와 사당(東照宮)에 가 보면 눈을 가리고 입을 가리고 귀를 가린 세 마리의 원숭이(三猿 산자루)가 조각되어 있다.

간지에서 원숭이를 의미하는 신(申)에는 성씨(姓氏)의 이야기도 있다. 우리나라의 대표적 신씨(申氏)는 평산 신씨라고 한다. 신숙주 신윤복 신채호 등 역사적 큰 인물을 배출한 고령 신씨도 만만치 않지만 평산 신씨의 이야기가 더 많이 전해 내려오는 것 같다. 평산 신씨의 시조는 고려의 개국공신 신숭겸(申崇謙) 장군이다. 신숭겸(본명 三能山) 장군은 고려의 개국 공신으로 태조 왕건으로 부터 황해도 평산 지역의 식읍(관향)과 함께 신씨의 성을 하사(賜姓)받았다. 태조 왕건이 신숭겸의 가문이 크게 뻗어 나가길 기원하면서 신(申)씨 성을 주었는지 모른다.

신숭겸 장군은 후백제 견훤과의 공산(대구 팔공산) 전투에서 위기에 처한 왕을 살리기 위해 왕건의 갑옷으로 바꾸어 입고 싸우다가 장열하게 전사(爲王代死)한 충절로 유명하다. 그의 충절이 후손에게도 영향을 미쳐 임진왜란 때 충주 탄금대에서 배수진을 치고 전사한 신립(申砬)장군 등 평산 신씨 가문에서 나라를 위해 몸 바친 충신을 많이 배출하였다. 이율곡의 어머니로 5만원권 지폐의 주인공인 사임당 신씨도 신숭겸 장군의 후손이다.

신(申)의 본래의 뜻은 '펼 신(申)' 즉 뻗어 나간다는 의미이다. 신(申)의 글자를 보면 밭 전(田)자에서 아래위로 뻗어 나가는 모습이다. 밭의 작물이 아래로는 뿌리를 내리고 위로는 새싹을 틔우는 것이 신(申)의 글자이다. 그래서 원숭이해인 신년(申年)은 새로이 출발하여 뻗어 나가는 해로 보기도 한다. 원숭이와 관련된 유명한 시가 있다. 이백(李白)의 '아침 일찍 백제성을 떠나며(早發白帝城)'라는 한시(漢詩)이다.

이백이 당(唐)의 숙종을 배신하고 난을 일으킨 영왕(永王璘)을 도왔다는 죄로 유배를 가게 되었다. 그의 유배길이 사천성 백제성 근처에 이르렀을 때 뜻밖에 은사(恩赦)를 받았다.

기쁜 나머지 하루라도 빨리 돌아가고 싶은 마음에 작은 배를 빌려 동 틀 무렵 물길 따라 400km 떨어진 강릉으로 한숨에 달려가는 모습이 이 시의 내용이다.

조사백제 채운간(朝辭白帝 彩雲間)
천리강릉 일일환(千里江陵 一日還)
양안원성 제부주(兩岸猿聲 啼不住)
경주이과 만중산(輕舟已過 萬重山)

이백의 눈앞에서 삼협(三峽)의 수많은 산이 스쳐 지나가고 귓전에는 협곡 양안의 원숭이 지저귀는 소리를 듣는다. 이 시에는 어려운 시절을 끝내고 새아침에 수많은 산들의 배웅을 받고, 새로운 벼슬길을 약속하는 원숭이의 응원소리를 들으면서 내일을 향해 달려가는 이백의 희망찬 마음이 가득하다. 원숭이는 새출발 희망을 상징했다.

'불타는 돌' 아오지(阿吾地)

중국의 소수민족 언어 중 만주어(滿洲語)가 차츰 사라지고 있다. 만주어는 본래 백두산 근처에 살던 여진족(女眞族)의 언어였다. 17세기 초 누르하치가 여진족을 통일하여 금(后金)을 세우고 그의 아들 황타이지가 민족 이름을 여진에서 문수보살을 의미하는 만주로 바꾸면서 나라 이름도 청(淸)으로 고쳤다.

그 후 청나라가 중국을 통일하고 베이징을 수도로 정하면서 만주어는 지금의 중국보다 더 넓은 지역에 세력을 펼치게 된다. 남쪽으로는 남중국해와 만나고, 북쪽으로는 지금의 몽골 인민공화국, 동쪽으로는 연해주와 헤이룽장 이북, 서쪽으로는 중앙아시아의 카슈가르에 이르는 역사상 가장 방대한 영토의 공용어였다. 지금 세계에서 가장 널리 쓰이고 있는 영어(英語)를 연상시킨다.

중국 대륙의 정복자 만주족은 처음에는 토착어 중국어(漢語)를 알지 못했다. 차츰 중국의 수준 높은 문화에 빠져 들면서 중국화(漢化)된 만주족은 자신들의 언어를 잊기 시작했다. 1912년 세계 최강의 대청제국이 멸망하자 그들의 공식 언어였던 만주어를 누구도 지켜주지 않았다.

베이징 자금성의 궁궐 전각 현판의 한자어 옆의 이상한 문자가 만주어(문자)이다. 꼬불꼬불하여 보기에 따라서는 문자라기보다 부스러진 라면처럼 보인다. 명(明)대 건축된 자금성 전각의 이름은 모두 한자어였는데 청나라가 자금성을 자신들의 법궁으로 사용하면서 전각의 이름을 일부 바꾸었다. 그리고 한자어 이름 옆에 만주어를 병기하였다.

조선조 고종의 외교 고문으로 활동했던 언어학자 묄렌도르프가 이러한 만주어를 라틴문자로 전사하는 방법을 고안한 이른 바 묄렌도르프 표기법을 창안하였다.

중화민국이 세워지면서 동화정책에 의해 만주족은 자신의 고유의 성과 이름을 버리고 한자 이름을 사용하고 있다. 예를 들어 아이신쥐러(愛新覺羅)성을 가진 황족은 모두 진(金)씨로 바꾸었다. 아이신쥐러가 본래 황금을 의미하므로 진씨가 된 것이다.

만주족 대부분이 동화되어 만주어도 사라지고 있지만 중국 신장(新疆)위구르 자치구의 끝자락인 이리(伊犁)강 남쪽의 차부차얼(察布査爾) 시버(錫伯) 자치현에는 만주어가 화석처럼 남아 있다. 금년이 자치현 설립 62주년이 된다.

중국 최대의 영토를 정복한 건륭황제 연간인 1764년에 청의 조정은 새로운 정복지 신장(新疆 New Territory)의 토착인 위구르 족의 반란을 막기 위해 대흥안령 산록에서 사냥과 목축을 하던 용맹한 시버(錫伯) 팔기군을 가족과 함께 이주(西遷)시켰다. 18개월이 걸린 민족 대이동이었다.

시버 팔기군은 척박한 중앙아시아에 이주되었으나 항상 푸른 산림이 무성한 동북지방의 고향으로 돌아 갈 것을 염원하면서 살아 왔다고 한다. 오늘날 중국의 영토로 신장이 남아 있었던 것도 용맹한 시버 팔기군 수비대가 그 땅을 지켜 주었기에 가능했는지 모른다.

19세기 초 영국의 탐험대에 의해 발견되어 서양 언어학자들의 주목을 받고 있는 시버 팔기군 후예 3만 여 명이 아직도 고향에 돌아가지 못하고 목화재배를 생업으로 살고 있다. 그들의 일부는 250여 년 전 이주 당시의 옛 만주어를 사용하고 있지만 젊은 세대들의 무관심으로 언제 사라질지 모른다.

만주어는 사라지고 있는 반면에 만주어 지명은 과거 만주족(여진족)이 거주했던 중국의 동북지방과 함경도에 아직도 남아 있다. 하얼빈(哈爾濱 어망을 말리는 곳), 하이란강의 하이란(海蘭 느릅나무), 지린(吉林 강변), 쑹화강의 쑹화(松花 은색) 등이 만주어 지명이다.

함경도의 탄광으로 악명이 높은 아오지(阿吳地)는 '불타는 돌' 온천으로 유명한 주을(朱乙)은 '뜨거운 물' 두만강의 두만(豆滿)은 '만개의 지류'라는 의미의 만주어 지명이다.

오호츠크 해의 러시아 섬 사할린도 만주어다. '검다'는 의미의 사할린은 본래 흑하(黑河 사할린 울라)였다. 중국은 헤이룽장(黑龍江) 러시아는 아무르 강이라고 부르는 전장 4000km로 세계 8위의 강이다. 흑하의 지류인 백두산 천지에서 발원된 강의 모습은 검은 색이 아니고 은색이라 하여 쑹화강(銀河)의 이름이 나왔다고 한다. 사할린의 지명은 만주족이 부른 흑하의 하구에서 보이는 섬 즉 '사할린 울라 앙가 하다'의 긴 이름에서 다른 말은 없어지고 '사할린'만 남았다고 한다.

이우환(Lee Ufan)의 주향천리(酒香千里)

외교관이 되면서 와인을 접할 기회가 많았다. 최고의 사교수단인 와인은 각종 외교 행사에 빠지지 않는다. 각국의 동료 외교관을 집으로 초대하는 홈 파티에도 와인이 빠지지 않았다. 초대를 받아 갈 때도 좋아하는 와인 한 병을 들고 가는 것이 관례가 되었다.

다른 나라의 외교관들과 와인 잔을 앞에 두고 국제 정세에 대해 토론하는 경우도 많았다. 심포지엄이라는 말이 '함께 와인을 마신다'라는 옛 그리스의 심포시온(酒宴)에서 유래되었다는 것을 그 때 알았다.

와인을 이야기 하면 프랑스 와인을 말하지 않을 수 없다. 흑해와 카스피아 해가 있는 소아시아가 원산인 와인은 기독교와 함께 로마에 전래되어 '신의 물방울'로 로마인들의 사랑을 받았다고 한다. 이탈리아에서 생산된 로마 와인의 가격이 뛰자 로마인들은 식민지 프랑스에 포도원을 만들면서 프랑스 와인이 널리 보급되었다.

유명한 프랑스 와인 산지 보르도(Bordeaux)는 프랑스 남서부의 강이 많은 퇴적 지형으로 일사광선이 풍부하여 포도 재배의 최적의 자연조건을 갖추고 있다. 과거 로마 해군의 기지였던 항구가 가까워 판매에도 유리한 곳이다. 보르도 와인은 약간 달콤하면서 감칠맛이 있어 대중적 인기가 높다.

프랑스 와인 생산지의 또 하나의 축인 부르고뉴(Burgogne)는 프랑스 동부의 론강 유역의 기후가 서늘한 지방으로 신맛이 나는 화이트(白) 와인이 비교적 많이 생산되고 있다. 나폴레옹 1세는 우수한 포도를 사용한 부르고뉴 와인을 특별히 좋아하였다고 한다. 지금도 세계에서 가장 비싼 와인인 로마네 콘티는 부르고뉴 와인이다.

보르도 와인 이름에 '샤토(Chateau 城)'가 들어가는 것이 일반적인데 반해 부르고뉴 와인에는 샤토가 보이지 않고 '도멘(포도원)'으로 표시된 것이 많다. 프랑스의 혁명이후 정부가 몰수한 포도원을 다시 불하할 때 보르도 포도원은 돈 많은 자본가에게 전체를 불하하고 부르고뉴에서는 소상인들에게 잘라 불하하였기 때문이라고 한다.

근세에 와서 프랑스 와인이 종주국인 이탈리아 와인보다 신뢰를 받는 것은 이탈리아가 수많은 도시국가로 이루어져 와인에 대한 통제가 제대로 이루어지지 않을 때 프랑스는 통일국가를 이루어 우열에 따라 여러 등급으로 구분하는 등 엄격한 정부 통제를 받았기 때문이라는 이야기도 있다.

언젠가 보르도 와인을 마시면서 보르도의 특1등급(Premier Grand Cru) 와인인 샤토 오 브리옹(Chateau Haut-Brion)의 '와인외교'와 샤토 무통 로쉴드(Chateau Mouton-Rothschild)의 에티켓을 통한 '예술경영'에 대한 이야기를 들었다.

나폴레옹 전쟁이 끝난 후 전쟁의 혼란을 수습하기 위해 오스트리아 빈에서 개최된 빈 회의(1814-1815)에서 패전국 프랑스를 대표한 당시 외무장관 탈레랑(Talleyrand 1754-1838)은 자신이 소유하고 있던 샤토 오 브리옹 와인을 제공하여 각국의 대표들이 오 브리

옹의 매력에 푹 빠지게 했다. 프랑스가 패전국이면서 유리한 조건으로 협상이 타결된 것은 오 브리옹을 통한 와인외교가 일조를 하였다고 한다.

샤토 무통 로쉴드의 에티켓에는 매년 유명 작가(아티스트)의 작품이 실린다. 와인에 붙이는 라벨을 프랑스에서는 에티켓이라고 부른다. 예절이나 태도가 불순한 사람을 흔히 에티켓이 없다고 한다. 예절의 에티켓과 와인의 에티켓은 같은 말이다.

에티켓은 본래 나무 기둥에 붙이는 표찰을 말한다. 지금도 베르사이유 궁전의 화원 입구에 붙은 표찰(에티켓)에는 들어가서는 안 될 사람의 행동을 나열해 두었다고 한다. 에티켓이 없다는 것은 에티켓에 나열된 행동을 하는 사람이라는 뜻이다.

1945년 이래 피카소, 샤갈, 달리, 미로 등 세계적인 작가들의 작품이 무통 로쉴드 와인의 에티켓에 들어 있다. 언젠가 우리나라작가의 작품이 올려 진 에티켓도 나올 것으로 기대했는데 지난 2013년 빈티지(포도수확연도) 에티켓으로 드디어 한국을 대표하는 미술 거장 이우환의 작품이 65번째로 선정되어 화제가 된 바 있다.

2008년 빈티지 에티켓으로 중국 작가 쉬 레이(Xu Lei)가 선정 된 후 동양인으로 두 번째가 아닌가하는 생각이 든다. 이를 기념하여 샤토 무통 로쉴드 와인 회사의 줄리앙 로쉴드 남작이 서울에 와서 이우환 화백을 만나고 2013년 빈티지 에티켓의 원화를 공개하기도 하였다.

그림 한 점 당 수십억 원을 호가하는 이우환 화백은 에티켓 그림 값으로 얼마나 받을까. '명예로운 거래'라는 이름으로 돈 대신 자신의 작품이 게재된 2013년 빈티지 와인 5케이스(60병)와 다른 빈티지 무통 로쉴드 와인 5케이스(60병)을 선물로 받는다고 한다. 에티켓에 그림을 그린 모든 작가들도 돈보다 명예에 의해 거래가 이루어졌다는 것이다. 하루라도 와인 없이는 식사를 할 수 없을 정도의 와인 애호가인 이우환 화백으로서는 늦었지만 오래된 꿈이 이루어진 것이다.

1936년생인 이우환 화백은 경남 함안 사람으로 특이한 이력을 가지고 있다. 그는 서울대 미대에 다니다가 1학년 중퇴하고 일본으로 건너갔다. 일본에서 그림 공부한 것이 아니고 동양 철학을 공부했다. 어릴 때 고향에서 유학자인 할아버지에게 배운 중국 고전을 더 공부한 것으로 보인다. 그는 동양 철학과 예술을 접속하여 점과 선의 독특한 예술 세계를 만들어 오늘 날 세계적으로 평가 받는 작품이 나온 것으로 생각된다.

주향천리(酒香千里)라는 말이 있다. 무통 와인이 매우 비싸 누구나 쉽게 맛 볼 수 있는 와인이 아니지만 이우환 화백의 에티켓이 붙은 샤토 무통 로쉴드 와인의 향기는 천리에 다다를 것으로 생각한다.

“레이디 고디바 이스탄불의 신부가 되다”

3세기경 로마 황제는 강한 군대를 보유하기 위해 입대하는 병사의 결혼을 금지하였다. 결혼 후 입대하게 되면 두고 온 처자식으로 군의 사기가 떨어진다는 이유에서다. 당시 이해심이 깊은 밸런타인 주교는 황제의 칙령을 어기고 몰래 병사들의 결혼을 주선하였다. 얼마 후 밸런타인 주교는 황제의 노여움을 사서 순교하게 된다. 그날이 2월 14일이다. 많은 젊은 남녀들이 밸런타인 주교를 추모하면서 이날을 기해 사랑하는 사람들끼리 카드나 꽃을 선물로 교환하는 풍습이 생겨났다.

언제부터인가 우리 주변에 밸런타인데이는 초콜릿을 선물하는 날이 되었다. 밸런타인데이(2.14)는 남성이 여성에게, ‘화이트데이’(3.14)에는 여성이 남성에게 초콜릿 선물하고 있다. 한국에서는 사랑하는 사람이 없어 밸런타인데이와 화이트데이에 초콜릿 선물을 주고받지 못한 싱글 남녀들이 4월14일 자장면으로 외로움을 달랜다하여 그날을 ‘블랙데이’라고 부른다고 한다. 밸런타인데이에 초콜릿이 선물로 사용된 것은 역사가 오래지 않다. 초콜릿은 본래 중남미 멕시코의 유카탄 지방이 원산지이다. 초콜릿은 영어식 발음이고 현지에서는 ‘시큼하고 쓴 음료’라는 의미의 ‘소콜라틀’로 부른다고 한다.

멕시코의 유카탄 지방에는 카카오나무가 많았고 그 나무의 열매인 카카오 빈(콩)을 현지인들은 약용으로 사용하였다. 초콜릿은 카카오 빈 즉 코코아를 재료로 가공한 식품이다. 카카오 빈을 갈아서 카카오 버터를 제거하면 핫 초코를 만드는 코코아 가루가 된다. 이탈리아의 항해가 크리스토퍼 콜럼버스(1451-1506)가 신대륙에서 가져 온 카카오 빈을 스페인 왕에게 선물하면서 초콜릿이 유럽에 처음으로 소개되었다. 유럽의 귀족들은 시큼하고 쓴 음료인 초콜릿에 설탕이나 꿀을 타 마셨다. 초콜릿 음료는 커피처럼 카페인이 들어 있어 머리를 맑게 하는 기호식품이다.

커피의 원산지는 동아프리카의 에티오피아이다. 중동의 예멘 상인에 의해 커피는 아랍 커피로서 서양에 소개된다. 유럽에 알려진 카페인이 포함된 양대 기호음료 초콜릿과 커피가 신대륙 아메리카와 아프리카에서 들어 온 셈이다. 초콜릿 음료는 유럽의 귀족들에 의해 애용되었고 커피는 비교적 서민 중심으로 유행되었다고 한다. 1800년대 중반에 들어오면서 스위스를 중심으로 유럽에서는 초콜릿 음료보다 버터, 우유와 함께 아몬드 헤이즐넛 같은 견과류를 넣은 지금과 같은 고형 초콜릿을 만들기 시작하였다.

최근 지인이 초콜릿을 보내왔다. 황금색의 예쁜 상자에 들어 있는 유명한 고디바(Godiva) 초콜릿이다. 고디바 초콜릿은 아름다운 여인이 누드로 말을 타고 있는 모습의 로고가 눈길을 끈다.

지금부터 90년 전인 1926년 벨기에의 왕실전용 초콜릿 제조업자가 실존 인물인 영국의 고디바 부인(Lady Godiva 1010-1067)의 이야기에 감동을 받아 자신이 만든 초콜릿에 고디바의 이름을 사용했다.

11세기 영국의 코번트리 지방을 통치하는 레오프릭(Leofric)이라는 영주가 살았다. 탐욕스러운 영주는 세금(소작료)을 너무 많이 부과하여 백성들로부터 원성을 사고 있었다.

이러한 이야기를 전해들은 영주의 젊고 아름다운 부인 레이디 고디바(일부에서는 '고다이바'로도 발음함)는 세금을 경감해 주도록 부탁하였다. 영주는 부인의 부탁을 거절하는 뜻으로 발가벗은 상태에서 말을 타고 시내를 한 바퀴 돌아올 수 있다면 소원대로 해주겠다고 약속 한다.

레이디 고디바는 고민 끝에 백성들을 위해 발가벗고 말위에 올랐다. 가느다란 여인의 몸을 가리는 것은 길게 자란 금발뿐이었다. 이 소식을 들은 코번트리 사람들은 레이디 고디바의 고마운 용기에 보답하고자 모두 외출을 않고 집안에서도 일체 밖을 내다보지 않도록 결의를 하였다.

고디바 부인이 발가벗은 몸으로 말을 타고 성문을 나서자 거리는 유령도시처럼 사람의 그림자도 보이지 않고 모든 창문은 커튼으로 가려져 있었다. 영주는 할 수 없이 약속대로 세금을 감면해 주었다는 이야기이다.

여기에 '피핑 톰(Peeping Tom 몰래 훔쳐보는 톰)'의 이야기가 이어진다. 그날 호기심 많은 톰이라는 청년이 닫혀 있는 창문의 커튼 사이로 지나가는 고디바 부인의 누드를 엿보았다. 그 후 톰은 저주를 받아 눈이 멀게 되었다고 한다.

고디바 부인의 아름다운 이야기를 부드럽고 달콤한 초콜릿 맛으로 표현한 고디바 초콜릿 회사는 몇 년 전부터 이스탄불에 근거를 둔 터키의 글로벌 식품회사에 인수되었다.

당시 신문에서는 '레이디 고디바 이스탄불의 신부가 되다(Lady Godiva becomes bride of Istanbul)'라면서 화제가 된 적이 있다. 고디바 초콜릿을 통하여 성 밸런타인과 레이디 고디바의 따뜻한 마음을 생각한다.

영화 '레버넌트' 와 '뉴 프랑스'

미국영화 '레버넌트'가 국내에 개봉되어 인기를 끌었다. 원작자가 직전 주중국 미국대사였던 맥스 보커스 (Max Baucus) 대사의 보좌관 이었다.

보커스 대사가 몬테나주의 민주당 상원의원 시절 보좌관으로 통상법 전문의 마이클 푼케(Michael Punke 1964-) 변호사를 채용했다. 그 후 푼케 보좌관은 보커스 상원의원의 추천으로 백악관의 국제무역담당 비서관으로 근무하였다가 지금은 미국통상대표부(USTR)의 부대표 겸 국제무역기구(WTO)의 미국 대사직을 역임하였다.

영화 '레버넌트'는 푼케 대사가 2002년 발간한 인기 소설 '레버넌트(The Revenant, A Novel of Revenge)'가 원작이다. '레버넌트'는 저승과도 같은 처절한데서 돌아온 망령이라는 의미이다. 푼케 대사가 그린 실존인물 휴 그라스(Hugh Glass)로 연기한 배우 레오나르드 디카프리오가 88회 아카데미 남우주연상을 받으면서 영화 '레버넌트'가 유명해졌다.

푼케 대사는 보커스 대사의 고향 몬태나의 이웃 와이오밍 주 출신으로 어릴 때 대자연을 벗하면서 자랐다. 그리고 고교시절 래러미요새(Laramie Fort) 역사공원의 인턴으로 근무하면서 서부 개척

시대에 인디언과 장엄한 대자연에 맞선 이름 없는 개척자들의 무용담을 듣기를 좋아하였다.

그의 소설 '레버넌트'는 1823년 여름, 서부 개척시대 전설의 인물 휴 그라스가 회색 곰의 습격을 받아 온 몸이 뜯겨나가는 만신창이가 된 상태로 모피 교역 일행(fur trade party)에서 버려졌다. 휴 그라스가 복수의 일념으로 죽음 직전에서 기적적으로 살아 돌아 온 이야기를 폰케 대사는 박진감과 수려한 문장을 통하여 베스트셀러로 성공시킨 것이다.

푼케 대사는 전업 소설가가 아니므로 근무와 병행하여 매일 3시간 씩 소설 쓰느라고 건강을 챙기지 못해 4번이나 폐렴에 걸린 적이 있다고 한다. 그는 학구열이 강하여 소설 레버넌트의 배경을 역사학자처럼 소상하게 밝혀 그의 소설을 통하여 미국의 서부개척사의 일면을 엿볼 수 있게 한다.

소설 레버넌트의 배경이 된 곳은 푼케 대사의 고향 와이오밍 주변의 로키산맥의 동쪽 능선이다. 로키산맥에서 흘러나오는 여러 갈래의 강은 원시림 아래로 실핏줄처럼 얽혀있다. 이러한 환경이 비버의 서식지가 되어 비버의 모피를 찾는 사냥꾼이 몰려왔다.

비버(河狸)는 유럽과 북아메리카에 사는 몸길이는 60-70cm, 꼬리 길이 30-40cm 정도의 땅다람쥐와 유사한 설치류의 일종이다. 하천이나 늪에 살면서 댐을 만들어 집을 짓는다.

당시 프랑스에서는 '코트 비버(coat beaver)'라 하여 겨울철 남녀 할 것 없이 상류층의 겉옷으로 사랑을 받아 왔다. 난방이 일반화되기 전에는 모피류 의류가 보온에 가장 좋았다.

부드럽고 인기가 있는 비버 모피를 찾아 캐나다 동부 뉴펀들랜드 섬에서 인디언과 교역하던 퀘벡의 프랑스의 비버 사냥꾼은 새로운 비버의 서식지를 찾아 나섰다.

프랑스의 모피 사냥꾼에 의해 미국 신대륙에는 프랑스 영토가 늘어났다. 러시아의 모피 사냥꾼이 검은담비(sable)를 찾아 동쪽으로, 동쪽으로 내려가다 보니 시베리아가 러시아 영토가 된 것과 마찬가지이다.

모피 사냥과 교역은 당시 프랑스 경제력의 근간이 되었다. '뉴 프랑스'라는 이름의 프랑스 영토는 북으로는 캐나다 인접 로키산맥의 동부에서 시작하여 남으로는 멕시코만으로 빠져 나갈 수 있는 루이지애나 지역을 연결하는 212만 km2 의 방대한 지역이었다.

신대륙 개척과 함께 서부로 뻗어 나가는 미국의 개척자들에게는 프랑스가 점유하고 있는 '뉴 프랑스'는 방해가 될 뿐이었다. 미국 정부는 '뉴 프랑스'를 통째로 사들이는 수밖에 없다고 판단하였다.

미국의 3대 대통령 토머스 제퍼슨은 의회의 승인을 얻어 구매 사절단을 프랑스 파리로 보내 나폴레옹 1세에게 매각을 권유하였다. 협상대표로 후에 미국의 제5대 대통령이 된 제임스 먼로는 미 의회 승인 한도액인 1500만 불에 흥정하였다.

나폴레옹 1세는 신대륙에서 '뉴 프랑스'의 건국을 꿈꾸고 이 지역을 지켜왔지만 유럽 전쟁에 소요되는 전비 충당을 위해 부득이 미국 대표단의 매각 요청을 수락하여 매매 계약서에 서명했다.

한반도의 10배나 되는 거대한 토지가 미국에 팔린 것이다. 미국 역사에서 '루이지애나 매입(Louisiana Purchase)'으로 기록된

이 방대한 지역의 매입 성공으로 미국은 서부 진출이 용이하여 오늘날 같은 세계 대국의 기틀이 마련된 것이다. 1803년도의 일이다. 미국 정부의 루이지애나 매입으로 몬태나 와이오밍지역이 미국 영토에 귀속되자 미국의 비버 모피 교역업자들이 들이 닥치기 시작했다. 물러가는 기존의 프랑스 사냥꾼과 미국 정부의 지원을 받아 새로이 진입하는 미국 사냥꾼과의 갈등도 만만치 않았다.

이러한 이야기를 근거로 푼케 대사가 소설로 만든 것이 '레버넌트'이다. 영화는 소설의 분위기를 그대로 화면에 옮겨 아카데미 촬영상에 손색이 없는 장엄한 미국의 대자연을 유감없이 보여주고 있다.

1872년 율리시스 그랜트 대통령은 미국의 국립공원 1호로 와이오밍 몬태나 등 이 지역의 일부를 국립공원으로 만들었다. 대자연의 보호조치였다. 옐로스톤 국립공원이다.

이 지역은 유황이 많아 바위가 누렇게 변한 것을 원주민 인디언들이 '노란 바위'로 불렀고 이것이 프랑스 사냥꾼에 이어 미국의 사냥꾼에 전해지면서 영어로 '옐로스톤(Yellow Stone 노란 바위)'이라는 이름을 얻는다.

소설 '레버넌트'의 배경도 로키 산맥을 수원으로 하는 옐로스톤 강, 그랜드 강 그리고 플랫강 등이 중심이 된다. 이 강들은 미주리 강이 되었다가 센트 루이스에서 미국이 젖줄 미시시피 강을 만나고 남으로 흘러간다.

'나비부인' 과 나가사키 짬뽕

최근 몇 년간 한일 관계가 안 좋다고 하지만 일본을 찾는 한국인이 꾸준히 늘고 있다. 2017년도 일본을 방문한 한국인이 710 만 명인데 한국을 방문한 일본인은 그 절반도 안 되는 230만에 그쳤다. 한일 양국의 인구를 고려하면 한국인의 일본 방문이 압도적으로 많은 셈이다.

주변에 일본 규슈에 다녀 온 사람이 부쩍 늘었다. 규슈의 무엇이 한국 사람들을 끌어당기는가. 나가사키를 다녀 온 어느 지인은 비싸지 않으면서 깔끔하고 맛있는 음식과 많은 볼거리에 만족한다고 하였다.

나가사키는 2차 대전 시 히로시마와 함께 원폭이 투하된 도시라 하지만 활기에 차 있고 특히 푸치니의 오페라에 나오는 '나비부인(蝶蝶夫人 Madama Butterfly)'이 살던 글로바 정원을 가 본 것이 인상적이었다고 한다.

오래 전 일본에 근무할 때 나가사키의 글로바 정원을 다녀 온 기억이 난다. 글로바 정원은 스코트랜드 출신의 무역상 토마스 글로바(Thomas Glover 1838-1911)의 저택이다. 글로바는 1859년 나가사키가 조약항(treaty port)으로 개항되면서 이곳에 자리 잡아 일본의 비단 수입부터 총기류 판매까지 무엇이든지 거래하였다.

언젠가 일본 친구로부터 일본이 근대화를 이룬 메이지(明治)유신의 성공은 글로바 무역상이 나가사키에 들어왔기 때문이라는 이야기를 들었다.

260 여 년간 일본을 지배해 온 에도막부(江戶幕府)를 무너뜨리고 왕정(메이지 천황)을 복고시킨 것은 서(西)일본의 젊은 지사들이 막강한 도쿠가와(德川) 막부군에 대항 무력으로 싸워 이겼기에 가능하였다. 중과부적(衆寡不敵)인 젊은 지사들에게는 글로바 무역상으로부터 비밀리 구입한 신무기가 결정적인 역할을 한 것이다.

1860년대의 미국은 남북전쟁 중이었다. 미국의 무기제조업체들은 남북전쟁이 오래 갈 줄로 예상하고 많은 신무기를 만들어 두었다. 장전된 총알을 연발로 쏠 수 있는 윈체스타 연발총이 당시의 신무기였다.

생각보다 빨리 남북전쟁이 종결되자 무기상들은 넘치는 재고 처리를 위해 동아시아를 기웃거리고 있었다. 일본의 내전이 그들을 기다리고 있었던 셈이다. 글로바 저택에 가보면 무기구입 협상의 현장을 마네킹으로 보존해 놓아 당시를 상황을 느낄 수 있다.

일본의 근대화에 도움을 준 글로바는 죽고 그의 일본 부인과 사이의 혼혈 아들 글로바 도미사부로(倉場富三郎)가 글로바 무역회사를 이어받았다.

근대화의 우등생인 일본이 군국주의로 변신 한반도와 중국대륙을 침략하자 영미(英美)와 전쟁이 불가피 하였다. 군국 일본에게는 영국계의 글로바 회사가 눈의 가시였다. 특히 나가사키 항을 굽어보는 글로바 저택이 문제였다. 당시 일본은 나가사키 조선소에서 비밀리에 전함 무사시노(武藏)를 건조하고 있었다.

일본정부는 전함 건조의 비밀을 유지하기 위해 글로바의 아들 도미사부로를 스파이 명목을 걸어 그의 저택에서 쫓아냈다. 그 후 도미사부로는 일본의 압력에 굴복하여 연합군을 배신하고 적극적인 친일로 돌아섰다. 일본의 패전은 글로바 도미사부로를 전범으로 처리될지 모른다는 소문이 돌았다.

어느 날 도미사부로가 죽은 시체로 발견되었다. 체포될지 모른다는 두려움에 목메어 자살을 하였다고 한다. 도미사부로는 나가사키 외국인 묘지의 아버지 토마스 옆에 묻혔다.

'나비부인'은 원작자인 미국인 존 롱(John Long)이 나가사키에 간 적이 없고 나가사키에 사는 누나를 통해 들은 이야기를 소설화한 것이라고 한다. 1904년 이 소설을 오페라로 무대에 올린 푸치니 역시 나가사키에 간적은 없다.

그러나 나가사키에서 가장 전망 좋은 글로바 저택에 나비부인이 미국의 해군장교 핑커튼과 신혼 생활을 한 곳으로 상상되어 글로바 저택을 나비부인의 집으로 알려져 있는 것으로 보인다.

임기가 끝난 핑커톤이 미국으로 돌아 가 새로이 결혼하는 등 나비부인도 결국 핑커튼에게 배신을 당한다. 핑커튼에게 크게 실망한 나비부인은 유일한 자식을 남겨 두고 자살로 끝을 맺는다.

높은 언덕위의 글로바 저택은 나가사키의 원폭의 피해를 덜 입었다고 한다. 나가사키는 1945년 8월 9일 히로시마에 이어 두 번째로 원자폭탄이 떨어져 7만 명 이상의 생명이 희생된 곳이다. 사실 나가사키는 원폭 투하의 일차 대상 지역이 아니었다.

8월 6일 히로시마에 '리틀보이(Little Boy)'를 투하한 미국은 8월 9일 '팻맨(Fat Man)'이라는 원폭을 실은 B29 폭격기를 야하타(八幡) 제철소를 중심으로 하는 고쿠라(小倉) 등 북(北)규슈의 공업지대에 보냈다.

B29 폭격기는 상공에 잔뜩 낀 구름으로 시야가 확보되지 않아 원폭 투하를 포기하고 오키나와로 돌아가는 길목에 있는 나가사키에 원폭을 투하하였다는 것이다. 일기가 운명을 바꾼 순간이었다.

나가사키에는 과거 포르투갈 선교사, 네들란드의 상관이 있어 카스텔라, 덴뿌라가 여기서 발상되는 등 서양과 깊은 관계가 있는 도시로 알려져 있지만 중국과도 인연이 깊다.

일본 사람들이 좋아하는 우동 요깡(羊羹) 만주(饅頭) 등 중국의 고유 음식이 불교 전래와 함께 중국(宋)의 스님을 통해 들어 왔다고 한다. 1570년 경 나가사키항의 전체 인구가 3만 정도였을 때 중국인이 1만 명이었다고 하니 나가사키는 일본 속의 중국 도시였다.

나가사키에는 서양식 성당과 함께 중국식 절, 그리고 중국인이 타국에 세운 유일한 공자를 모신 사당 공자묘(孔子廟)도 있다. 또한 나가사키 신치(新地)의 주카가이(中華街)는 일본 3대 차이나 타운의 하나이다.

유명한 나가사키 짬뽕이며 중국식으로 라운드 테이블에 둘러 앉아 식사하는 싯포쿠요리도 중국에서 온 것이다. 사각으로 자른 돼지고기를 부드러운 빵 속에 끼워 먹는 일본식 '돈포로우(東坡肉)'는 싯포쿠 요리에 빠지지 않는다.

나가사키와 중국(清)과의 관계에서 종종 나가사키 '청국수병사건'이 거론된다. 1886년 7월 청조(淸朝)는 딩위안젠(定遠艦) 등 4척의 최신식 북양함대를 한반도 원산에 출동시켜 러시아 세력의 남하를 견제하였다. 북양함대는 귀로에 연료보급을 위해 나가사키에 기항하였다.

이 대 북양함대의 선원 500 여명이 허가 없이 나가사키에 상륙하여 술을 마시고 행패를 부린 사건이 발생했다. 당시 아시아 최강의 해군력을 자랑하는 북양함대의 수병들은 후진국 일본을 업신여겨 사고가 발생한 것으로 보고 있다. 일본을 모욕한 청국수병사건이 몇 년 후 청일전쟁에서 일본이 청국에게 승리한 동력으로 보는 견해도 있다.

아웅산 장군과 '아리비아의 로렌스'

미얀마의 총선거에서 군부의 지원을 받는 통합단결발전당(USDP)에게 승리한 민주주의민족동맹(NLD)의 총재 아웅산 수지가 이끄는 문민정부가 정권을 잡았다. 아웅산 수지(1945-)는 대통령 직을 자신의 심복 틴초(1946-)에게 맡기고 자신은 외상 교육상 등 4개의 장관을 겸직하고 신설된 국가고문에 취임하였다.

1962년 네윈(1911-2002) 장군의 군사쿠데타 이후 반세기 이상 미얀마를 통치한 군사정권은 국민적 지지를 받고 있는 아웅산 수지가 대통령이 될지도 모른다는 우려에 헌법을 아예 바꾸어 버렸다. 외국적의 가족이 있는 인물은 대통령이 될 수 없다는 조항이다.

수지 여사는 이미 영국인과 결혼하여 두 아들을 두고 있다. 옥스퍼드대학 교수였던 남편 마이클 아리스는 1999년 사망하였고 두 아들은 모두 아버지의 국적을 가지고 있다.

새 헌법에는 총선에 이겼다고 새 대통령이 모든 각료의 임명권을 행사할 수 없다. 국방 내무(경찰) 등 치안관계의 주요 장관은 군사령관이 직접 임명하고 국회 전체의석의 25%를 군부에 할당하여 개헌을 거부할 수 있는 규정도 신설했다.

아웅산 수지 여사는 당분간 군과 2인3각(二人三脚)의 정권을 꾸려나갈 수밖에 없다. 미얀마에 봄(민주화)이 왔다고 하지만 꽃샘추위(군의 개입)가 기다리고 있다.

막강한 미얀마 군부는 사실 아웅산 수지 여사의 아버지 아웅산(1915-1947) 장군이 만들었다. 건국의 아버지라고도 불리는 국부(國父) 아웅산 장군의 영웅적 행동으로 오늘날의 미얀마가 있다.

아웅산 사건은 한국 대통령이 버마(미얀마의 옛 이름)를 방문한 1983년 10월9일, 북한에 의한 '랑군(양곤의 옛 이름) 아웅산 묘역의 폭탄테러 사건'이다. 버마를 방문하는 외국원수가 의전상 참배하는 국부 아웅산 장군의 묘소에서였다. 대통령의 도착 이전에 폭탄이 터져 대통령은 안전했지만 미리 도착해 있던 수많은 각료가 목숨을 잃거나 크게 다쳤다.

아웅산 장군은 랑군대학에 다니면서 2차 세계대전으로 영국의 힘이 옛날 같지 않음을 알고, 버마가 1886년 영국의 식민지가 된 이래 독립을 쟁취할 수 있는 절호의 찬스로 생각했다.

아웅산은 랑군대학 학생회회장으로 학우들을 끌어 모아 반영(反英) 독립운동을 시작하였다. 그러나 학생들의 투쟁은 영국 관헌의 추적을 받게 되고 독립을 바라는 학생들은 뿔뿔이 몸을 숨겨야 했다.

아웅산은 국외로 탈출하여 중국의 샤먼(廈門 아모이)에 몸을 숨기고 있었다. 이 때 독립을 원하는 학생들에게 새로운 소식이 전해졌다. 일본이 버마의 독립운동을 지원한다는 것이다.

당시 일본은 중일전쟁 중으로 국민당의 장제스(蔣介石)를 중칭(重慶)에 고립시키고 융단 폭격으로 장제스의 항복을 기다리고 있었다. 그러나 영미 연합군은 '버마루트'를 만들어 장제스의 항일전쟁을 지원하였다.

버마루트는 랑군에서 시작하여 중국 윈난성(雲南省)의 쿤밍(昆明)에 이르는 육로 수송로로 연합군은 이 루트를 이용 군수품과 생활 일용품 등 물자를 보내고 있었다.

일본은 버마루트를 차단하기 위해 버마의 무장 독립군을 만들어 게릴라전을 펼칠 필요가 있었다. 1차 세계대전 당시 독립을 원하는 아랍의 지도자들을 모아 오스만 터키군을 습격하는 영국 정보당국의 게릴라 전략을 참고하였는지 모른다. '아라비아의 로렌스'라고 불리는 영국의 정보장교 로렌스(T.E. Lawrence) 소령의 활약상이 일본 육군성에서도 알려져 있었던 것 같다.

일본 육군성은 정보장교 스즈키 케이지(鈴木敬司 1897-1967) 대령을 '버마의 로렌스'로 만들기로 하였다. 스즈키 대령은 1940년 6월 샤먼에 피신 중인 아웅산을 포섭 일본으로 데려 가 훈련을 시키고 1941년 2월에는 방콕에 남기관(南機關)이라는 특수정보기관을 설치하였다.

독립심이 강한 젊은 학생들을 반영독립의 명분으로 일본이 점령 중인 중국의 하이난도(海南島) 타이완(臺灣) 등에서 군사훈련을 시켰다. 후에 '30인 동지(Thirty Comrades)'로 불리는 반영 학생들이 강력한 군사훈련을 받고 버마로 돌아와 무장 항쟁을 이끌었다.

피터 오툴이 열연하고 데이비드 린이 감독한 영화 '아라비아 로렌스(Lawrence of Arabia)'에서 감동적으로 보았던 영국의 정보장교 로렌스 소령은 1918년 여름 아랍 독립군 지휘자 파이잘 왕자와 함께 터키군의 주요 거점 도시인 다마스커스 공략에 성공하였다.

'버마의 로렌스'로 불리던 스즈키 대령도 아웅산 등 '30인의 동지'

를 주축으로 하는 버마 독립군과 함께 1942년 3월 영국군으로부터 랑군을 탈환하였다.

스즈키 대령은 임무를 완수하자 1942년 6월 도쿄로 전임되고 그 후 소장까지 진급 1945년 2월 퇴역한다. 전쟁이 끝나자 영국군은 스즈키 소장을 BC급 전범으로 체포하여 랑군으로 연행하였다. 아웅산 장군 등 '30인 동지'들은 스즈키 소장의 체포에 강력히 항의하여 스즈키 전범은 석방되었다. 1981년 버마 정부는 스즈키 소장에게 국가최고훈장을 수여, '버마의 로렌스'로 공식 인정하였다.

1942년 7월 아웅산 장군은 일본의 도움으로 영국군을 버마에서 완전히 축출하고 독립을 쟁취하는 듯 했다. 1944년 인도침공을 앞두고 인도와의 국경근처의 임팔전투에서 패배한 일본은 버마의 독립보다 전쟁물자 조달에 혈안이 되어 있었다. 아웅산 장군은 일본의 독립 지원은 거짓이고 그들이 생각하는 독립은 일본의 괴뢰정권에 불과함을 깨달았다.

아웅산 장군은 이번에는 영국의 협력을 얻어 '반파시트인민자유연맹'을 만들어 일본군에게 처음으로 무력으로 대항하였다. 1945년 3월 27일로 이날은 버마 국군의 날이다.

1945년 6월 아웅산 장군은 영국군의 지원으로 랑군을 회복하고 대일 승리를 선언하였다. 일본군이 철수하면서 독립의 기쁨에 넘쳤던 버마를 돌연 영국군이 장악한다. 영국은 버마의 독립을 인정하고 싶지 않았던 것이다.

종전 후 아웅산은 루이스 마운트배튼 버마 지역 연합군 사령관과 애틀리 수상을 만나는 등 버마의 독립을 위해 런던의 지도부를 움직여 독립의 약속을 받아냈다.

1947년 4월 총선에서 승리한 아웅산은 내각을 구성 독립 준비에 몰두하고 있는 어느 날 괴한들이 회의실에 침범 아웅산 등 각료들을 살해하였다. 1947년 7월 아웅산 장군의 나이 32세 때였다. 버마의 독립을 원하지 않은 영국정부의 음모라는 설이 흘러 나왔다. 아웅산 장군은 죽었지만 다음해 1948년 1월 그의 동료 우누를 수상으로 하는 버마는 독립을 선언하였다.

1962년 네윈 장군은 혼란에 빠진 우누 문민정부를 전복하는 군사 쿠데타를 감행한다. 네윈 장군도 '30인 동지'의 일원으로 아웅산 장군의 부하였다.

1988년 8월 8일 아웅산 수지를 중심으로 이른바 '8888 항쟁'이 일어나 네윈 장군의 장기 군사독재에 항의한다. 군사정권은 마지못해 직접 선거를 허용하게 되고 1990년의 선거에서 아웅산 수지가 이끄는 야당이 압승을 하지만 군사정권은 선거를 무효화시키고 아웅산 수지는 가택연금 된다.

2010년 군사정권은 민정이양과 함께 군부를 중심으로 새로운 여당(USDP)을 결성하고 관제 야당도 만들었다. 그리고 나라 이름을 미얀마로 바꾸었다.

국명 '버마'가 버마민족에 대한 구어적(口語的) 호칭인 반면, '미얀마'는 문어적(文語的)호칭에 불과하지만 군사정권은 영국 제국주의 잔재인 '버마'를 지우기 위한 조치라고 주장하였다. 옛 수도 '랑군'도 국호 변경과 함께 '양곤'으로 바꾸었다.

군사정권의 정당성을 인정하지 않는 반체제 인사나 서방세계에서는 군사독재의 냄새가 짙은 미얀마 대신 오히려 버마라고 부르고 있다. 아웅산 수지 여사의 민주화가 완성되면 다시 국명이 버마로 되돌아갈지도 모른다는 견해도 있다.

미얀마의 실권자가 된 아웅산 수지 여사 앞에는 많은 과제가 놓여 있다. 반세기가 넘게 미얀마를 지배해 온 기득권을 지키려는 군부와의 타협이 무엇보다도 급선무이다.

대외적으로는 대형 댐건설 등 미얀마 북부에 적극적 투자로 안다만해(Andaman Sea)로 나오려는 중국과 경제 시찰단을 앞세워 '아시아 최후의 프런티어' 미얀마에 진출하려는 일본이 충돌할 수 있는 상황을 잘 조정해야 한다.

국민소득 1200 불로 아시아의 후진국 미얀마가 경제성장을 이루면서 평화와 안정 그리고 인권이 지켜지는 민주국가 건설이 가능할 것인가. 아웅산 수지 여사의 민주개혁에 세계인의 기대가 모아지고 있다.

트럼프 대통령과 "You' re fired!"

많은 사람들의 예상을 뒤엎고 트럼프 후보가 대통령이 된지 2년이 되어간다. 미국의 리얼리티 쇼프로그램인 '아프렌티스'를 좋아했던 시청자들은 트럼프의 당선을 예상했는지 모른다.

2016년 6월 "미국을 다시 한 번 위대하게! (Make America Great Again!)" 대선 캠프 구호로 미국 대선에 뛰어 든 부동산 재벌 도날드 트럼프(1946-)는 무슬림 입국전면금지, 멕시코와의 국경 잠정 폐쇄 등으로 저학력 백인 노동계층을 중심으로 하는 보수주의적 유권자의 환호를 받았다.

대외 무역에서도 보호무역 강화를 주장하여 오바마 정권이 주도하고 있는 환태평양동반자협정(TPP)와 자유무역협정(FTA)의 재협상 또는 폐기를 선언하고 중국과 일본에 대한 보복관세로 일자리(jobs)와 돈(money)을 찾아와야 한다는 등 구체성이 없는 궤변으로 인기를 끌었다.

당시 트럼프 후보는 정치적 아웃사이더라는 평판처럼 정치가(statesman)라기 보다 쇼맨(showman)에 가까웠다. 미국의 외교 전략에 대해서도 정면에서 부정하여 미국뿐만이 아니라 동맹국을 불편하게 하고 미국의 가장 중요한 무역 상대국인 중국을 곤혹스럽게 하고 있었다.

자화자찬과 기고만장의 트럼프 후보도 위스콘신 프라이머리(예비경선)를 전환점(turning point)으로 상승세가 꺾여 이제 트럼프는 끝났다는 이야기가 돌았다.

트럼프 대세론이 위스콘신(Wisconsin) 경선에서 패하면서 위스콘신의 의미를 다시 찾는 사람도 있었다. 위스콘신은 '위스콘신(Meskousin의 와전) 강'의 강바닥과 주변이 붉은 바위(reddish sandstone *赤砂岩*)로 이루어져 현지 인디언 말로 '붉은 땅'에서 유래되었다고 한다. 트럼프 후보는 '붉은 땅(위스콘신)'에서 '빨간등'을 만난 셈이다.

결국 어려움을 극복하고 대통령이 된 트럼프 대통령은 뉴욕 퀸즈에서 부동산 개발로 거대한 부(富)를 형성한 아버지 프레드 트럼프의 넷째 아들로 부동산 호텔 리조트 카지노 연예 등 다양 한 분야에서 성공한 사업가이다.

자기 현시욕이 강해 독특한 헤어스타일(髮型)을 고집하고 각종 메디아에 노출도 즐긴다. 자신의 부동산의 이름에 모두 트럼프를 상표로 하고 있으며 서울에도 트럼프 타워가 진출되어 있다.

트럼프 대통령을 보면 그가 호스트(사회자)로 나온 미국의 리얼리티 게임 쇼 '아프렌티스(The apprentice 후보자)'가 연상된다.

마크 바네트라는 걸출한 TV 프로듀서가 혜성처럼 나타나 2000년도에 '서바이버(Survivor)'라는 리얼리티 쇼를 만들어 선풍적인 인기를 끌었고 이러한 대세에 힘입어 2004년부터는 트럼프와 함께 시작한 '아프렌티스'가 미국 NBC(전미방송회사)를 통해 방영되어 역시 대단한 이기를 끌었다.

트럼프는 이러한 활약으로 할리우드 명예의 거리(Hollywood Walk of Fame)의 스타가 되었고 공화당의 대통령 후보로 나서는 데 동력이 되었다.

리얼리티 쇼에서는 '끝장 면접(ultimate job interview)'로 불리어진 CEO (최고 경영자) 면접에서 후보자(아프렌티스) 중 최종 통과된 자가 트럼프가 경영하는 계열사중 하나를 실제로 맡는다. 연봉 25만 불에 계약기간은 1년 이다.

TV를 보면 대개 17명 전후의 남녀 응모자를 합숙을 시키고 개인별 또는 그룹별로 경영 과제를 주어 단계별로 해결하도록 유도하면서 실제 상황의 모든 것을 보여주었다.

한 회의 방송이 끝날 때 쯤 후보자 전부를 뉴욕 맨하탄의 트럼프 타워 중역회의실에 모아 놓고 그 동안의 업무를 평가 한 후 후보자 중 한사람을 실격자로 해고한다. 회 차를 거듭할수록 많은 응모자가 탈락(fired)된다. 마지막 회에 남은 최후 1인이 게임의 우승자가 되고 약속대로 CEO로 발탁된다.

프로그램의 압권은 트럼프가 모든 후보자들이 모인 가운데 실격자에게 "You're fired!"라고 하면서 해고를 선언할 때이다. 트럼프의 냉소적인 이 말이 한동안 유행어가 되어 트럼프의 '트레이드마크'가 되었다.

불의 나라(火國) 구마모토

일본 규슈(九州)의 구마모토(熊本)에서 일차 강진이 발생하고 얼마 후 규모 7.3의 본진(本震)이 들이 닥쳤다. 첫 지진 후 무너진 집으로 돌아가서 집안을 정리하던 사람들이 많이 희생되었다고 한다.

수년 전 구마모토에 다녀 온 적이 있다. 규슈의 대표적인 도시 구마모토 시를 둘러 싼 구마모토 현은 동쪽으로 아소산(阿蘇山 해발 1592m) 등 지대가 높으나 서쪽은 동중국해를 바라보는 아리아케 해(有明海)와 야쓰시로 해(八代海)로 연결되는 비옥한 지역이었다.

구마모토에는 지방교육이 발달하여 패전 전에는 구마모토 제5고가 특히 유명하였다고 한다. 일본 메이지(明治)시대의 대문호 나츠메 소세키(夏目漱石)가 이 학교에서 영어선생을 하였다.

구마모토 제5고 출신으로 이케다 하야토(池田勇人)와 아베 총리의 작은 할아버지 사토 에이사쿠(佐藤榮作) 총리가 자주 거론된다. 두 사람은 출신 중학교는 다르나 같은 하숙방을 쓰면서 나란히 구마모토 제5고에 합격한 동급생 관계이다. 페루의 후지모리 대통령도 구마모토 출신이다.

구마모토하면 검술을 좋아하는 사람은 미야모토 무사시(宮本武藏)를 떠 올린다. 한 번도 패한 적이 없는 일본의 전설적인 검객이다. 그는 구마모토의 새로운 다이묘 호소가와 다다토시(細川忠利)

의 초빙으로 5년간(1640-45) 이곳 긴보산(金峰山) 레이간도(靈嚴洞)에 칩거하면서 병법서 고린서(伍輪書)를 완성하는 등 무사로서의 마지막 인생을 정리했다.

당시 일본 지인의 안내로 이번에 피해가 큰 구마모토 성(城)을 둘러보았다. 지인은 어떤 지진에도 문제없을 정도로 잘 지은 성이라고 설명했다. 일본 전국(戰國)시대 성을 잘 짓기로 유명한 카토 기요마사(加藤清正 1562-1611)가 조선 침략전쟁의 경험을 살려 특별한 방어 설계로 정교하게 지은 난공불락의 성이라고 했다.

정유재란 이후 1597년 울산성(지금의 학성공원)이 권율(權慄) 양호(楊鎬) 등이 이끄는 조명(朝明) 연합군에 포위되었다. 가토 기요마사는 자신이 지은 울산성에서 농성하다가 죽을 고비를 몇 번이나 넘겨 일본으로 도망친다. 만 오천 명의 일본군 대부분은 전사하고 불과 수 백 명이 울산성에 불을 지르고 목숨만 부지한 채 달아났다.

지금의 구마모토 성은 1607년 가토 기요마사가 일본 제일의 성을 축조하겠다는 일념으로 울산성 축성을 참고하여 조선에서 납치해 온 장인들과 함께 지은 성이라고 한다.

포위된 일본군은 우물이 없는 울산성에서 말을 죽여 그 피로 갈증을 달래고 그 고기로 허기를 채웠다고 한다. 가토 기요마사는 그 쓰라린 경험을 살려 구마모토 성은 성곽의 견고함뿐만이 아니라 성안에 우물을 120개나 파고 실내 다다미(疊)도 유사시 식용 가능한 고구마 줄기로 만들어 군량이 되도록 하였다고 한다.

이번 지진 피해로 수리 보수를 하는데 10년 이상 걸릴 것으로 예상한다고 하니 당분간 가토 기요마사의 구마모토 판 울산성을 볼 수 없는 것이 유감이다.

지금도 구마모토에 울산마치(蔚山町)가 남아 있는 것은 강제로 끌려 온 축성의 조선 장인들이 살던 곳이라고 설명한다. 울산광역시가 구마모토 시와 자매도시라는 이야기를 듣고 놀랐다. 두 도시가 시대를 극복하여 과거의 앙숙관계를 미래지향적 우호 협력의 관계로 승화시킨 흔치 않은 예로 보였다.

가토 기요마사의 구마모토와의 인연은 축성으로부터 20년 전으로 더 거슬러 올라간다. 가토는 일본 난세의 영웅 도요토미 히데요시(豊臣秀吉)와 먼 이종 간으로 두 사람 모두 일본 중부 나고야(名古屋)의 나카무라(中村)에서 태어났다.

도요토미 히데요시가 임진왜란 직전에 규슈 가라쓰에 전쟁 지휘부로 축성한 성의 이름을 나고야(名護屋)로 부른 것도 자신의 고향 나고야를 연상하기 위해서라고 한다.

가토 기요마사는 자신의 라이벌 고니시 유키나가(小西行長)와 함께 히데요시의 규슈정벌에 참가하여 전공을 함께 세워 그 포상으로 구마모토 지역의 북쪽과 남쪽을 나누어 맡는다. 구마모토는 1588년 가토 기요마사가 처음으로 다이묘(大名 영주)로 머리를 올린 곳이다.

가토 기요마사가 이곳의 다이묘가 되었을 때 성 이름은 구마모토(隈本)였다. 구마에는 '두려워한다'는 외(畏)자가 들어가 있다. 그는 지명이 무장(武將)에게 어울리지 않는다고 생각하여 같은 발음의 다른 글자(熊 곰)로 바꾸어 구마모토(熊本)가 되게 하였다고 한다.

구마모토의 구마(熊)가 백제의 웅진(熊津)과 관계를 연결하는 사람도 있으나 사실이 아닌 것 같다.

카토 기요마사는 임진왜란 때 고니시 유키나가과 함께 선봉장으로 활약 함경도에서 임해군 순화군 등 선조대왕의 두 왕자를 생포하는 등 우리에게는 악명 높은 장수이다.

도요토미 히데요시 사후 조선에서 퇴각한 가토는 도쿠가와 이에야스의 서군에 가담 동서(東西)내전에서 승리하여 패배한 고니시의 영지도 몰수하여 54만석의 강력한 다이묘가 된다. 그러나 그가 죽은 후 아들 대에 가서 막부에 대한 불충으로 영지 모두를 빼앗긴다. 가토 가문이 구마모토에 터를 잡은 지 불과 44년만이다.

인근 고쿠라(小倉)의 작은 다이묘였던 호소카와 다다토시가 가토 가문을 이어 전봉되면서 호소카와 가문이 메이지 유신까지 260년간 지배하였다. 일본 총리였던 호소카와 모리히로(細川護熙)가 이 가문의 직계로 그는 총리가 되기 전에 구마모토 현의 지사를 역임했다.

당시 지인의 설명에 의하면 구마모토 지역은 과거 일본에서는 불의 나라 히국(火國)이라고 불렀다고 한다. 불의 나라라고 부른 것은 세계 최대의 칼데라(가마솥 모양의 대형 화구) 화산인 아소산이 있기 때문이다. 아소산은 항상 연기가 나오고 있어 언제 분화되어도 이상하지 않은 활화산이다.

사람들은 불(火)의 글자가 보기에 불편하여서인지 같은 발음의 히(肥)로 바꾸어 히국(肥國)이라고 부른다고 하는데 이 지역이 아소산 분화 시 날라 온 화산재가 쌓여 비옥한 토지가 되었기 때문에 히(肥)를 선택했는지 모른다.

히국은 7세기 말부터 전후(前後)로 양분된다. 수도가 있는 교토를 바라보고 앞쪽이 히젠(肥前), 뒤쪽은 히고(肥後)로 부르는데 지금의

사가(佐賀)현이 히젠, 구마모토현은 히고에 해당된다.

지인과 함께 아소산을 찾았다. 지대가 완만하여 자동차로 오를 수 있었다. 연기가 모락모락 나는 분화구 주변에 한 두 사람이 몸을 피할 수 있을 정도의 콘크리트 방어벽이 준비되어 있었다. 화산 분화와 함께 언제 바위가 날라 올지 모르기 때문이라고 한다. 다행히 분화는 없었지만 한국에서는 경험할 수 없는 묘한 자연의 무서움을 느꼈다. 구마모토가 불의 나라라고 부르는 이유를 실감하였다.

일본에 살면서 좋은 온천이 많아 부러워했는데 온천이 그냥 주어지는 것이 아니라는 생각도 들었다. 일본 열도 지하에는 거대한 마그마가 끓고 있어 뜨거운 온천수를 내 주지만 언제 그 마그마가 분화되고 그 충격으로 지진이 발생 큰 재앙을 가져다줄지 모른다.

당시 TV로 보는 재난 현장은 비참하였다. 그러나 지진으로 구마모토 사람들은 더욱 강인해지고 자연이 주는 시련을 반드시 극복 재건할 힘을 느꼈다.

태극과 중국의 타이지(太極)

지난 정부부터 대한민국 정부의 상징이 바뀌었다. 무궁화 대신 태극을 사용한다. 지금까지는 나라의 꽃 무궁화를 정부의 상징으로 하였고 무궁화 속에 정부 부처의 첫 글자를 넣어 소속을 표시했다. 앞으로는 부처별로 사용해오던 무궁화 상징이 태극 하나로 통일 된다.

태극을 모티브로 삼은 이유는 대한민국 정부를 대표하고 미래 비전을 제시하는 데는 무궁화보다 태극이 적합하다는 의견이 많았다고 한다. 태극은 우리 민족의 오랜 역사 속에서 기쁠 때에도 슬플 때에도 국민들을 하나로 묶는 매개가 되었다고 설명한다.

중국에서 도관(道觀)으로 불리는 도교사원에 가 본 적이 있다. 중국 고유의 민간 신앙인 도교(道教)는 우주와 인생의 근원적 불멸의 진리인 도(道)의 가르침을 믿는 종교이다.

도관에는 검은 도포(道袍)를 입은 도사(道士)들이 있었고 건물 곳곳에는 태극(太極 중국어로 '타이지')과 8괘가 여기 저기 그려져 있었다. 만물을 음양(陰陽)으로 구분하고 우주를 태극과 8괘로 풀이한다고 들었다.

우리의 태극기를 보면 도교 사원에서 본 태극이 연상된다. 태극기가 도교사원의 '타이지(太極)'와 유사하여 한국을 찾아오는 유커(遊客)들도 태극기를 보고 도교 사원의 '타이지'를 연상할지 모른다.

중국 대사관에서 근무할 때의 일화가 생각난다. 한중(韓中)양국의 수교 직후 한국의 많은 고위층들이 베이징을 찾아왔다. 대사관은 관련 직원들로 하여금 그들을 안내하여 소기의 성과를 이루도록 도와준다. 언젠가 출장 온 사람들이 고위층이 체류할 숙소 건물 내 작은 연못을 보고 수군거리면서 놀래는 표정이었다.

중국은 전통적으로 손님을 중시하는 문화가 발달되어 있다고 듣긴 해도 우리 측 고위 인사를 위해 숙소 내 연못에 태극기 문양을 일부로 만들어 넣을 줄은 몰랐다고 감동한다. 무슨 일인지 하고 가까이 가보았더니 과연 연못의 밑바닥에 태극 문양의 장식이 있었다. 그런데 그것은 우리 태극기를 흉내 내어 만든 것이 아니고 중국 도교의 태극이었다.

아마도 건축 당시부터 만들어져 있었던 장식으로 보였다. 중국인이 좋아하는 태극 문양이 중국의 곳곳에 늘려 있는 것을 모르는 우리 출장자들은 연못의 태극을 보고 우리나라 태극기를 바로 연상한 것 같았다.

도교는 유교 불교와 함께 중국 3대 종교의 하나이다. 도교의 창시자로 노자(老子)를 이야기한다. 노자는 공자와 동시대 사람이다. 본명이 이이(李耳)인 노자는 이자(李子)라고 불리어야 하지만 '위대한(老) 선생님'의 뜻으로 이자보다 격이 높은 노자로 불리고 있다고 한다.

중국에서 북유남노(北儒南老)라는 말이 있다. 유교는 북중국 도교는 남중국에서 시작되었다는 말이다. 유교의 창시자 공자는 북쪽의 노(魯)나라 사람이지만 노자는 초(楚)나라 사람으로 기후가 따뜻하여 자연이 풍성한 남쪽에 살았다. 북쪽의 유교는 일신교적인 분위기인데 남쪽의 도교는 다신교적인 분위기를 풍긴다. 자연환경과도 관련이 있는지 모른다.

경복궁이며 종묘에 가면 건물 속에 붉고 푸른 태극 문양을 흔히 볼 수 있다. 때로는 삼태극이라 하여 세 갈래(巴)의 태극 문양도 있다. 우리 민족의 오랜 역사 속에서 익숙해진 태극과 중국의 태극과의 관계가 흥미롭다.

우리나라에서 발견된 가장 오래된 태극 문양은 삼국시대 특히 백제의 고분 등에서 많이 보인다. 전문가들은 우리나라에 태극이 들어온 것은 6-7세기경으로 보고 있다. 이 때 들어 온 태극이 우리 민족의 사랑을 받아 무속(巫俗) 등 토속신앙으로 면면히 내려 온 것으로 본다.

고려시대에는 불교의 영향으로, 조선 시대에는 성리학으로 도교(太極)사상이 억제되어 왔으나 임진왜란 때 파병된 명(明)나라 병사들에 의해 도교가 다시 전래되어 태극이 본격적으로 도입되었다고 한다.

서울 경복궁 근처에 도교 사원인 삼청전(三淸殿)과 도교 관서인 소격서(昭格署)가 있었다. 서울 종로구의 삼청공원이며 소격동의 지명은 이러한 역사와 관련된다.

우리의 태극기의 역사는 오래지 않다. 근세 처음으로 국기를 만들 당시 고종의 어기(御旗) 도안인 태극과 8괘도를 변형시킨 것으로 알려져 있다. 고종 어기의 태극은 우리 민족의 토속신앙으로 내려오던 태극이다.

고종의 어기를 변형시킨 태극기가 1882년 5월 조미(朝美)수호통상 조약 체결 시 나라의 상징으로 처음으로 사용되었고 4개월 후 박영효를 정사(正使)로 일본에 간 수신사 일행에 의해서도 사용되었다.

도교의 태극이 좌우흑백(左右黑白)인데 우리의 태극은 흰색 바탕에 상하홍청(上下紅青)이다. 흰색은 백성, 푸른색은 신하, 붉은 색은 임금(民白 臣青 君紅)을 나타냈다고 한다.

새로운 정부의 상징 태극 문양을 보고 중국 도교의 태극과 우리의 태극을 다시 생각하게 된다. '태양의 후예'로 '별 그대'로 중국에서는 한류(韓流)가 유행한 것 처럼 수교 직후에도 '대장금'의 인기가 대단하였다. 주연 여배우의 사진이 중국 대륙 어디를 가도 안 붙어 있는 데가 없을 정도였다.

가끔 중국 지인으로부터 중국의 한류에 비해 한국에는 한풍(漢風 한류와 반대로 한국에 유행하는 중국 문화)이 잘 보이지 않는다고 불만스러워 하는 이야기를 들을 때 중국의 태극을 이야기 해 준 적이 있다.

문화는 끊임없이 교류하면서 발전한다. 이제 태극은 중국 것도 우리 것도 아니다. 태극은 한중(韓中) 두 나라 국민이 공유하는 공통 문화의 일부분이다. 이번에 정부의 상징이 된 태극 문양의 경우에도 보통 태극이 아니고 진한 청색에 흰색 소용돌이를 추가하고 본래의 붉은 색은 띠 모양으로 보이게 하여 대한민국의 역동성과 생동감을 잘 나타낸 디자인이라고 한다.

태극은 조화 화해 그리고 협치를 나타내는 요즈음의 시대정신에도 잘 맞는다. 태극이 우리 정부의 상징이 된 것은 부처 간 업무가 태극처럼 부드럽게 조화를 이룬다는 뜻일 것이다.

태극이 중국에서 왔다고 해도 우리가 그 유래를 보존하고 그 의미를 잘 살린다면 태극을 통한 한중 문화 교류에 보탬이 될 것으로 생각된다.

안시성은 고구려가 아니고 고려(高麗)였다

668년 나당(羅唐) 연합군에게 고구려가 멸망되었다. 금년으로 1350년 전이다. 고구려는 수 양제와 당 태종을 물리친 동아시아 최강국이었으나 영웅 연개소문이 죽고 그의 아들들이 서로 싸워 내홍에 빠져 나라를 잃게 된다.

베이징에는 오랜 역사를 가진 천년 고찰 법원사(法源寺)가 있다. 고구려 원정에서 실패하고 안시성 공략에서 양만춘의 화살을 눈에 맞고 회군하던 당 태종이 유주(幽州 지금의 베이징 지역)를 지나게 되자 병사와 말이 한발도 움직이지 않았다고 한다. 영화 '안시성'이 당시의 상황을 실감있게 보여주고 있다.

태종은 군대를 쉬게 하고 그곳에 절을 지어 전쟁에서 희생된 영혼을 위로하였다. 절 이름도 국가에 대한 충성을 기린다는 의미로 민충사(憫忠寺)라고 하였다. 645년으로 당 태종이 죽기 4년 전의 일이다. 이 사찰이 청(淸)대에 법원사로 바뀌면서 지금까지 내려오고 있다.

나는 베이징 대사관 근무 시 법원사를 찾은 적이 있다. 법원사에서 당 태종이 세웠다는 비석을 발견하고 비문을 읽어 보았다.

첫줄에 당 태종이 "정고려(征高麗)할 때"라는 구절이 나온다. 정고구려(고구려 정복)가 아니고 '정고려'라는 비문을 보고 깜짝 놀랐다. 뭔가 역사를 잘 못 알고 있다는 생각이 들었다.

고구려가 멸망할 당시의 나라 이름은 고구려가 아니고 고려였다는 말인가. 흔히 시대극에서 당 태종이 "고구려를 정복하라"는 대사가 나온다. 그러나 당 태종의 입에서 나온 나라 이름은 고구려가 아니고 고려였다는 것이다.

귀국하여 충주의 중원 고구려비를 찾았다. 장수왕이 한반도 남쪽의 국경을 표시하기 위해 세웠다는 중원 고구려비의 비문이 궁금했다. 아니나 다를까 중원 고구려비에도 장수왕이 자신을 '고구려대왕'이 아니고 '고려대왕'으로 기술하고 있다.

전문가들의 의견을 종합해 보면 고구려는 제20대 장수왕(본명高巨連) 때 국호를 고구려에서 고려로 바꾸었다고 한다. 장수왕은 39세에 요절한 정복왕 광개토대왕의 맏아들로 수도를 평양으로 옮기고 아버지가 이룩한 북방의 넓은 영토에 추가하여 한반도 남쪽 지금의 충청도까지 영토를 확장하였다.

장수왕은 국토를 크게 넓히고 관리한 영웅적 치세와 함께 100세 인생을 구가하여 98세까지 생존하였다. 사후 장수왕이라는 시호를 받게 된 것도 이러한 이유에서다. 19세에 등극하여 죽을 때까지 79년간의 재위기간도 세계 역사상 유례가 없다.

베이징의 교외에는 고려영(高麗營)이라는 지명이 있다. 이름만 남아 있고 과거의 흔적은 없다. 중국의 지인에게 물어 보면 수 양제가 고구려 정벌을 위해 운하를 이용 군수물자를 옮겨 놓은 곳이라고 한다.

그러나 현지인들은 나라 잃은 고구려 유민의 집단 거주지였다고 설명한다. 고구려가 망할 무렵의 나라 이름이 고려였기에 고려영이 되었다는 것이다.

일본 도쿄의 인근 사이타마(埼玉)현에도 고마군(高麗郡)이 있다. 일본 대사관 근무 시절 자주 찾았던 고마군이 2년 전 1300 주년을 맞아 큰 행사를 치루었다고 한다.

고구려 마지막 왕 보장왕의 아들 약광(若光)이 일본에 사절로 왔다가 나라가 망했다는 소식을 듣고 일본에 그대로 주저앉는다. 약광이 데리고 온 호신용 고구려의 개(삽살개 일종)도 돌아가지 못하고 일본에 남았다. 지금 일본의 신사(神社)등에 보이는 고마이누(高麗犬)가 그것이다.

그 후 동해를 건너 내려 온 고구려 유민이 늘어나자 716년 일본 조정은 그들의 조국 고려(일본 발음으로 고마)의 이름으로 군(郡)을 만들어 모여 살게 하고 스스로 통치하도록 하였다. 당시 고려군은 수도 교토에서 멀리 떨어진 변방이었다. 약광은 조상신을 모시는 신사를 만들었다. 지금 히다카(日高)시의 고마신사(高麗神社)이다. 이 신사에서 기도하면 입신출세가 잘 된다고 소문이 나서 일본의 관료들이 많이 찾는 다고 한다.

우리는 고구려라고 하지만 그들이 남긴 지명은 모두 '고려(高麗)'이다. 당시 국가의 이름이 고려였다는 사실을 말해 준다. 왕건이 나라를 세워 국호를 '고려'라고 답습한 것은 나당 연합군에게 패망한 고려(고구려)를 그대로 복원하기 위해서였던 것이다.

삼국사기를 지은 김부식은 고구려가 고려로 국명이 바뀌었는데도 고구려 본기에서 고구려라고 그대로 기술하였다. 김부식은 자신의 나라 고려와 구분하기 위해서인지 모른다. 중국의 고대 국가 상(商)

의 경우 20대왕 반경에 의해 은(殷)으로 도읍을 옮기면서 은(殷)나라로 불리었다. 중국 역사서에는 상(商)고 함께 은(殷)도 등장하고 있다.

우리나라 이름의 영문표기 코리아(Corea Korea)는 왕건이 세운 고려와 무역한 사라센 상인들에 의해 서방에 전해진 이름이라고 알려져 있다. 그러나 사실이 아니다.

고구려가 패망된 지 100년 후 고구려 유민이던 고선지 장군이 당나라에 의해 중용된다. 그는 자신을 고려인으로 소개했다. 고선지 장군은 탈레스 전투에서 당군(唐軍)을 지휘 중앙아시아인과 싸운다.

당시 탈레스 전투에서 싸운 중앙아시아인은 고선지 장군을 통해 용맹한 고려인(Korea)을 알았다. 코리아는 고선지 장군과 싸운 중앙아시아인을 통해 서방세계에 전파된 것이다.

우리의 코리아는 왕건의 고려가 아니고 한반도 절반과 흥안령 이남을 국토로 한 대제국 고구려(고려)를 의미한다. 언제든 거란의 손소녕 같은 인물이 나타나 우리 코리아가 왕건의 고려를 이어받았다고 주장할 때가 올지도 모른다. 그 때 우리나라 사람들은 서희 장군처럼 코리아가 고선지 장군의 고려임을 설명할 수 있어야 한다고 생각한다.

고려(고구려) 유민은 중국에서는 나라 없는 민족이었다. 그래서 업신여김을 많이 받았는지 모른다. 동북3성에 주로 거주하는 우리 동포들은 "까오리빵즈(高麗棒子)"라고 불리면서 멸시를 받았다고 한다. 고려(고구려)유민의 후손이라는 뜻이다.

중국의 우리 동포들은 '까오리빵즈'가 싫어 고려인 보다 조선족으로 불리기를 좋아 했다고 한다. 중앙아시아에 거주하는 동포들은 현지 사람들의 고려에 대한 나쁜 선입감이 없어서인지 고려인으로 불리어지고 있는 것과 대조된다.

역사 드라마 등에서 고구려와 고려를 구분하기 위해서인지 계속 고구려라고 부르고 있다. 역사학자들의 연구가 필요하겠지만 고구려 후반부를 설명할 때 반드시 고구려로 고집할 것이 아니라 고구려의 고려를 '전(前)고려' 왕건의 고려를 '후(後)고려' 등으로 구분해 사용하면 좋겠다. 이성계가 세운 조선도 고조선(최초의 고대국가)과 구분하여 '근세조선' 또는 '이씨조선'으로 표기하고 있다고 생각된다.

100주년을 앞둔 중국 공산당

2021년이면 중국 공산당(CPC) 창립 100주년이 된다.

중국에 살게 되면 중국 공산당의 당기(黨旗)에 익숙해진다. 당기는 중국의 국기(國旗) 오성홍기(伍星紅旗)와 다르다. 당기는 소비에트 연방 (구소련)의 국기와 비슷하다. 혁명을 상징하는 붉은 바탕에 낫(sickle)과 망치(hammer)가 연결된 도안이다. 낫은 농민을, 망치는 공장에서 일하는 노동자를 상징한다. 모두 무산(無産)계급인 프롤레타리아들이다.

프롤레타리아는 라틴어의 자녀(proles)에서 유래되었다. 스스로 생산하여 가진 것이라고는 자녀 밖에 없다는 의미라고 한다.

당기에 그려진 낫의 손잡이가 매우 짧아 보인다. 사실 중국의 농민들은 러시아나 동유럽의 밀밭을 수확하는 낫을 쓰지 않는다. 소련 국기에 그려져 있는 낫의 손잡이는 길쭉한데 비해 중국 공산당 당기의 낫은 손잡이가 몽땅하여 비현실적이다. 소련의 낫에 대한 정확한 지식 없이 모방해서 그려진 것 같다.

당기에는 소련 국기의 오각의 별(伍角星)이 보이지 않는다. 오각의 별은 공산당을 의미하지만 다섯 대륙의 노동자 단결도 의미한다. 오각성은 당기가 아니고 중국의 국기 오성홍기에 옮겨 놓았다. 오성홍기에는 공산당을 상징하는 하나의 큰 별을 네 개의 작은 별이 에

워싸고 있다. 네 개의 작은 별은 노동자 농민 그리고 소자산 계급과 민족(애국)자본 계급이다.

중국의 공산당은 소련과 다르다. 소련 공산혁명 당시는 프롤레타리아 계급으로 노동자와 농민만 있었지만 중국 공산당이 창당 될 1920년대의 중국에는 소자산가와 민족 자본계급이 이미 존재했다. 중국 공산당은 장제스(蔣介石)의 국민당과 경쟁해야 했기 때문에 프롤레타리아(無產) 계급뿐이 아닌 2개의 유산(有產) 계급을 포용하여야 했다. 4개의 별은 이렇게 해서 만들어 진 것으로 보인다. 현실에 기반한 중국식 발상이다.

소련의 지시로 만들어진 북한의 조선 노동당(WPK)의 당기에도 망치와 낫이 그려져 있다. 그러나 노동당 당기를 자세히 보면 노동자의 망치는 소련과 유사하나 농민의 낫은 소련식 낫이 아니고 우리나라 농촌에서 흔히 볼 수 있는 낫이다.

북한의 노동당 당기에는 망치와 낫 가운데 길 다란 붓도 그려져 있다. 이는 소련의 국기와 중국 공산당 당기에도 보이지 않는 것이다. 북한에서는 오늘 날의 펜에 해당되는 붓은 근로 인텔리 즉 노동당 당원을 의미한다고 한다. 붓이 망치와 낫의 가운데 있는 것은 노동자와 농민을 근로 인텔리가 연결하여 리드해 가겠다는 것이다.

1919년 3월 레닌에 의해 세계 30여 개국의 공산주의자들이 모여 국제 공산당 창건대회(코민테른 Communist International)가 열렸고 다음 해 8월 중국 상하이에서 공산당 조직이 결성되었다. 코민테른의 지시로 중국에서 처음 조직된 공산당이다. 2개월 후인 10월에는 베이징과 후난성에서도 조직되었다. 비밀 지하조직인 공산당은 57명에 불과했다.

1921년 7월 23일 후난성 창사 대표 마오쩌둥(毛澤東) 등 각 지역의 공산당 전국 대표 13명이 한데 모였다. 관헌의 눈을 피해 치외법권 지역인 프랑스 조계지가 회의 장소였다. 이것이 제1차(창당) 공산당 전국대표대회이다. 이후 5년마다 개최되어 2022년에는 제 20차 당 대회가 개최될 예정이다.

창당대회 장소는 박물관으로 보존되어 있다. 상하이의 젊은이 거리로 알려진 신티엔디(新天地)에 가면 창당대회 유적지(一大會址)인 붉은 벽돌집을 찾아 가 볼 수 있다.

1921년 7월23일부터 시작된 회의가 끝나기 하루 전 7월30일 프랑스 조계 경찰의 기습 검문을 받았다. 불안을 느낀 전국 대표들은 상하이에서 멀지 않은 자싱(嘉興)의 관광지 남호로 회의장을 옮겼다. 지금은 고속철로 홍차오 역에서 30분이면 자싱에 닿는다.

전국 대표들은 비밀리 남호의 유람선을 빌려 선상에서 마지막 회의를 마무리 하였다. 남호는 자싱 환성호(環城湖)의 일부로서 경치가 매우 아름다워 청대 건릉황제가 즐겨 찾았던 곳이다.

중국 공산당 창당의 첫 울음소리는 남호의 유람선에서 울려 나온 셈이다. 신 중국 건국에 공이 큰 둥비우(董必武)는 후에 공산당 창당 비화를 소개하면서 신성한 혁명을 알리는 첫 울음소리가 아이러니하게 유람선(畵舫)에서 울려나왔다고 하였다.

프랑스의 하급 자치체의 이름으로 공유 공동의 의미를 가진 코뮨(Commune)에서 시작된 코뮤니즘(공산주의)은 레닌에 의해 소비에트 연방으로 발전되었고 소비에트 연방이 붕괴된 지금에도 중국에는 중국식 공산주의가 건재하다.

파이낸셜 타임즈의 베이징 특파원을 지낸 리차드 맥그리거 기자는 "공산당(The Party)"이라는 책을 저술하여 중국 공산당을 철저히 분석해 두었다. 그는 중국 공산당은 레닌의 각본에 따라 인사 선전 무력이라는 3대 축을 통해 일당 독재로 중국 국민을 영도해 가고 있으며 구소련 붕괴 후 레닌 식 공산주의는 더 이상 중국 공산당의 모델이 될 수 없다고 주장한다.

중국 공산당이 창당된 후 역사를 보면 현실주의적인 중국 민족성처럼 중국 공산당은 현실에 적응하여 끊임없는 변화를 추구해 나가고 있는 것 같다. 중국 공산당을 보면서 중국의 전통 가면 마술사인 변검술사(變臉術師)의 얼굴을 연상한 적이 많다. 중국 공산당은 시대상황에 따라 그에 맞는 얼굴을 연출해 왔기 때문이다.

중국은 공산당 100주년을 앞두고 안팎으로 많은 과제를 안고 있는데 특히 두 개의 함정 앞에 서서 골몰하고 있는 모습이다. 국내적으로는 성장이 정체된 중진국 함정(Middle income trap)이고 국제적으로는 미국과 신형대국관계를 두고 힘겨루기를 하는 투기디데스의 함정(Thucydides trap 패권국과 신흥대국간의 패권교체는 반드시 전쟁을 통함)이다.

최근 미중간의 무역전쟁으로 중국 공산당의 고난을 겪고 있다. 그러나 중국 공산당은 덩샤오핑(鄧小平)같은 지도자를 만나 과거에도 많은 난관을 헤쳐 왔듯이 앞으로도 두 개의 함정에 빠지지 않고 슬기롭게 극복할 것으로 생각한다.

군칸지마(軍艦島)를 다녀오다

일본 규슈 나가사키(長崎)에 가면 군함도를 가보게 된다. 군함도는 일본에서는 군칸지마 또는 하시마(端島)라고 부른다.

군함도에는 제2차 세계대전 중 한국인(당시 조선인) 수 천 명이 강제 징용되어 희생된 해저탄광이 있는 곳이다. 일본은 2000년대 들어 와서 군함도 등 일본 전국에 흩어져 있는 메이지(明治)시대 산업혁명 관련 시설 23 곳을 유네스코 세계유산에 등재코자 하였다.

한국정부는 군함도 등 한국인을 강제노역을 시킨 곳을 '탁월한 보편적 가치'를 중시하는 세계유산에 등재하는 것은 부적절하다는 의견을 제시하였다. 군함도 등 문제가 되는 곳은 세계유산 등재에서 당연히 빠져야 한다고 주장하였다.

일본정부는 세계유산이 1850년대부터 1910년 사이 일본의 산업혁명 시설로 강제징용과 관계없다는 입장을 내 놓았다. 그러나 우리 정부는 강경하였다. 국회에서는 세계유산 등재를 규탄하는 결의문을 채택하는 등 강력한 항의를 하였다. 세계유산의 등재를 하기위해서는 최소한 일본이 징용정책을 실시하여 강제노동(forced labour)을 시킨 사실을 내외에 알리는 조치를 취하는 것이 우선이었다.

일본정부는 한국의 반대에 난감해 했다. 세계유산으로 등재를 결정하는 유네스코 세계유산위원회는 세계유산 협약의 당사국 중 총회에서 선출된 21개 회원국으로 구성된 정부 간 위원회이다. 만장일

치제로 통과되는 관례에 따라 21개 회원국의 하나인 한국이 끝까지 반대하면 등재할 수 없기 때문이다.

강경하던 일본은 결국 한국의 주장에 굴복하여 강제노동의 사실이 있었다는 것을 인정하기로 입장을 바꾸었다. 생각지 못한 반전이 일어난 것이다. 다만 영문 표현에서 forced labour(강제노동)에서 forced to work(강요된 노동)로 바꾸었다. 일본은 국제법상 나치스의 강제노동과 동격으로 인정되는 forced labour를 피하고 싶었던 것이다.

일본이 공식적으로 국제사회에 한국인의 강제노역 사실을 처음으로 인정한 것이다. 유네스코 자문기구인 국제기념물유적협의회(ICOMOS)도 조선인 강제노역을 포함한 군함도 전체의 역사를 알 수 있도록 표지판 설치 등 적절한 조치를 취하도록 권고 하였다.

한국정부는 군함도의 유네스코 세계유산 등재를 양해하였다. 한국도 당시 백제역사지구를 세계유산에 등재신청을 해 놓고 있어 일본의 협력이 필요한 상황이었다.

군함도의 유네스코 세계유산 등재 문제로 뜻하지 않게 한일 간 화해 분위기가 일어났다. 꼬리가 몸통을 흔든 셈이다. 전문가들은 아이러니하게도 우리에게 한(恨)을 준 군함도가 유네스코 세계유산 등재를 위해 한국인을 강제 노역시킨 사실이 인정됨에 따라 한일 화해 분위기를 만들어 준 실마리가 되었다고 분석하고 있다.

나가사키에서 18.5 km 떨어진 군함도는 지금은 폐허로 방치되어 있지만 일제 강점시대 수많은 한국인이 희생되어 많은 상처를 남긴 지옥섬이었다. 최근에는 이러한 특별한 체험을 위해 한국인 관광객이 늘고 있다고 한다.

한수산 소설가는 군함도를 배경으로 당시 징용된 조선인을 소재로 소설 '군함도'를 저술하여 출간 하였다. 그는 이 책의 집필을 위해 징용피해자를 직접 취재하고 나가사키의 군함도를 수 십 차례 왕래하였다고 한다. 유승완 감독으로 황정민 소지섭 송중기 등 한류스타가 출연하는 동명의 영화도 개봉되었다.

군함도는 본래 지금의 섬 보다 1/3 정도의 작은 섬이었다. 그러나 석탄이 발견되자 인근 바다의 매립을 통하여 3배로 키웠다고 한다. 1916년부터 들어선 철근 콩크리트 건물 군을 방파제가 휘둘러 싸고 있다. 멀리서 보면 일본 군함의 실루엣을 보여주어 1930년도에 군함도라는 별명을 얻었다고 한다.

전체 20만 평 정도로 여의도 1/5 정도 밖에 안 된다. 군함도는 식물이 살지 않은 섬으로 풀포기 하나 찾아 볼 수 없다. 1960년대까지 탄광도시로 사람이 많이 살았으나 가스 석유가 일반화 되면서 석탄의 수요가 줄자 폐광이 되었다. 지금은 사람이 모두 떠나고 버려진(abandoned) 아파트 건물만 남은 무인도이다. 햇볕이 잘 들지 않고 섬의 후미진 어느 곳에 강제 징용된 조선인의 숙소가 있었는지 모른다.

‘인천 상륙작전’ 이 실패하였다면

‘인천상륙작전’은 성공률이 5000분의 1 라고 할 정도로 거의 불가능에 가까운 작전이 성공했다는 것이 기적처럼 보인다. 미국의 해리스 트루먼 대통령과 국방성 등에서 강력히 반대를 했는데도 오랜 전쟁 경험을 가진 더글라스 맥아더 장군의 신념으로 인천상륙작전이 감행된 것이다.

영화 ‘인천상륙작전’ 개봉되어 많은 사람들이 관람하여 필자도 다른 관람객과 마찬가지로 인천상륙작전이 실패했다면 어떻게 되었을까 하는 질문을 가졌다. 인기 배우 김범수가 연기한 인천의 경비 사령관도 만만치 않아 보였다. 좁은 수로에 비밀리 기뢰를 매설하는 등 북한의 방어도 완벽하였고 무엇 보다도 조수 간만의 차가 커서 누구도 성공할 수 있는 상륙지점으로 보지 않았던 인천이 아니었던가.

어쨌든 맥아더 같은 영웅이 없었다면 인천상륙작전으로 서울을 수복하는 혈로를 뚫지 못하고 낙동강 방어선 도 결국 무너지면서 한반도는 공산화되었는지 모른다. 영화 속에 서 적지가 된 인천시의 모습 처럼 소련의 사주를 받은 김일성의 남침이 성공하였다면 현재 한반도의 모습은 어떻게 되었을까. 과문한 탓이지 이에 대한 대체역사소설(alternative history novel)이 보이지 않는다.

대체역사 소설을 만든다면 맥아더 장군이 인천상륙작전의 직전에 해고되는 것으로 시작될 수 있을 것 같다. 사실 맥아더 장군이 모든 사람의 반대에도 불구하고 인천상륙작전(작전명 Operation Chromite)을 은밀히 준비하고 대통령의 허가를 기다린다. 그러나 워싱턴에서 날라 온 소식은 맥아더 장군의 해임전문이었다.

트루먼 대통령은 맥아더 장군의 신념을 대권을 생각한 야망으로 이해한다. 맥아더 장군의 야망은 미국이 원하지 않은 3차세계대전으로 연결될 수 있다고 판단한다. 트루먼 대통령이 가진 정보에는 중국의 마오쩌둥(毛澤東)이 인천 상륙작전의 성공 가능성을 오히려 높이 평가하고 있다는 것이다.

국민당 장제스(蔣介石)와 오랜 내전에서 중국의 전쟁 역사서를 들고 장제스를 이겨낸 마오쩌둥은 전쟁의 허허실실(虛虛實實)을 잘 알고 있었다. 마오쩌둥은 수차례에 걸쳐 김일성에게 연합군에 의한 인천 상륙의 가능성을 경고하였으나 김일성은 듣지 않는다.

김일성은 5000분이 1의 성공 률을 알고 있었기 때문이다. 합리적이고 전쟁의 경험이 많은 맥아더 장군이 성공 가능성이 희박한 인천 상륙을 통해 많은 미군을 희생하지 않을 것으로 믿었기 때문이다. 전쟁의 내공으로는 김일성은 마오쩌둥의 상대가 안 된다.

마오쩌둥은 맥아더 장군의 인천상륙작전의 성공을 대비하여 중공군의 참전을 준비하고 있었다. 이러한 정보가 전달되어 트루먼 대통령은 미군의 희생을 줄이고 중국과 직접 대결을 피하기 위해 맥아더 장군을 해임시킨 것이다 .

맥아더 장군의 해임으로 한반도의 전쟁의 양상은 달라진다. 연합군은 낙동강 방어선을 지키지 못하고 부산을 내 준다. 한국정부는 제주도로 옮겨가고 제주도와 대마도 라인으로 공산군의 남하를 억제하는 선에서 포화가 멈추었는지 모른다. 부산에서 50km의 대마도는 타이완의 진먼도(金門島) 처럼 철저한 반공요새로 변하면서….

우리나라에서 제대로 된 대체역사소설로 1987년 발간된 소설가 복거일의 '비명(碑銘)을 찾아서' 라고 볼 수 있다. 동 소설에서는 1909년 10월 26일 안중근 의사에 의한 일본제국 추밀원 의장 이토 히루부미(伊藤博文)에 대한 암살이 실패했다면 하는 전제에서 시작된다. 비교적 온건한 의회주의자로 군국주의 세력을 견제했던 이토 히로부미는 일본을 대동아 전쟁으로 끌고 가지 않았을 것으로 본 것이다. 일본은 미국과 타협하면서 독일을 중심으로하는 주축국(Axis Powers)에 줄을 서지 않았을 것으로 가상한다.

원자탄은 일본의 히로시마와 나가사키가 아니고 독일의 드레스덴 등에 투하되어 독일은 무조건 항복을 한다. 일본은 미국과 함께 전후 슈퍼파워가 된다. 1987년 소설이 발간되는 해 즉 일본의 쇼우와(昭和) 62년에 게이조우(京城) 즉 서울에서 벌어지는 대체역사소설이다.

사실 복거일씨가 '비명을 찾아서'를 발표하기 25년전인 1962년 미국의 필립 딕(1928-1982)이라는 공상과학 소설가가 2차세계대전에서 미국이 패배하고 독일과 일본 등 주축국이 승리했더라면 1962년 현재 미국은 어떻게 달라졌을까 하는데 착안하여 '고성(高城)의 사나이(The man in the high castle)'라는 대체역사소설을 발표하였다.

소설가 딕은 프랭크린 루즈벨트대통령이 암살되어 미국의 뉴딜

정책이 성공하지 못해 전쟁을 이겨내는 국력을 갖추지 못한 것으로 시작된다. 미국의 패전으로 미국은 독일과 일본의 영향하에 분활된다. '고성의 사나이'는 출간 다음해인 1963년 공상과학소설(science fiction)의 노벨상이라고 불리는 '휴고상'을 수상하였다. '고성의 사나이'는 출간된지 50여년이 지나서 아마존 닷캄에서 영화로 찍었다.

로미오와 줄리엣과 무단팅(牡丹亭)

세종문화회관에서 중국의 대표적인 전통극 무단팅(牡丹亭 모란정)이 공연되어 한중 양 국민이 구름처럼 모여 오래 만에 좋은 문화 교류의 장이 된 적이 있었다. 나는 무단팅 내한 공연장을 찾았다.

영국에는 윌리암 셰익스피어(1564-1616)라는 극작가(playwright)가 있다면 중국에는 탕셴주(湯顯祖 탕현조)(1550-16161)가 있다. 두 사람은 동시대 사람으로 우연히도 같은 해에 세상을 떠났다.

중국의 셰익스피어라고 불리는 중문학의 거장 탕셴주는 명대(明代)사람으로 중국 남쪽 장시성(江西 臨川) 출신이다. 젊을 때부터 문학을 좋아한 탕셴주는 늦은 나이인 30대 초반에 과거에 합격하여 공직에 나갔다.

탕셴주는 청렴한 성격으로 부패가 만연된 당시 관료사회에 적응하지 못하고 좌천이 거듭되자 결국 40대 후반에 사직하고 고향에 돌아 와 옥명당(玉茗堂)을 짓고 극작가로서 여생을 보냈다.

중국은 아시다시피 지대물박(地大物博) 땅이 크고 물산이 풍부하다. 북쪽과 남쪽의 기후와 환경이 달라 사람들의 기질도 다르다. 예부터 북쪽은 정치의 중심지로 문학 작품도 정치문제와 전쟁 그리고 사회 비리에 초점을 맞추어 질박하고 현실적인 작품이 많다. 공자의 유가사상 영향이 컸는지 모른다.

그러나 남쪽은 온화한 기후와 풍요로운 환경 탓인지 작가의 이상을 펼 수 있는 화려한 꿈과 낭만적 작품이 많다. 신선사상과 도가사상의 영향인지 모른다. 자연스럽게 남녀의 사랑을 주제로 한 작품에 춤과 노래로 연극을 만들어 공연하는 것을 즐겼던 것 같다. 이것이 중국 오페라(戱曲)로 발전된 것으로 생각된다.

중국의 소수민족 중에는 만주족이 춤과 노래를 좋아하였다고 한다. 만주족이 세운 청(淸)이 중국을 지배하자 남북으로 흩어져 있는 노래와 춤이 곁들인 희곡을 수도 베이징으로 불러 모았다. 지금의 베이징 오페라(京劇)는 안후이성(安徽省)을 중심으로 하는 지방 오페라가 모여서 만들어 진 것이라고 한다.

지방 오페라 중에 상하이 인근 곤산(昆山)의 곤곡(昆曲)이 유명한데 2001년 유네스코 세계 무형유산에 지정되었다. 곤산은 쑨원(孫文)의 부인 송칭링(宋慶齡)이 태어난 곳이다.

중국의 음악을 보면 북쪽은 템포가 빠르고 근엄하며 질박한 현악기 연주가 주를 이루고 남쪽은 템포가 느리고 부드러우면서 화려한 맛이 있는 관악기가 주를 이룬다. 남쪽은 습도가 높아 현악기가 제소리를 내지 못하는 반면에 크고 좋은 대나무가 많아서 각종 관악기가 많은 것 같다. 곤곡은 남쪽의 음악을 중심으로 만들어진 오페라이다.

탕셴주는 당대(唐代)부터 내려오던 허구적인 괴담이나 상상적인 에피소드를 소재로 한 전기(傳奇)소설을 공연용 또는 읽기위한 희곡으로 고쳐 썼다고 한다. 마치 셰익스피어가 서양의 여러 지방에서부터 내려오는 이야기를 희곡으로 개작한 것과 유사하다.

'무단팅'은 남녀 사랑의 위대함을 보여주는 오페라로서 셰익스피어의 '로미오와 줄리엣'을 연상케 하는 작품이다.

서양 격언에도 '하나의 꿈은 하나의 소망(A dream is a wish.)'이라는 말이 있다. 탕셴주의 작품에는 꿈 이야기가 많다. 인생은 부질없는 하나의 백일몽(白日夢) 같은 것이라고 생각하면서 꿈 이야기에서 자신의 좌절과 사회의 모순 등을 밝히고 싶었는지 모른다.

'자차기(紫釵記)' '남가기(南柯記)' '한단기(邯鄲記)' '환혼기(還魂記)' 4편을 '탕센주의 4개 꿈(四夢)'이라고 알려져 있다. '무단팅'은 '환혼기'의 다른 이름이다. '환혼기'는 영어 독어 등 많은 언어로 번역되고 세계적으로 잘 알려진 중국 오페라의 대표작이다.

'무단팅'의 시대 배경은 13세기 중국의 남송(南宋)이다. 남안(南安)의 태수 두바오(杜寶 두보)에게는 외동딸 두리냥(杜麗娘 두여낭)이 있었다. 리냥은 어느 봄날 정원을 거닐다가 무단팅에서 잠간잠이 들었다 .꿈속에서 버드나무(柳) 가지를 손에 쥔 한 젊은 서생을 만나 사랑을 나누고 결혼까지 약속하였다.

어머니의 부름으로 달콤한 사랑의 꿈에서 깨어난 리냥은 꿈속에서 만난 서생을 잊지 못하고 괴로워한다. 정원의 한쪽에 있는 서생을 연상케 하는 매화나무를 보고 통곡을 한다.

리냥은 결국 상사병에 걸려 시름시름 앓다가 세상을 떠나게 된다. 리냥은 죽기 전에 자화상(自畵像)을 만들어 정자 옆에 보관하고 자신은 서생을 닮은 매화나무 아래 묻어 주기를 유언으로 남긴다.

몇 해가 지났다. 멀리 광둥성(廣東省)에서 류(柳夢梅)라는 서생이 과거 시험을 보기위해 수도 임안(臨安 지금의 항저우)을 향했다. 도중에 남안을 지나가다가 병을 얻어 일시 체류하게 된다. 서생은 리냥이 꿈에서 사랑을 나눈 바로 그 사람이다.

서생은 우연히 리냥의 자화상을 발견하고 어디서 본 듯하여 자신의 숙소에 걸어 둔다. 그날 밤 서생의 꿈에 리냥이 찾아와 굴분개관(掘墳開棺) 즉 자신의 무덤을 파서 관에서 꺼내 주기를 부탁하였다. 서생은 시킨 대로 무덤을 파서 관을 열었더니 리냥이 거짓말처럼 살아 돌아왔다.

두 사람은 부부로서 인연을 맺고 지난날의 사랑을 되살리지만 리냥의 아버지 두바오는 두 사람의 관계를 인정하지 않고 오히려 딸의 무덤을 훼손한 서생을 옥에 가두기조차 한다. 그러나 우여 곡절 끝에 두 사람의 진실한 사랑이 알려지게 되고 이야기는 해피 엔딩으로 끝난다.

인간의 진실한 사랑은 생사조차 초월한다는 생사지연(生死之戀)을 그린 무단팅은 본래 55 단락의 긴 스토리이다. 이번 내한 공연에는 시간 관계상 유원(游園) 경몽(驚夢) 심몽(尋夢) 3개의 단락으로만 구성되었다. 리냥이 정원을 노닐다가 꿈을 꾸고 어머니의 부름에 놀라 꿈을 깨고 그리고 좋았던 꿈을 찾으면서 서생을 그리워 한다는 이야기다.

스탠퍼드 대학과 쿠리(苦力)

미국 캘리포니아의 샌프란시스코에 다녀왔다. 미국의 캘리포니아에 는 중국사람들이 유달리 많다. 변호사 같은 전문 직종도 있지만 슈퍼 에서 일하는 사람도 많다. 언젠가 슈퍼에서 맥주코너를 찾는다고 동양계 여자 종업원에게 "비어(beer)?"를 이야기 했더니 금방 "피지우(啤酒)?"하면서 중국어로 말을 걸어온다. 중국사람처럼 보였던 것 같다. 자연스럽게 중국어로 대화하면서 찾던 물건을 사서 돌아 온 적이 있다.

지인의 말에 의하면 중국사람들이 이곳 캘리포니아에 오기 시작한 것은 1849년 캘리포니아에 금이 발견되면서였다고 한다. 이른바 '골드러시'라 하여 전국에서 금을 찾아 몰려 온 사람들로 작은 타운이 우후죽순으로 생기기 시작했다고 한다. 금광에서는 금을 캘 뿐만이 아니라 강바닥에 깔려 있는 사금을 넓은팬을 돌려 모래와 분리하는 데도 많은 일손이 필요했다.

마침 중국(淸)은 영국과의 아편전쟁을 거쳐 나라가 어수선해 졌다. 광동성 일대는 반란으로 젊은 사람들은 군역에 징집되거나 반란군에 가담하게 되어 마을은 붕괴되고 농사를 지을 수 있는 상황이 아니었다. 난민들은 영국이 중국에서 할양 받아 건설 중인 신흥도시 홍콩으로 쏟아져 들어 왔다. 홍콩의 중국인력이 미국으로 송출되기 시작했다.

중국사람들은 현지 음식을 먹지 못하고 자신들의 음식을 먹어야 했기에 중국 음식이 필요했고 중국음식을 조리할 수 있는 식재료도 따라가야 했다. 홍콩의 상환에 가면'남북행'이라는 거대한 식재료 가게가 있다. 중국 전역에서 모아 온 식재료의 도매상이다. 지금도 해외의 중국인에게 공급된다.

골드러시의 중심에는 캘리포니아의 샌프란시스코가 있었다. 샌프란시스코는 스페인 사람들이 이 지역을 지배할 때 성(聖) 프란시스 미션(Mission선교부)이 있었던 곳이다. 이 지역에는 샌(San 남성형) 또는 산타(Santa 여성형)라는 접두어가 붙은 도시 이름이 많다. 산 호세(San Jose), 산타 클라라(Santa Clara)라는 도시 이름이 생각난다. 이는 스페인 시절 성인(聖人)의 이름을 딴 수 많은 미션에서 도시 이름이 유래되었기 때문이다.

중국사람들은 샌프란시스코라는 복잡한 이름 대신에 '산'으로 줄여 듣고 '금산(金山)'으로 불렀다. 황금이 나오는 곳이라는 의미이다. 후에 오스트렐리아의 시드니 인근에서도 금이 발견되어 두 개의 금산이 생겨 났다. 신구(新舊) 구분이 필요해 중국사람들은 샌프란시스코를 '구(舊)금산' 이라 부르고 시드니를 '신(新)금산'으로 구분해 불렀다.

두 번째로 중국사람들이 많이 들어 온 것은 철도 부설 때이다. 1860년대 초 미국의 철도는 서쪽으로 미주리 강을 넘지 못했다. 캘리포니아의 정치가 인 스탠퍼드 지사는 현지 사업가들을 권유하여 캘리포니아까지 철도 연결을 목적으로 하는'센트럴 패시픽 '철도회사를 만들었다. 스탠퍼드 지사는 나중에 요절한 외아들 스탠퍼드 주니어의 이름을 따서 대학을 세운다. 유명한 스탠퍼드 대학이다.

패시픽이란 말을 부친 것은 태평양까지 연결하는 대륙 횡단의 의미가 있었다. 기존의 유니온 철도는 '유니온 패시픽' 철도 로 회사 이름을 고쳤다. 유니온 패시픽은 서쪽을 향해, 센트럴 패시픽은 동쪽을 향해 1863년부터 공사를 시작하였다. 이 공사는 록키 산맥과 시에라 네바다 산맥을 횡단하는 난공사였다.

터널을 뚫고 다리를 놓아 레일을 깔았다. 이러한 중노동을 위해 중국의 힘 좋은 청년들이 필요했다. 노동자라는 의미의 '쿠리(苦力)'라는 말이 이때 생겨 났다. 당시 중국의 남부는 홍수전의 반란 왕국 태평천국이 지배하고 있었다. 중국 남부의 청년들이 태평양을 건너 미국으로 가는 배에 몸을 실었다.

유니온과 센트럴 두 회사가 경쟁하듯 밤낮없이 공사를 강행했다. 쿠리의 일부는 중노동뿐만이 아니라 다습한 고향과 다른 메마른 캘리포니아 기후를 견디지 못했다. 공사장에서 탈출하는 사태가 속출했다. 회사측은 계약위반을 이유로 붙잡아 체형을 가하였다. 철도공사 감독들의 잔인한 체형은 쿠리들을 공포에 몰아 넣었다.

동서로 부설되던 두 철도 회사의 레일이 결국 만나게 된다. 두 회사는 '라스트 스파이크' 즉 마지막 철도 레일을 박았다. 공사 개시 후 6년 후인 1869년 유타주에서 였다. 지긋지긋한 철도 공사는 끝났지만 쿠리들은 조국으로 돌아 가지 않았다.

신세계 미국에서 무슨 일이든 해 낼 자신이 생겼다. 더구나 지금은 '베이 에리어' 라고 부르는 샌프란시스코 만의 아름다운 매력에 푹 빠져 그곳에서 뿌리를 내리기로 결심하였다. 샌프란시스코에는 미국에서 가장 큰 차이나 타운이 형성되어 있었다.

최근에는 중국의 부상과 함께 차이나 머니(錢)가 샌프란시스코 부촌으로 몰려 와 전망 좋은 주택에는 중국인 소유가 많다고 한다. 세계적 명문 스탠퍼드 대학에는 중국 학생이 많다. 최근 중국에서 건너 온 유학생도 있겠지만 쿠리의 후손이 많은 것 같다.

'설날에 젓가락을 떨어뜨리면 운수 대통'

설 명절 연휴다. 음력 새해 아침인 우리의 설 명절은 중국의 최대 명절 춘제(春節)연휴와 겹쳐 매년 이맘때가 되면 한국을 찾아오는 유커(遊客)들이 화제가 되었다.

설은 그 해 최초의 태양이 뜨는 '첫 아침' 즉 원단(元旦)을 말한다. 단(旦)의 글자를 보면 지평선에서 태양이 오르는 모습이다. 설날을 정월 초하루라고도 한다. 중국은 하(夏) 은(殷) 주(周) 시대부터 새해 첫 달을 정월(正月)이라고 불렀다. 그 후 천하를 통일한 진(秦)나라에서만 정월을 부르지 못하고 단월(端月)이라고 불렀다는 기록이 있다. 진시황의 이름 정(政)을 피하기 위해서였다고 한다.

농업을 중심으로 하는 동양사회는 농사와 관계되는 달(月)의 주기에 의해 결정되는 음력(陰曆)을 사용하였다. 서양의 문물이 들어오면서 음력이 좀 더 과학적인 양력(太陽曆)으로 바뀌어 새해 첫날인 설도 양력에 양보해야 했다. 과거의 설은 구정(舊正)이 되었다.

중국을 위시하여 화교권인 타이완 홍콩 그리고 민속을 중시하는 한국 베트남 등은 음력설을 쉰다. 베트남에서는 설을 테트(節)라고 부른다. 베트남이 통일되기 전에 베트콩(민족해방전선)이 남베트남의 주요시설을 점령한 '테트 공세(구정 공세)'는 설 연휴 기간의 대공세였다.

새롭고 낯설다는 의미를 가지고 있는 우리의 전통 '설'은 과거에는 구정으로 불렀다. 일제 강점기와 해방 후에도 줄곧 양력설(新正)을 쇠다가 민주화와 함께 국민들의 민속 전통명절이 중시되어 다시 음력설을 쇠고 있다.

중국은 신해혁명으로 양력을 공식화하고 1913년부터 새해 첫날 원단을 양력에 따르고 과거의 음력 원단은 시기가 입춘과 비슷하다고 하여 춘제(春節)로 고쳐 불렀다. 지난 2013년은 중국으로서는 춘제 제정 100주년이 되는 해였다. 중국에서는 춘제를 맞아 고향방문을 하는 민족 대이동을 춘운(春運)이라고 부르고 있다.

우리의 설 명절을 맞이하면서 내가 홍콩과 중국에서 지낸 춘제가 생각난다. 춘제가 되면 가장 많이 듣게 되는 것이 '(恭喜發財)'다. 문자 그대로 '돈 버는 것을 축하 한다'는 뜻이다. 당시에는 역시 '비단장사 왕 서방'의 나라는 다르구나 하는 생각을 하였다. 요즘 우리나라에도 "새해 부자 되세요!"라는 인사말이 자연스럽게 사용되고 있다.

춘제에는 새해 다복하기를 바라는 의미의 "신니엔 콰이러(新年快樂)"라는 인사를 하면서 세배(拜年)도 빠지지 않는다. 세배를 받는 손위 사람은 세뱃돈(야수이첸 壓歲錢)을 주게 되는데 그냥 주는 것이 아니고 붉은 봉투(紅包袋)를 준비하여 그 속에 정성들여 넣어 주어야 한다. 붉은 색은 축하의 의미와 함께 악귀를 쫓아낸다는 미신이 있다.

우리나라에도 이맘때 시골에 가면 집안에 복(福)자를 붙인 것을 가끔 보게 된다. 중국에는 그 복자가 대부분 거꾸로 붙어 있는 것을 보고 의아하게 생각한 적이 있었다. 특히 시골의 대문짝에 붙어 있는 상하(上下)가 바뀐 복자를 보고 글자를 모르는 사람이 잘못 붙였거나 누군가가 장난으로 글자를 돌려놓은 것이 아닌가 하는 생각을 한 적도 있다.

나중에 안 일이지만 뒤집혀 걸린 복을 중국어로 '다오푸(倒福)'라고 한다. 뒤집힌다는 다오(倒)는 도착을 의미하는 다오(到)와 발음이 같다. 그래서 '다오푸(倒福)'는 '다오푸(到福)'가 된다. 복이란 글자가 뒤집혀야 복이 나에게 실제로 도착한다는 현실적 의미로 바뀐다.

중국에는 긍정의 발상이 강하여 나쁜 말도 같은 발음의 좋은 뜻으로 바꾸어 생각하는 동음연상(同音聯想) 습관이 있다. 중국 사람들이 숫자 8을 좋아하는 것도 8의 발음이 돈은 번다 발재(發財)의 발(發)과 발음이 비슷하기 때문이다. 베이징 올림픽이 2008년 8월 8일 오후 8시에 개최된 것은 결코 우연이 아니다.

새해에 젓가락을 떨어뜨리면 운수대통이라는 말이 있다. 언젠가 베이징에서 지인 부부와 신년에 식사를 같이 한 적이 있는데 식사를 하다가 잘못하여 손에 쥔 젓가락을 바닥에 떨어뜨렸다. 당황하여 복무원을 부르려고 하고 있는데 지인 부부는 '신니엔 콰이러'하고 박수를 치면서 즐거워하였다.

지인의 설명에 의하면 새해에 젓가락을 떨어뜨린다(落)는 '신니엔 콰이러는 새해 다복하기를 바란다는 '신니엔 콰이러(新年快樂)'와 발음이 같다. 따라서 새해에 젓가락을 떨어뜨린 것으로 한해 좋은 일이 많이 생길 운수 대통이라고 하면서 오히려 축하해 준 것이라고 한다.

중국의 춘제 분위기에서 빠질 수 없는 것은 '바오주(爆竹)'라하여 화약으로 연결된 불꽃놀이다. 이맘때면 온 마을 이 바오주 터지는 소리에 잠을 못 이룬다. 바오주는 바오주(報祝)와 같은 발음으로 축복을 가져온다는 이야기도 있지만 옛날 대나무를 태울 때 나는 소리로 악귀를 쫓아냈다는 풍습에서 유래한다.

최근에는 바오주가 터질 때 나오는 연기가 미세먼지가 되어 도시의 스모그를 악화시키고 화재의 우려도 있다고 하여 베이징을 위시하여 대도시에는 바오주 금지령이 내려져 있다. 실제로 2009년 중국중앙텔레비전(中國中央電視臺 CCTV) 신축 본사건물의 화재는 바오주의 불꽃이 건축자재에 옮아 붙어 발생된 것이었다.

새해 음식으로 자오즈(餃子)라는 만두를 빚어먹는 습관이 있다. 자오즈의 모습이 반달 모양으로 옛 중국의 돈의 모습이라 하여 돈을 많이 벌라는 의미도 있다고 하지만 새해가 지난해와 교차한다는 의미의 자오즈(交子)와도 발음이 같아 자오즈를 즐겨 먹는다고 한다.

자오즈와 함께 닭고기(鷄)와 생선(魚)이 빠지지 않는다. 닭고기의 계(鷄)는 길상(吉祥)의 길(吉)과, 생선의 어(魚)는 여유로움의 여(餘)와 발음이 같아 두 음식을 먹음으로서 한 해 좋은 일과 풍요로움을 기대하기 때문이다.

임진왜란과 정유재란

2017년은 12지 간지로 60년 만에 찾아오는 정유년으로 420년 전 정유재란(1597)의 7주갑이 되는 해였다. 우리에게 임진왜란(1592-1596)은 잘 알려져 있지만 정유재란(1597-1598)은 임진왜란 7년 전쟁의 일부로 생각하여 관심이 많지 않은 것이 아쉬웠다.

임진왜란은 일본군에 의해 침략을 당한 전쟁이라면 정유재란은 일본군을 한반도에서 몰아 낸 승리의 전쟁이다. 우리에게 잘 알려진 '명량해전'과 '노량해전'은 정유재란 중에 일어난 전쟁이다.

1592년 4월 일본을 통일한 도요토미 히데요시(豊臣秀吉)는 20만 명의 일본 육군을 부산에 상륙 한양(서울)을 향해 북상시키고 수군으로 하여금 보급물자를 싣고 남해와 서해를 돌아 강화도와 한강을 통해 한양으로 들어가게 하는 계획을 세웠다.

일본 육군은 계획대로 파죽지세로 북상하였으나 수군은 한산도해전 등 이순신 장군이 이끄는 조선 수군에 대패하고 만다. 한반도 육지의 지형은 첩자에 의해 파악되었으나 남해안의 양(梁)이라는 조류가 빠른 좁은 수로에 대해 사전 지식이 부족하였다.

육군은 포르투갈에서 전래된 조총이란 개인 화기로 우세하였지만 수군은 거북선 등 특수전함과 천자(天字) 또는 지자총통(地字銃筒) 등 조선의 화력을 따라가지 못했다. 이순신 장군의 영웅적 활약으로 제해권을 유지한 조선 수군은 일본군의 서진을 막고 있었다. 한양을 함락시키고 평양성까지 점령한 고니시 유키나가(小西行長)는 수군에 의한 보급이 제대로 이루어지지 않은 상황에서 조명(朝明)연합군의 반격으로 평양성을 지키지 못하고 한양으로 퇴각한다.

전세가 불리해진 일본군은 휴전협상을 제의하고 1593년 4월 점령지 한양을 버리고 전군을 남하시켜 울산의 서생포(西生浦)에서 창원에 이르는 사이에 성을 쌓고 진지를 구축 협상의 추이를 지켜보고 있었다. 이러한 교착 상태는 4년 가까이 계속되었다.

일본과 명은 협상에 진전이 없자 상대가 항복하였다면서 자신들의 조정을 속이기로 결론을 내고 협상을 종결시켰다. 명의 대표 심유경(沈惟敬)은 만력제(萬曆帝)를 속였으나 일본 대표 고니시는 도요토미를 속이는 데 실패하였다. 협상의 진실을 알게 된 도요토미는 크게 분노하여 재침을 명령한다. 해가 바뀌어 정유년(1597)년 1월 15만의 일본군을 다시 조선 침략에 투입한다.

임진왜란이 경상도 전쟁이라면 정유재란은 전라도(호남) 전쟁이라고 한다. 조선 재침을 명령한 도요토미는 반드시 전라도를 점령할 것을 강조하였다. 임진년의 실패는 군량미 보급을 위한 한반도의 곡창 호남 점령의 실패로 분석되었다.

'호남은 나라의 울타리이므로 만약 호남이 없으면 나라도 없을 것이다(若無湖南 是無國家)' 신념으로 이순신 장군이 일본군의 호남 진입을 막았다. 육지에서는 김시민 장군이 호남의 관문 진주성에서 일본군을 좌절시켰고, 북으로는 전주 인근의 이치(梨峙) 전투에서 권율 장군이 일본군을 대패시켰다.

일본군은 재침하자마자 정보전을 통해 조선 조정을 교란시켜 공포의 대상이었던 이순신 장군을 파직시키는데 성공한다. 일본 수군은 원균이 지휘하는 조선 수군을 칠천량(漆川梁) 해전에서 대패시키고 일거에 남해안의 제해권을 확보 전라도를 통한 한양 진격에 나선다.

일본군은 계획대로 남원과 전주성을 함락 호남을 점령하였으나 충청도 직산에서 조명연합군에 의해 북상이 저지되었다. 임진년과는 달랐다. 조선은 귀순한 왜군(降倭)의 도움으로 신무기 조총제작에 성공하였고 명나라로부터 본격적인 지원군이 파견된 상황이었다.

전쟁이 뜻대로 안되자 일본군은 전라도를 중심으로 양민을 납치 학살하고 전승의 증거로 코와 귀를 베어가는 등 만행을 자행하였다. 일본 교토(京都)의 귀무덤(耳塚)은 대부분 전라도에서 베어 온 코와 귀를 묻은 곳이라고 한다. 전라도에서는 정유재란을 큰 재앙을 가져다 준 정유재란(丁酉災亂)이라고 부르는 이유가 여기에 있다.

1597년 음력 9월 전사한 원균에 이어 이순신 장군은 수군통제사로 재임명된다. 이순신 장군은 명량(鳴梁)해전에서 소수의 배로 133척의 적선을 막아내는 기적적인 승리로 일본군을 다시 공포에 떨게 하였다. 사실 선조는 원균에 의해 수군이 궤멸된 것을 전해 듣고 수군의 해체를 지시했으나 이순신 장군은 "신에게는 아직 12척의 배가 있습니다(今臣戰船尙有十二)."라는 유명한 장계로 선조를 설득했다.

이순신 장군은 "살고자하면 죽을 것이요 죽고자하면 살 것이다(必死卽生 必生卽死)."라는 리더십으로 절체절명의 위기를 극복 명량해전을 승리로 이끌었다. 명량해전은 2014년 영화화 되어 1761만여 관객을 동원, 당시 세월호 참사로 집단 우울증과 절망감에 빠진 한국 국민에게 큰 위안이 되었다고 한다.

제해권을 빼앗긴 일본군은 서울 진격을 포기하고 유사시 퇴각하기 유리한 남해안에서 왜성(倭城)을 쌓고 군사력 방어에 치중하였다. 가토 기요마사(加藤清正)는 울산왜성에서, 시마즈 요시히로(島津義弘)는 사천왜성에서 그리고 고니시 유키나가는 순천왜성에서 각각 장기 농성을 도모하였다.

명나라는 병부상서 형개를 총사령관으로 하고 육군은 조선의 권율 장군, 수군은 이순신 장군과 각각 연합육군과 연합수군을 결성, 농성중인 일본군을 공격하는 '4로병진(四路竝進)'의 전법을 구사하였다.

마귀(麻貴)를 울산왜성을 공격하는 동로(東路) 사령관, 동일원(董一元)을 사천왜성을 공격하는 중로(中路) 사령관, 류정(劉綎)을 순천왜성을 공격하는 서로(西路) 사령관으로 임명하고 수로(水路) 사령관인 진린(陳璘)은 이순신 장군과 함께 광양만 해전에 투입하였다.

나는 순천왜성과 노량해전의 전적지를 살펴보는 역사탐방의 기회를 가졌다. 우리 일행은 버스로 서울을 출발 4시간여 만에 순천에 도착하여 일박을 하였다. 다음 날 아침 일찍 조명연합 육군의 사령부가 있었던 검단(劍丹)산성을 올랐다. 백제시대 쌓은 산성의 일부인 검단산성은 해발 138m의 야산으로 버스에 내려 산성까지는 도보로 20분정도의 거리였다. 1598년 9월부터 2개월간 도원수 권율 장군과 명나라 류정 장군이 지휘하던 서로(西路) 사령부를 상상하면서 동남쪽으로 바라보니 2.7km 떨어진 광양만이 펼쳐진다.

광양만과 함께 고니시가 축조한 왜성의 잔재도 보였다. 기록에 의

하면 왜성은 바다로 둘러 싸였다는데 모두 매립되어 산업단지가 되어 있었다. 지금은 육지의 일부가 되었지만 순천왜성과 가까운 광양만의 장도(獐島 노루섬)에는 광양만 해전을 지휘하고 고니시군의 출로를 봉쇄한 이순신 장군과 명나라 진린 제독의 수로 사령부가 진을 치고 있었다.

순천시 해룡면 신성리 소재 순천왜성으로 내려갔다. 왜성을 축성할 때 고니시는 인근 야산의 흙을 파내어 축대를 쌓고 해자(垓字)를 만들어 바닷물을 끌어넣었다. 순천왜성은 해자와 성벽으로 둘러싸인 형태로 우리나라에서는 보기 어려웠던 근세 성곽의 구조를 갖추고 있었다.

해자 위에 다리를 놓아 밤이면 다리를 끌어 올려 왜성을 섬처럼 만들었다. 순천왜성이 다리가 보이는 왜교성(倭橋城) 또는 끌어 올리는 다리가 있는 예교성(曳橋城)이라는 별명을 얻은 것도 고니시의 특별한 축성에 기인한다. 순천왜성은 외곽의 산노마루(三の丸) 니노마루(二の丸)와 함께 중심이 되는 혼마루(本丸)와 천수각이 축조되었다.

천수각은 우리나라 성곽에 없는 일본 특유의 구조물이다. 16세기 전국(戰國)시대의 일본을 찾아 온 그리스도 선교사의 영향으로 교회의 천주당 모양으로 지어 처음에는 천주각(天主閣)으로 불리었다가 천수각(天守閣)이 되었다고 한다. 일본의 무장들은 축성할 때는 주변을 관찰할 수 있는 망루 역할을 할 수 있는 천수각을 반드시 지었다.

순천왜성은 여수반도의 좌우 광양만과 순천만을 연결하는 잘록한

허리에 축조된 성으로 바다와 육지를 양쪽에서 막아내는 천혜의 지리적 조건이 갖추어진 곳이다. 순천왜성은 직산 전투가 교착 상태에 빠지자 고니시 군대는 구례를 거쳐 순천에 내려 와 성을 쌓기 시작했다.

일본군 1만 3천 여 명이 주둔했다는 순천왜성의 건물은 물론 남아 있지 않지만 성의 진입로와 천수각 기단은 보수되어 원형을 유지하고 있었다. 가장 높은 곳의 천수각 기단에서 올라서니 광양만이 한 눈에 들어 왔다.

악명 높은 고니시는 오사카(大阪) 근처 사카이(堺)의 약재장사의 아들로 태어나 무장이라기보다 상인이었다. '아우구스티노'라는 세례명을 가진 기독교 교인으로 임진왜란 때에는 '세스페데스' 스페인 신부를 종군시키기도 하고 싸우는 것보다 협상에 능하여 명나라와의 강화 협상을 주관하기도 하였다.

일본군이 남해안에 왜성을 쌓고 방어에 진력하는 사이 해가 바뀌어 1598년 8월 도요토미의 사망소식과 함께 전군 철수의 명령을 받는다. 고니시는 안전한 철군을 위해 육지에서는 류정 장군, 바다에서는 진린 제독에게 뇌물을 주어 협조를 요청한다.

류정과 진린은 고니시의 무혈 철군을 보장하려고 하였는지 모르지만 이순신 장군의 강력한 반대로 조명연합군은 광양만을 봉쇄하고 고니시 군대의 철군을 막았다. 고니시는 출로를 확보하기 위해 인근 사천왜성의 시마즈 군대의 엄호지원이 필요했다. 시마즈 군대는 고니시의 철군을 지원하기 위해 광양만으로 향하였다. 광양만으로 들어오기 위해서 좁은 수로인 노량(露梁)을 통과해야 한다.

광양만에서 퇴로를 막고 있던 진린 제독과 이순신 장군은 일부 봉쇄를 풀고 노량에서 멀지 않은 남해 관음포(觀音浦)에 매복하여 시마즈 군대의 노량 진입을 기다리고 있었다. 1598년 음력 11월 19일 자정을 넘긴 야음을 타서 시마즈 군대가 노량으로 진입하였다. 조명연합수군은 시마즈 군에 일제히 공격하였다. 새벽부터 시작된 전쟁은 한낮이 되어서야 시마즈 군이 많은 전사자를 버리고 퇴각하면서 전쟁은 끝났다. 전쟁의 와중에서 이순신 장군이 적의 유탄(流彈)을 맞아 쓰러졌다. 적의 포위에 빠져 전사하게 된 진린 제독의 부장 등자룡(鄧子龍) 장군을 구출하기 위해 나섰다가 유탄을 맞았다고 한다. 이순신 장군은 쓰러지면서 "전황이 급하니 나의 죽음을 알리지 마라(戰方急 愼勿言我死)"는 유언을 남겼다.

진린 제독은 이순신 장군의 전사를 안타깝게 생각하여 그의 공적을 "천하를 경륜할 인재로 그의 전공은 하늘을 메울 만큼 크다(有經天緯地才 補天浴日之功)"고 명나라 황제에게 보고하였다. 우리나라에는 진린 제독의 후손 3000명 정도가 광동 진(陳)씨로 살고 있다. 명이 망하자 청(淸)군의 추적을 받은 진린 제독 손자가 조선으로 망명하여 일가를 이루었다고 한다.

조명연합수군과 시마즈 군이 싸우고 있을 때 고니시 군은 여수 앞바다를 통해 부산으로 빠져 나가 일본으로 달아났다. 정유재란의 마지막 해전인 노량해전에서 이순신 장군과 등자룡 장군을 포함하여 이름 모를 조선과 명의 수군 그리고 침략군인 일본의 수군이 전사하였다.

천리포와 남이섬의 우정(友情)

5월은 계절의 여왕이라고 한다. 벚꽃 등 봄꽃으로 화사했던 자연은 꽃이 지면서 잎이 나오기 시작한다. 싱그러운 신록은 꽃보다 더 아름답다. 어디를 갈까 망설인다면 푸른 바다를 낀 서해안의 천리포 수목원과 맑은 강물이 풍요로운 북한강 상류의 남이섬을 찾아 가보기를 권한다. 두 곳에는 수목과 자연의 아름다움과 함께 의형제로 맺어진 미국인과 한국인과의 우정의 스토리가 있다.

1945년 7월 26일 연합국은 일본의 무조건 항복을 요구하는 포츠담 선언을 발표하였다. 일본이 주저하자 미국은 8월 6일과 9일 히로시마와 나가사키 두 도시에 원자폭탄을 투하한다. 일본은 드디어 8월 15일 천황의 육성을 통해 무조건 항복을 선언하였다.

미국과 소련은 일본이 물러가는 한반도를 분할점령하기 위해 북위 38도선을 군사분계선으로 정하였다. 9월 8일 미국의 하지 장군의 24군단이 인천으로 들어왔다. 미군정의 시작이다.

1946년 칼 밀러(Carl Miller 1921-2002)라는 25세의 미 해군 중위가 일본 오키나와로부터 서울로 배속되었다. 그는 펜실베이니아 주 출신으로 대학에서 화학을 공부했지만 태평양 전쟁이 터지자 콜로라도 대학에서 일본어를 배워 해군의 일본어 통역장교로 임관되었다.

밀러 중위는 군정 업무를 끝내고 귀국 후 대위로 제대하고 1953년 다시 서울을 찾아온다. 이번에는 민간인으로 한국은행에 입사한다. 밀러는 여름이면 서울의 무더위를 피해 서해안 태안군 소원면 소재 해수욕장을 찾았다. 소원면은 태안반도의 가장 서쪽에 소재하면서 천혜의 해수욕장의 입지를 갖추고 있다. 해안선의 길고 짧음이 있어 북쪽에서부터 '백리포' '천리포' '만리포' 해수욕장이 이어져 있다.

밀러는 사람이 많이 북적거리는 만리포 해수욕장을 피해 천리포 쪽을 좋아했다. 그가 천리포에 자주 내려가자 그곳의 주민들과 사이가 좋아져 주민들의 권유로 해안가 버려진 땅을 구입하게 되었다.

당장 계획이 있는 것은 아니고 현금이 부족한 주민들의 요구를 들어주는 입장에서 1962년부터 월급을 털어 땅을 구입하고 나무를 심기 시작한다. 1970년대는 서울의 집을 정리하여 천리포에 한옥을 준비하고 본격적으로 각 종 나무을 심고 화초를 가꾸자 제대로 된 수목원의 모습이 보이기 시작했다.

황무지 같은 빈 땅에 나무를 심고 관리하다 보니 16만평의 규모에 수목 13,200 종류의 손색없는 수목원으로 발전하였다. 공익법인 천리포 수목원(Chollipo Arboretum)은 국제수목학회(International Dendrology Society)로부터 아시아 최초로 '가장 아름다운 수목원'으로 지정되고 한국정부로부터 훈장도 받았다.

천리포 수목원에 가보면 설립자 밀러의 손길이 곳곳에 묻어 있다. 독신이었던 밀러는 미국에 사는 어머니를 모셔오고 1979년에 한국인으로 귀화하였다. 그의 한국이름을 민병갈이다. 밀러가 한국은행 입행이후 형제처럼 지낸 민병도(閔丙燾 1916-2006)의 영향을 받아 그의 성(閔)과 항렬(丙)을 따라 지었고 마지막 글자 '갈'은 '칼

(Carl)'의 유사음이다.

민병도의 할아버지 민영휘(閔泳徽 1852-1935)는 명성황후의 집안 조카로서 조선 말기 고관을 지낸 귀족이었다. 민영휘는 이재(理財)에도 밝아 일제 강점기에는 조선 최고의 갑부가 되어 국방헌금 등 일본의 태평양 전쟁에 협조하였다고 한다. 독립된 조국에서는 친일파로 분류되어 재산 환수 대상자가 되기도 하였다. 그가 1906년 세운 휘문학교는 그의 이름 '휘'에서, 그의 부인은 1944년 풍문학교를 설립하였는데 '풍'은 부인의 이름(安遺豊)에서 따왔다고 전한다.

민병도는 일본 게이오 대학을 졸업하고 조선은행(한국은행 전신)에 입행하였으므로 밀러의 상사였을 것으로 생각된다. 그는 5살 아래인 밀러를 동생처럼 아끼고 한국 정착을 도와주었다. 밀러가 천리포의 버려진 땅을 구입할 때와 나무를 심을 때도 지원을 아끼지 않았을 것이다.

민병도는 밀러를 통해 전쟁으로 폐허가 된 땅에 나무를 심어 국토를 아름답게 하는 모습에 감동을 받았는지 모른다. 젊을 때부터 출판사 설립 등 해방된 조국의 문화 창달을 위해 애써 온 민병도는 밀러처럼 나무 심고 가꾸어 아름다운 국토를 만들 수 있는 버려진 땅을 찾았다.

1944년 일제는 경기도 가평군 북한강에 수력 발전소를 짓기 위해 청평 댐을 건설하였다. 댐 건설로 인공 호수 청평호가 만들어지고 북한강 상류의 마을들이 수몰되었으나 수몰되지 않고 섬처럼 남아 있는 '남이섬'이 있다. 전설에 의하면 조선왕조 시대 억울하게 죽은 남이 장군의 묘소가 있다고 하여 남이섬으로 불렀다고 한다. 조선조

초기 남이(南怡 1441-1468) 장군은 무예가 출중하여 16세에 무과에 장원급제한다. 당시 국왕 세조의 총애를 입어 세조의 함경도 차별정책에 반대하여 난을 일으킨 이시애 일당을 평정하는 전과를 올렸다. 그는 무인 최고의 지위인 병조판서(국방장관)에 제수되었다.

세조의 총애를 받은 남이 장군은 주변의 질시를 피할 수 없었다. 세조가 죽자 그의 아들 예종은 부왕이 총애한 남이 장군을 좋아하지 않았다. 마침 유자광 같은 간신의 이야기를 듣고 남이 장군을 역모죄를 씌워 처형한다. 처형된 장소가 지금 서울 시청 건물이 들어선 군기시(軍器寺)였다.

그가 죽은 후 그를 애석하게 생각한 사람들이 그의 옷가지 등을 수습하여 여기 저기 무덤을 만들어 추모하였다는데 그 중 하나가 북한강 상류의 남이섬에 있었다. 남이섬은 겨울에는 강 위로 섬처럼 보이지만 여름 장마철에는 물에 잠기도 하는 쓸모없는 땅이었다고 한다.

한국은행에서 제 7대 총재를 역임하고 퇴직한 민병도는 밀러처럼 나무를 심고 개발을 할 수 있는 땅으로 북한강 상류의 남이섬을 생각하였다. 당시 강남 개발을 위한 땅 투기가 성행하고 있을 때 민병도는 1965년 퇴직금과 전 재산을 쏟아 넣어 13만평의 불모지 남이섬을 구입 메타세쿼이아 등 다양한 수종의 육림을 시작하였다. 강남이 아니고 멀리 남이섬에 돈을 쏟아 붓는 민병도를 이상하게 생각한 사람이 많았다고 한다.

밀러와 민병도 두 사람은 같은 목표를 가지고 서해안 천리포에서 때로는 북한강 남이섬에서 나무를 심고 가꾸었다. 두 사람의 집념으로 오늘날 서해안 천리포는 아시아 유수의 수목원으로 발전하였고 북한강 상류의 남이섬은 문화독립국 '나미나라 공화국'이라는 아시아 제일의 관광 휴양지가 되었다.

행정구역상 춘천시 소속인 남이섬은 이곳에서 촬영된 TV 드라마 '겨울연가'가 2004년 일본에 방영된 이래 한류관광의 1번지로 자리매김하였다. 관광 성수기인 5월 사드 후폭풍을 피해 갈 수 없겠지만 꾸준한 관광객의 다양화로 지난 해 남이섬을 다녀간 사람의 국적은 127개국이 된다고 한다.

2002년 밀러가 먼저 세상을 떠나자 민병도는 그의 유언대로 천리포 수목원 내에 수목장(樹木葬)으로 장례를 치루어 주고 4년 후인 2006년에는 자신도 세상을 떠난다. 한국 전쟁 후 황량한 한국의 산하를 푸르고 풍성하게 만들기 위한 민병도 민병갈 의형제의 거룩한 신념이 그 곳을 찾는 사람들에게 특별한 감동을 주고 있다.

발해의 옛 땅 연해주

'디아스포라'라는 그리스어가 있다. 민족 집단이 고국을 떠나 다른 나라에 흩어져 뿌리를 내리고 산다는 민족이산의 의미이다. 우리 민족이 과거 소련의 연해주에 많이 건너가 뿌리를 내렸다.

연해주는 우리 선조가 세운 발해의 옛 땅으로 간도와 함께 우리 민족의 생활터전이었다. 일제 강점 시대에는 일본이 접근하지 못하는 보호지역(sanctuary)이 되어 독립운동의 중심이었다.

수많은 독립투사들이 우수리 강을 건너 만주 지역의 일본 경찰서를 습격하고 연해주로 몸을 피하였다. 1909년 10월 26일 안중근(1879-1910)의사가 하얼빈에서 이토 히로부미(伊藤博文)저격에 성공한 것도 연해주를 근거로 한 최재형 등 독립투사들이 지원이 있었기에 가능하였다.

연해주에 항일 독립 운동가들이 늘어나자 1937년 10월 구소련의 스탈린은 일본 스파이 침투를 막는다는 명분으로 연해주의 한인 20만 명을 강제로 시베리아 열차에 태워 6500km 떨어진 중앙아시아로 이주시켰다. 금년이 강제이주 80주년이 되는 해다. 지금의 카자흐스탄 우즈베키스탄 등 중앙아시아에 거주하는 한민족 디아스포라 카레이스키(高麗人)는 대부분 연해주 출신이다.

그 후 스탈린은 일본의 괴뢰정부 만주국에 위협을 느끼고 항일 빨치산을 받아들이기 시작했다. 1940년 초 소련 극동군은 하바롭스크 북쪽의 '비야츠코예'와 블라디보스토크 북쪽의 '라즈도리노예'라는 작은 마을에 남북으로 야영소를 만들어 일본 관동군의 토벌작전을 피해 온 중국과 조선의 항일부대를 수용 게릴라 훈련을 시켰다. 만주에서 활동하던 김일성(1912-1994) 항일 빨치산 부대도 관동군에 쫓겨 소련으로 도주 비야츠코예 야영소에서 훈련을 받고 있다가 일본의 항복으로 소련에 의해 북한으로 돌아 가 조선 노동당 위원장이 되었다고 한다.

연해주(沿海州)는 문자 그대로 바다에 연해 있는 지역이다. 러시아에서도 '바다(海)'라는 의미로 '프리모르스키'라고 부르고 있다. 제정 러시아의 수도 상트페테르부르크에서 유라시아 대륙을 횡단하여 처음으로 만나는 바다가 태평양으로 연결되는 동해이고 연해주는 동해 연안의 지역을 말한다.

유럽의 강국 러시아가 극동의 연해주를 차지한 것은 유럽 귀족사회에서 인기 있던 모피를 얻기 위해서였다. 난방장치가 제대로 안된 유럽 사회에서는 모피 외투로 겨울을 견딜 수 있어 모피는 고가의 상품이었다. 모피 사냥꾼은 용맹한 코사크 족의 보호를 받으면서 아무르(黑龍) 강을 따라 남하 처음으로 중국의 청조를 만난다. 만주족 청조는 산하이관(山海關)을 넘어 베이징을 점령하였지만 명(明)의 잔존 세력이 반란을 일으켜 그 진압에 여념이 없었다.

청조는 러시아의 남하를 막기 위해 조선의 지원이 필요했다. 우리 역사에 기록된 '나선정벌'이다. 당시 조선의 국왕은 병자호란 때 삼전도에서 항복의 치욕을 당한 인조의 둘째 아들 효종이었다. 기록에 의하면 청조에 사신으로 다녀 온 신하가 조총을 잘 쏘는 군인 100명을 뽑아 나선 남하를 막는데 지원하라는 청조의 요구가 있었다고 복명한다.

오랜 기간 형님 소현세자 부부와 함께 심양에서 인질생활을 하여 청국의 사정을 누구보다도 잘 안다고 생각한 효종도 '나선(羅禪)'이라는 말은 처음 들어본 말이었다. 1654년 조선의 장군 변급이 인솔한 100명의 무사들은 아무르 강에서 코사크 군대와 조우한다. 코사크 군대는 아무르 강에서 전함을 띄워 수전을 준비하고 있었다. 변급은 코사크 군대를 육지로 유인하여 사령관을 전사시키는 등 큰 전과를 올린다. 역사상 처음으로 러시아군과 조선군의 전투에서 조선의 승리였다. 조선은 청조의 요청으로 한 차례 더 신유 장군을 파병 러시아의 남하를 막았다.

청조는 조선의 지원으로 간헐적으로 남하하는 러시아군을 막아내면서 시간을 끌어 오다가 반란군을 평정한 강희제(康熙帝)는 코사크군의 본거지를 공격하여 남하를 좌절시켰다. 청조의 반격에 부딪친 러시아는 1689년 네르친스크에서 국경을 정하는 조약을 맺게 된다.

천하의 땅이 천제(天帝 중국의 황제)의 땅으로 생각하는 '천하개념'으로 국경이 없었던 중국이 러시아와 국경조약을 처음으로 맺게 된 것이다. 네르친스크 조약에서는 아무르 강 이북을 러시아 령으로 인정하고 아무르 강 이남과 우수리 강 동쪽 즉 연해주는 중국의 영토로 남았다.

사실 동아시아 진출을 위한 부동항을 노린 러시아가 정작 필요한 곳이 연해주였지만 강력한 청조의 기세에 억눌려 어쩔 수 없었다. 청조는 강희-옹정- 건륭제로 이어지는 최성기를 끝내고 쇠퇴기로 접어들었다.

쇠퇴해 가는 청조를 시험한 나라는 영국이었다. 영국은 청조와 아편전쟁을 통해 홍콩을 할양받는다. 러시아는 허약해진 청조를 위협 1858년 아이훈 조약을 체결했다. 연해주를 공동관리하자는 내용이다. 러시아는 '공동관리'라는 중간 단계를 두어 다시 기회를 기다렸다.

청조가 영불연합군이 일으킨 2차 아편전쟁에서도 패하자 러시아는 재빨리 강화를 주선하고 그 대가로 청조로부터 연해주 할양을 받아낸다. 아무르 강 이남과 우수리 강 이동의 연해주가 드디어 러시아 땅이 된 것이다. 두 강이 만나는 아름다운 하바롭스크가 이 때 러시아 영토에 편입된다. 러시아 탐험가 하바로프의 이름을 딴 하바롭스크는 고대 한민족의 일부였던 예맥(濊貊) 두 부족이 살던 곳으로 지금도 하바롭스크 시의 문장(市旗)에는 두 부족을 상징하는 호랑이(虎) 토템과 곰(熊) 토템이 마주보고 있는 그림이 들어 있다.

1860년에 체결된 베이징 조약에서 중국은 연해주를 완전히 잃어 동쪽 바다(東海)로 나갈 수 있는 길이 막혀버렸다. 러시아는 태평양으로 나가기 위해 연해주 최남단에 제국의 위용을 갖추기 위해 블라디보스토크을 건설한다. 블라디보스토크는 '동방(보스토크)을 정복(블라디)'는 말 그대로 러시아인의 꿈이 서려있는 항구이다.

푸틴 러시아 대통령은 블라디보스토크를 통해 연해주 발전을 위해 한국에 손짓하고 있다. 한반도 통일을 생각한다면 한민족 디아스포라 발상지 연해주에 관심을 가져야 할 때라고 본다.

실리콘 밸리 스토리

샌프란시스코의 북 캘리포니아는 지형이 특이하다. 태평양에서 샌프란시스코의 해협을 통하여 내항으로 들어 가면 남북으로 길다랗게 베이(bay)라고 부르는 만(灣)이 있다. 북쪽으로는 와인 산지 라파 밸리가 있는 노스 베이에서, 남쪽으로는 스탠퍼드 대학이 있는 팰로 알토로 연결된 사우스 베이로 이어진다.

이 통로는 터키 이스탄불의 보스포루스 해협을 지나 흑해로 들어 가는 통로와 유사하다. 서양에서 일반적으로 한 바다에서 다른 바다로 들어 가는 좁은 해협을 '골든 게이트' 또는 '골든 혼'이라고 부른다. 샌프란시스코에서는 이러한 통로를 '골든 게이트'(Golden Gate金門)라고 부르지만 1840년대 이 지역에 황금이 발견되어 사람들이 몰려 든 '골드 러시' 이전부터 있었던 이름이다.

이곳을 탐험한 유럽 사람들이 비잔틴 시대의 보스푸루스 해협을 지나 이스탄불의 내항을 '골든 혼(Golden Horn 金角 灣)'으로 부른 것을 연상하여 '골든 게이트'라고 불렀다고 한다. '골든 게이트'와 '골든 혼'의 의미는 좁은 해협을 통해 무역에 의한 골드(富)가 축적 될 것으로 예언한 것이다.

19세기 러시아의 시베리아 총독은 블라디보시토크의 좁은 해협을 보고 보스푸루스와 같은 번영을 기원하는 의미에서 '골든 혼' 즉 금각만으로 불렀고 지금도 그 지명이 남아 있다.

샌프란시스코 항은 '금문'의 덕분인지 부가 축적되어 왔다. 부가 축적되자 샌프란시스코를 중심으로 한 캘리포니아는 공화국으로 독립한다. 캘리포니아 공화국의 국기에는 연어를 잡는 곰을 그려 넣었다. 그 후 캘리포니아 공화국은 미연방의 일부인 캘리포니아 주로 편입된다. 캘리포니아 주기에는 공화국 시대부터 내려 온 곰의 깃발을 그대로다.

캘리포니아 주의 모토가 특이하다. 그리스 어인 '유레카(Eure-ka)'이다. 그리스의 유명한 수학자 아르키메데스가 목욕을 하다가 물질의 밀도에 따라 비중이 다르다는 것을 알아내고 기쁜 마음으로 맨몸으로 뛰쳐 나와 '유레카! 유레카!'하고 거리를 돌아 다녔다고 한다. '유레카'는 그리스어로. '나는 찾아냈다(I have found it)'라는 의미다.

'유레카'의 모토처럼 캘리포니아가 찾아낸 것이 많다. 우선 황금을 찾아 내어 골드러시를 이루었고 그 후 석유를 찾아냈다. 지금은 뭣을 찾아 냈을까? 실리콘 밸리를 통해 4차산업혁명을 이루면서 미래 먹거리 를 찾아 내고있다.

샌프란시코 항구 안쪽의 사우스베이 근처에는 거대한 분지가 있다. 그곳에는 여름에 덥지 않고 겨울에는 비가 오면서 온화하다. 과거 스페인 사람들이 '랜초'라고 부르는 목장과 과수원이 많았던 곳이다.

이곳에 정치인으로서 영향력을 이용하여 태평양 연안까지 철도를 끌어 와 버려진 땅값을 올린 사람이 있다. 스탠퍼드(1824-1893) 전 캘리포니아 주지사다. 그에게는 외아들이 있었다. 늦은 나이에 태어난 외아들은 부모의 사랑을 한껏 받고 자랐다. 그리고 여행을 좋아했다. 스탠퍼드 부부는 아들을 위해 유럽여행을 자주 다녔다. 외아들은 고고학에 관심이 많았다. 부모는 외아들이 좋아하는 그리스 로마의 고대 유럽을 답사하고 토로이 전쟁의 전설을 찾아 발굴 중이었던 터키까지 찾아갔다.

외아들은 터키에서 로마로 돌아오는 여객선에서 티푸스(typhus)에 걸렸다. 바닷바람을 잘 못 쐬었는지 티푸스의 발진과 고열을 이기지 못하고 이탈리아 프로렌스에 도착하자 불귀의 객이 되었다. 외아들을 잃고 한동안 망연자실한 스탠퍼드 부부는 새로운 결심을 하였다. 캘리포니아주의 모든 아들을 자신의 아들로 생각하기로 한 것이다.

아들의 이름(Leland Stanford Junior)으로 학비 전액면제의 대학을 세웠다. 1891년 설립된 스탠퍼드 대학이다. 많은 돈을 투자하여 학비 면제의 대학을 세우니 미국 전국에서 인재가 모였다. 스탠퍼드 대학 주변의 팰로알토는 대학촌이 되었다. 팰로알토(Palo Alto)는 스페인 이름으로 '키 큰 나무'의 뜻이다. 근처에 지금도 하늘로 높이 솟은 나무들이 많다. 세쿼이어(美國衫)의 일종으로 측백나무과에 속한다.

세계 2차대전을 승리로 이끈 미국에게는 새로운 적이 나타났다. 지금까지 동맹관계였던 소련이다. 미국과 가치관이 전혀 다른 소련에 대한 적대관계는 과거 나치 독일과 제국 일본을 능가하였다. 미국은 소련과 경쟁해야 했다. 군사무기로 레이더에는 컴퓨터가 들어간다. 증폭시설은 진공관으로 이루어져 있어 그 부피가 어마 어마

하였다. 레이더가 필요한 잠수함에 컴퓨터를 실으면 잠수함이 꽉 차기 때문에 승조원이나 무기를 실을 다른 공간이 없을 정도였다.

미국의 학자들은 부피가 적은 진공관 대용품을 찾아야 했다. 미국 격언에 '창조를 자극하는데는 위기만한 것이 없다. (Nothing-stimulates creativity like a good crisis.)'는 말이 있다. 1957년 벨 회사의 실험실에서 윌리암 쇼클리(1910-1989)와 동료들은 거대한 진공관을 대체할 수 있는 트랜지스터를 발명했다. 트랜지스터는 이동(transit)을 제어(resister)하는 소자라는 의미의 조어이다. 쇼클리는 규소 결정체에 불순물을 넣으면 전도성이 급격히 변화하는 것을 알아 냈다. 온도에 따라 도체(導體)가 되었다가 부도체(不導體)가 되는 반도체(半導體)는 규소 즉 실리콘으로 만들어진다.

1957년 스웨덴의 노벨심사위원회는 쇼클리에게 노벨 물리학상을 수여했다. 쇼클리는 반도체의 상용화를 목적으로 벨 회사를 나와 실험실을 따로 준비했다. 어릴 때 자랐고 몸이 불편한 모친이 거주하는 고향으로 돌아왔다. 샌프란시스코에서 멀지 않은 산타 클라라 군의 마운트 뷰에서 실험실을 열었다. 팰로알토 인근이다.

쇼클리의 실험실에는 인재들이 몰려 들었다. 인재들은 쇼클리의 천재성을 존경하지만 그의 편집증 과 괴팍한 지도 스타일을 싫어하였다. 그중 8명의 과학자들이 페어차일드의 자금 지원을 받아 새로운 회사를 설립했다. 페어차일드 반도체회사이다. 쇼클리는 그들을 '8인의 배신자(traitorus eight)'라고 불렀다.

그 무렵 소련은 큰일을 낸다. 인공위성 소프투니크 발사를 성공시킨 것이다. 미국을 발칵 뒤집어 놓은 '소프투니크 쇼크'였다. 당시 아이젠하워 대통령은 '페어차일드 반도체회사'를 미국 우주항공 산업 발전을 위한 중심회사로 지명한다. 페어차일드 반도체회사는 승승 장구한다. 쇼클리는 실의에 빠져 실험실을 닫고 스탠퍼드 대학의 교수가 된다.

팰로알토에는 파크(PARC)가 있다. 뉴욕 주에 있는 복사기 회사 제록스의 연구기관이다. 제록스는 그리스 어 자이러그라피(zerography)에서 나왔다. 풀이하면 '마른 글쓰기(dry writing)'라는 뜻이다. 복사 기를 말한다. 제록스의 젊은 학자들은 연구실을 본사 근처에 두기를 거부하였다. 기계를 잘 모르는 본사 간부들로부터 미주알 고주알 간섭을 받기 싫어 했다. 그들은 본사에서 3000마일 떨어진 캘리포니아 주의 팰로알토에 연구실을 차렸다. 과학자들이 자유롭게 연구할 수 있는 곳으로 이만 한 곳이 없었다.

부동산 개발로 스탠퍼드 대학은 돈이 많다. 스탠포드 대학이 있는 팰로알토며 마운트 뷰 그리고 로스 알토스 등에는 스탠퍼드 대학 소유의 땅을 밟지 않고는 지나갈 수 없을 정도이다. 값 비싼 땅에 집을 지어 렌트 수입이 만만치 않다. 스탠퍼드 대학은 이 돈으로 기금을 만들어 졸업생들의 창업 지원에 물 쓰듯이 한다.

컴퓨터 제조회사인 휴렛 팩커드사는 스탠퍼드 대학 졸업생 윌리암 휴렛과 데이비드 팩커드가 스탠퍼드 대학 의 창업기금으로 대학 인근의 차고를 빌려 설립한 회사이다. 회사 이름을 결정할 때 서로 자신의 이름이 먼저 나와야 한다고 주장하여 두 사람이 동전을 던져 결정했다는 일화도 있다.

결국 팩커드가 이겼지만 양보하여 친구의 이름을 앞에 나오도록 회사명을 정했다고 한다.

1971년 1월 미국의 어느 주간지의 기자가 스탠퍼드 대학 주변 사우스베이의 분지에 실리콘밸리라는 말을 처음으로 붙였다. 과거 목장이 있었던 랜초가 반도체(실리콘) 산업의 메카가 되었음을 선언한 것이다.

휴대전화와 컴퓨터로 유명한 애플사를 창립한 스티브 잡스가 팰로알토에서 뿌리를 내리고 최근에는 전기자동차로 유명한 엘론 머스크가 창립한 테슬라가 이곳에서 사업을 키우고 있다. 팰로알토를 중심으로 하는 실리콘 밸리에는 인종에 관계없이 천하의 글로벌 인재들이 몰려든다. 후진국의 두뇌유출(brain drain)의 종착점이기도 하다. 실리콘 밸리는 국적이며 출신과 관계없이 재능(탤런트)만이 존경 받는 곳이다. 트럼프 신임 대통령이 이민 규제를 한다고 해도 실리콘 밸리는 예외라고 한다.

이곳에서 돈을 많이 번 회사들의 기부행위도 대단하다. 팰로알토의 공립 중고등학교에는 현지 회사들이 낸 기부금이 쌓이고 있다. 미국에서는 공립학교는 의무교육으로 학비가 면제된다. 그러나 학교가 돈이 많으므로 우수한 교사를 채용하고 실험 기자재가 풍부하여 높은 교육 수준은 동부의 사립학교가 부럽지 않다. 따라서 명문대학에의 진학율도 상당히 높다. 이는 실리콘 밸리 매력의 하나로 자녀 교육을 걱정하는 글로벌 인재를 끌어 오는 호재가 된다. 실리콘 밸리는 여름에 덥지 않고 겨울에는 춥지 않아 일년 내내 야외 운동이 가능한 곳으로 살기에도 쾌적하다.

팰로알토 시내에는 구굴의 무인자동차(self-driving)가 다니고 있다. 인터넷으로 유명한 구글 본사도 인근 멘로파크에 있다. 앞으로는 기차나 버스 등 대중교통이 그러 했듯이 자동차가 스스로 운전하여 원하는 목적지에 데려다 주게된다. 아빠가 하루 종일 운전대 잡느라고 지쳐서 휴가를 망치지 않아도 될 날 도 머지 않았다. 식구들이 자동차 안 테이블을 둘러싸고 사이 좋게 식사도 하고 차도 마시면서 드라이브를 즐길 날이 머지 않다.

과학발전의 시대에 사람들은 많은 꿈을 꾸고 있다. 미래는 어떻게 변할 것인가. 실리콘 밸리에 와보면 '미래를 제대로 맞추기 위해서는 미래를 스스로 만드는 것이다(The best way to predict the future is to invent it.)'라는 격언이 생각난다.

4차산업혁명이 화제이다. 정보통신기술(ICT)의 융합으로 인공지능, 로봇공학, 사물인터넷, 무인운송수단(항공기, 자동차)등 새로운 기술혁신이다. 미국의 4차산업혁명이 실리콘 밸리에서 시작되고 있다. 실리콘 밸리는 간섭과 규제를 피해온 과학자들의 피난처(sanctuary)에서 출발하였다. 4차산업혁명을 정부가 주도하려고 해서는 안 된다. 자유로운 영혼의 과학자들이 마음대로 연구하고 창조할 수 있도록 분위기 제공만이 정부가 할 일이란 생각이 든다.

러시아의 '아무르' 강변에서

19세기에 들어와서 세계는 대영제국의 흔들림 없는 패권 하에서도 많은 지식인들은 앞으로 세계를 지배할 나라로 미국과 러시아를 꼽았다. 미국은 광활한 서부 개척을 앞두고 있었고 러시아는 시베리아를 거쳐 북미의 알라스카까지 확장된 국토의 잠재력을 믿었다.

미국은 남북전쟁의 내전을 극복하고 서부 개척과 러시아로부터 알라스카 마저 구입하여 예상대로 세계 일류 국가가 되었다. 그러나 러시아는 시베리아 개척을 위한 철도를 부설하였음에도 러일전쟁 패배와 1차 세계대전 참전 그리고 볼셰비키 혁명 등 다사다난한 국내외 사정으로 시베리아의 개척이 늦어지면서 후진국을 벗어나지 못하고 있다.

러시아는 한국에서 가장 가까운 유럽의 나라이다. 러시아의 큰 도시의 하나인 블라디보스토크는 서울에서 비행기로 2시간 거리이고 북한에서는 두만강만 건너면 바로 러시아이다. 국토가 좁고 남북으로 갈려 있는 한국의 젊은이들을 한반도와 육속되어 있는 러시아의 시베리아에 진출하여 언젠가 찾아 올 통일에 대한 준비를 해야 한다.

1882년 청국의 일본 공사관 참사관 황준셴(黃遵憲)은 '조선책략'을 통해 러시아를 '地球之上 莫大之國 爲曰 俄羅斯'라고 소개하면서 조선에게 러시아의 잠재력에 경각심을 준 것이다. 러시아의 비밀병기로 불리는 시베리아는 '잠자는 땅(sleeping land)'의 의미이다. 아직도 시베리아는 한국인들이 깨워주기를 기다리는 '잠자는 미녀(sleeping beauty)' 인지도 모른다.

6세기 동유럽의 볼가 강과 도네프로 강변의 평원에 사르마트(Sarmat)라는 유목민이 한가롭게 살고 있었다. 북유럽의 용맹한 고트(Goth)족은 조용한 사르마트 족을 납치하여 비잔틴(동로마)제국에 노예로 팔았다. 착하고 순종적인 사르마트 족은 로마인의 노예로 인기가 높았다. 그 후 사르마트 족이라는 이름은 역사에서 사라지고 노예라는 의미의 슬라브 족이 나타난다.

9세기 경 사르마트 즉 슬라브 족이 사는 동유럽에 스칸디나비아 바이킹족의 일파인 바랑기아인이 나타난다. 바랑기아인은 볼가 강과 드네프로 강의 물길을 이용 발틱해에서 흑해까지 그리고 비잔틴 제국과의 무역에 종사하였다. 슬라브 족은 강을 따라 뱃길을 잘 아는 바랑기아인을 '루시'라고 불렀다. '루시'는 '배를 잘 타는 뱃사람' 이란 의미이다.

슬라브 족은 외부 민족의 침입과 부족끼리 갈등을 바랑기아인 수장인 류리크에게 해결해 달라고 요청한다. 슬라브 족을 위탁 지배해 외부의 침입을 막아 달라는 의미이다. 류리크는 슬라브 족을 모아 새로운 왕조를 결성한다. 바랑기아인(루시)과 슬라브 족의 이중구조의 왕국이 860년에 세워진다. 류리크 왕조는 지금의 우크라이나 키에프를 중심으로 대공국을 세우고 기타 지역에 루시 귀족이 지배하는 공국을 만들어 분할 지배하도록 하였다.

키에프 대공국의 블라미드르 대공은 슬라브 족의 다신교와 태양

숭배 신앙에 가름하는 선진적인 일신교를 도입하여 통치의 안정을 취하고자 하였다. 주변에는 비잔틴 제국의 동방정교와 이슬람교가 있었다. 긴 겨울의 추위를 막아주는 보드카를 버릴 수 없는 슬라브 족에게는 금주를 해야 하는 이슬람교는 맞지 않았다. 반면에 콘스탄티노플(이스탄불)의 소피아 성당의 찬란한 빛에 현혹된 블라미드르 대공은 동방정교를 받아들이기로 하였다. 988년경이다.

동방정교를 받아들이기 전에도 키릴로스라는 선교사가 찾아와 문자가 없는 슬라브 족을 위해 라틴어와 그리스어를 이용 새로운 문자를 만들어 성서를 번역 선교활동을 하였다. 그때 만든 문자가 지금 러시아에서 사용되고 있는 키릴 문자이다.

1240년 중앙아시아의 몽골족은 류리크 왕조의 키에프 대공국을 멸망시킨다. 류리크 왕조는 모스크바 대공국을 제외하고 대부분의 국토가 몽골족과 타타르(돌궐족)의 지배를 받는다. 몽골 지배 300여년 후 1552년 모스크바 대공국은 카잔의 타타르 세력을 물리치고 류리크 왕조를 복원한다. 모스크바 붉은 광장의 양파 모양의 지붕을 한 바실리 대성당은 모스크바 대공국의 이반 4세가 카잔을 정복한 기념으로 세운 성당이다.

바실리 성당이 너무 아름다워 이반 4세는 같은 성당을 다른 곳에 못 짓게 하기 위해 건축가의 눈을 뽑아 버렸다는 일화가 유명하다. 그만큼 이반 4세는 잔혹한 군주로 폭군 이반(이반 뇌제) 이라는 별명이 붙었다.

1453년 비잔틴제국은 오스만 터키에 의해 멸망된다. 류리크 왕조의 이반 3세는 비잔틴제국의 마지막 황제의 질녀와 결혼하여 비잔틴제국의 정통성을 잇는다는 의미로 비잔틴제국의 문장인 쌍 독수리를 채용하고 비잔틴 황제의 이름 차르(로마 황제 카이사르의 러시아식 발언)를 사용한다. 이반 3세는 동방정교의 보호자로 모스크바를 '제3의 로마'로 자처하였다. 러시아 말에 고맙다는 '스파시바'의 의미는 '구해주세요(스파시)'와 '신(神 바)'의 합성어로 '신이여(고맙게 해준) 당신을 구해주세요'라는 의미라고 한다.

1610년 이반 4세 사후 류리크 왕조의 대가 끊어지면서 이반 4세의 처가 가문인 미하일 로마노프가 귀족회의에서 차르에 선출됨으로써 로마노프 왕조가 시작된다. 로마노프 왕조는 1917년 볼셰비키 혁명으로 니콜라이 2세가 퇴위될 때까지 300년간 이어 갔다. 러시아는 류리크와 로마노프 2개 왕조 1100년의 왕조 역사가 끝나고 공화정 역사가 이어왔다. 금년이 볼셰비키 혁명 100주년이 되는 해이다.

로마노프 왕조는 모스크바에서 시작하였지만 5대 표트르 대제는 유럽에 가까운 발틱해 연안에 새로운 수도를 건설하여 1712년 천도하여 모스크바 대공국에서 새로운 러시아 제국을 열었다. 성 페테르(베드로)의 보호를 받는다는 의미로 수도 이름을 상트페테르부르크라고 불렀다. 1917년 볼셰비키 혁명 이듬해 1918년 모스크바로 환도될 때까지 200여 년간 상트페테르부르크가 러시아 제국의 수도였다.

흔히 러시아를 대륙민족이라고 하지만 사실은 러시아는 바이킹의 후예 루시가 만든 해양민족이다. 러시아의 지배층인 루시들은 바다를 무서워하지 않는 모험심으로 시베리아 초원의 바다와 삼림의 바다를 개척한 것이다. 진취적인 루시와 순종적인 슬라브족의 조화를 통해 오늘날까지 강대국 러시아가 이어지고 있는지 모른다.

러시아는 항해를 잘하는 뱃사람이라는 이름대로 초원과 삼림의 바다를 항해하여 시베리아를 발견한다. 스페인 포르투갈의 유럽 뱃사람들이 지리상의 발견을 하는 것과 유사하다. 유럽은 중남미 신대륙에서 금과 은을 가져오고 인도에서는 향료를 가져와 큰 수익을 올렸다. 러시아는 시베리아를 개척 담비 수달 밍크 등 모피를 사냥하여 유럽시장에 팔아 국부를 키운다. 당시 유럽은 소빙하기로 혹독한 겨울의 추위를 이기기 위해 러시아의 모피가 절대 필요했다.

황제가 지원하는 모피 사냥이 대대적으로 이루어지면서 러시아는 유라시아 대륙을 석권하고 베링해협을 건너 알라스카까지 진출한다. 국력을 키운 러시아는 오스만 터키의 내정에 간섭하다가 터키를 지원하는 영불 연합군과의 크림전쟁(1853-56)에서 패배한다.

러시아는 전비 지출에 따른 재정문제로 알라스카를 미국에 매각하게 된다. 일부 역사가들은 러시아의 알라스카 매각은 실패한 정책이라고 하지만 러시아로서는 실익을 챙긴 성공한 거래였다.

캐나다 등 북미대륙을 식민지로 가지고 있는 영국은 떠오르는 미국의 세력을 견제할 필요가 있었다. 러시아령인 알라스카를 확보하여 캐나다를 보호하고 미국의 기를 꺾어야 했다. 크림전쟁이 좋은 기회였다.

영국은 캐나다를 통해 군대를 파견 알라스카 점령계획을 세웠지만 러시아는 크림전쟁에서 패배하여 알라스카에 군대를 보낼 여력이 없었다. 러시아는 어차피 빼앗기게 될 알라스카를 미국으로 하여금 구입하도록 제안한다. 한 푼이라도 받아서 전비 조달에 충당해야 했기 때문이다. 미국의 국무장관 윌리암 슈워드가 국내의 많은 반대에도 불구하고 매매계약을 성공시켰다.

최근 러시아의 샌프란시스코라고 불리는 미항 블라디보스토크와 아무르 강과 우수리 강이 만나는 하바롭스크를 다녀왔다. 블라디보스토크에서 우수리스크 사이의 끝이 안 보이는 광활한 초원이 인상적이었다. 하바롭스크는 우리 민족의 일부를 이루고 있는 예맥(濊貊)족의 발상지라고 한다.

중국에서는 흑수 또는 흑룡강으로 부르는 아무르 강의 '무르'가 퉁구스(東胡)말로 '물'이라고 하며 몽골어의 '뮤렌' 일본어의 '미즈' 등도 어원으로 연결되어 있다고 한다.

1917년 러시아의 볼셰비키 혁명 후 아무르 강을 둘러 싼 러시아 적군(赤軍 볼셰비키 혁명군)과 백군(白軍 반혁명 황제파)의 내전이 치열했다. 일본군은 백군을 도와 시베리아에 출병하여 하바롭스크 아무르 강 전투에서 러시아 적군과 싸웠고 블라디보스토크에 주둔한 일본군은 최재형 등 독립운동을 하는 한인과 민간인을 학살하였다.

하바롭스크에는 김 알렉산드라 스탄케비치(1885-1918)의 이야기가 전설처럼 전해지고 있다. 그녀는 조선인 최초의 여성 사회주의자로 볼셰비키 혁명 후 극동 소비에트 외무위원장이 되었다가 하바롭스크를 점령한 백군과 일본군에 의해 처형되어 아무르 강에 수장되었다.

김 알렉산드라는 처형되기 전에 아무르의 강변의 모래를 밟으면서 조선의 독립을 염원하였다고 한다. 하바롭스크를 탈환한 볼셰비키 적군은 그녀를 추모하여 아무르 강의 물고기를 2년간 먹지 않았다고 한다. 우리 정부는 2009년 김 알렉산드라에게 건국훈장 애국장을 수여했다.

중국의 대흥안령 산맥과 러시아의 스타노보이 산맥에서 발원한 아무르 강은 우리 민족의 애환과 함께 러시아와 중국을 적시면서 2824km 흘러 사할린과 마주하는 타타르 해협을 빠져 나와 오츠크 한류(리만 해류)와 함께 동해 바다로 흘러온다.

홍콩의 미래

3년간 홍콩에서 근무한 적이 있다. 당시 선배들은 '3년 징역에 3천만 원 벌금'이라면서 홍콩 근무를 걱정해 주었다. 홍콩섬에 아파트를 얻어 살면서 집과 사무실을 시계추처럼 왔다 갔다 하다가 보면 주말이 되어도 도시 국가인 홍콩에서는 어디 마땅히 갈 곳도 없다는 것이다.

또한 홍콩은 쇼핑과 관광의 중심지이니 서울에서 찾아오는 손님은 늘고 생활비는 비싼데 씀씀이는 커지고 그래서 3년 근무기간에 빚도 상당히 진다는 이야기였다. 그러나 당시 '홍콩은 동서양이 만나는 매력적인 도시'로 홍콩의 인기가 대단했던 것도 사실이다.

홍콩의 3년 근무를 회상해 보면 생각보다 손님이 많이 찾아오지 않았다. 직전에 베이징 근무 후 홍콩으로 부임했기 때문에 베이징에서 쓰는 중국어(보통화)를 잊지 않기 위해 그리고 비싼 홍콩 물가를 피해 주말에는 이웃 광동성 선전에 가서 식사도 하고 귀로에는 값싼 야채를 사오기도 하였다.

선전에 가면 홍콩에서는 통하지 않던 보통화도 잘 통하고 음식도 맛있어서 하루 편하게 지내다가 홍콩으로 돌아 온 기억이 있다. 그리고 중국 국내 여행을 할 경우 홍콩 공항을 이용하는 것 보다 선전 공항을 이용하면 항공료도 훨씬 저렴했다. 그래서인지 3년 근무기간 빚도 그렇게 진 것 같지는 않았다.

'3년 징역'이라고 할 정도로 갈 곳이 없다는 말도 맞지 않았다. 홍콩을 자세히 들여다보면 갈 곳이 많았다. 홍콩 전체의 40% 이상이 야외공원(country park)로 이루어져 있고 주요 야외공원에는 트레일 코스가 잘 정비되어 있어 등산(하이킹) 코스로는 최적이었다. 내쇼날 지오그래픽에서도 홍콩의 트레일 코스를 세계 20대 베스트 트레일(World's Best Hikes: 20 Dream Trails)의 하나로 선정하고 있다. 세계적 미항인 홍콩은 다른 미항과 달리 산을 끼고 있는 것이 특징이다. 시드니도 미항이지만 산을 만나려면 80km 이상 내륙으로 들어가야 한다.

홍콩은 높지 않은 산과 아름다운 남중국해 그리고 파란 하늘 그 속에 수 십 층짜리 고층건물이 밀집해 있다. 이러한 홍콩의 풍경도 아파트 안에서는 잘 안 보인다. 트레일 코스를 따라 탁 트인 산을 오르면 파란 하늘 아래 멀리 바다가 보이고 그사이로 장난감처럼 홍콩의 마천루가 눈에 들어오면서 홍콩에 사는 실감이 난다.

홍콩에서 3년을 근무하면서 시간이 나면 사무실 동료와 함께 각종 트레일을 답사하면서 스트레스도 풀고 건강도 챙겼다. 트레일에서 만나는 여러 나라의 사람들과 교류도 하고 홍콩의 자연 지리 그리고 역사를 알아갔다. 동양과 서양이 만나기 전의 홍콩의 옛 모습이 그곳에 있었다. 홍콩을 공간으로서 뿐만이 아니라 시간적으로도 이해할 수 있는 좋은 기회였다.

홍콩을 이루고 있는 것은 홍콩섬과 주룽(九龍 Kowloon)반도 그리고 신계(新界 New Territory)이다. 홍콩섬과 주룽반도는 19세기 중반 제1, 2차 아편전쟁의 전리품으로 중국(淸)으로부터 할양받아 사실상 영국의 영토가 되었지만 신계는 다르다. 1895년 청일전쟁에서 중국이 일본에 패배하자 영국은 홍콩섬과 주룽반도를 지키기 위해 주변의 신계가 필요했다.

1898년 영국은 중국에 압력을 넣어 홍콩섬과 주룽반도의 6배가 되는 신계를 99년간 조차하였다. 영국으로서는 영구 조차의 효과를 기대하였는지 모르지만 세월은 흘러 99년이 되는 1997년이 다가왔다.

당시 영국의 대처 수상은 조차 연장을 요청해 놓고 중국이 쉽게 응하리라 판단했다. 그러나 집권자 덩샤오핑(鄧小平)은 달랐다. 신계의 조차 연장은커녕 홍콩섬과 주룽반도도 불평등 조약으로 빼앗은 것이니 반환하라고 주장하였다.

덩샤오핑은 홍콩섬과 주룽반도를 돌려주지 않으면 신계에서 홍콩 쪽으로 가는 수도관이며 전력 등을 모두 끊겠다고 얼음장까지 놓는 한편 '일국양제(一國兩制 One country, Two systems)'라는 절묘한 해결 방안을 내놓고 영국을 설득하였다.

1984년 홍콩반환협정이 발표되었다. 신계를 포함 영국령인 홍콩섬과 주룽반도를 모두 중국에 반환하고 그 대신 홍콩은 '홍콩인 통치(港人治港)'를 원칙으로 현재의 시스템을 2047년까지 50년간 유지하는 홍콩 기본법을 제정하기로 합의하였다.

1997년 6월 30일 밤 영국을 대표하는 찰스 왕세자는 중국의 장쩌민(江澤民) 국가주석에게 주권을 반환(hand over)하고 크리스 패튼 총독과 함께 왕실 전용 요트를 타고 홍콩을 떠났다. 7월 1일 0시를 기해 중국의 인민해방군이 트럭을 나누어 타고 홍콩으로 진입했다. 그날은 하루 종일 비가 내리고 있었다. 중국인들은 영국 식민통치 치욕을 씻어주는 비라고 했다.

1841년 아편전쟁 당시 영국인이 홍콩섬을 점령하자 그곳에 살던 주민들은 혼란에 빠졌다. 영국인의 지배를 받으면서 홍콩에 남을 것인가 아니면 대륙으로 탈출할 것인가의 고민을 했다고 한다. 홍콩이 중국에 반환되는 1997년에도 홍콩 주민들은 비슷한 고민을 했다. 일부 홍콩인들이 캐나다 밴쿠버로 대거 탈출(移民)을 한 것도 그러한 고민의 결과였을 것이다.

2018년 7월 1일은 홍콩의 주권반환 21주년인 동시에 홍콩기본법에 의한 홍콩특별행정구(SAR) 출범 21주년이 된다. 홍콩의 여성 최초 행정장관(Chief Executive)인 캐리 람(Carrie Lam) 장관의 취임 1년이 된다.

지난 21년간 홍콩은 많은 발전을 가져왔다. 주권 반환 직후 아시아 외환위기 그리고 10년 후 미국의 리먼 브라더스 금융위기 등 세계 경제는 크게 출렁거렸지만 홍콩은 위기를 피해갔다. 홍콩정부의 부단한 노력과 중국 경제가 큰 버팀목이 되어 주었기 때문으로 본다.

홍콩 반환 당시만 해도 중국의 경제는 지금처럼 대단하지 않았다. 사람들은 중국의 홍콩화를 예상하기도 했다. 그러나 지난 21년간 중국경제는 매년 GDP 7-8%의 고도성장을 통하여 세계 2위의 경제로 도약하면서 오히려 외부 환경에 취약한 홍콩 경제의 버팀목이 될 수 있었다.

중국은 다시 한 번 경제 도약을 위해 일대일로 (一帶一路 Belt and Road) 정책과 함께 주장(珠江) 삼각주 지역 내의 경제통합을 목표로 홍콩 정부와 함께 '베이 에리어(Bay Area)경제권'을 추진하고 있다. 홍콩과 마카오-주하이를 연결하는 55km의 강주아오(港珠澳)대교가 건설되었으며 선전에서 끝난 중국 대륙의 고속철이 홍콩까지 연장되어 홍콩은 도로와 교속철로 대륙과의 연결되었다.

'베이 에리어 경제권'은 홍콩 및 마카오와 중국 광동성 9개 도시를 포함 인구 6,600만 명 GDP규모가 한국(1684조원)과 비슷한 세계 11위 수준의 광대한 시장이 된다. 홍콩은 바다의 실크로드의 출발점으로 중국을 포함 아시아와 유럽을 잇는 글로벌 슈퍼 커넥터(super-connector)의 역할도 하게 된다.

2047년까지 홍콩과 중국은 하나의 경제로 동반성장의 길로 들어선다. 수도 베이징에서 보면 남동쪽의 상하이, 남서쪽의 홍콩을 중심으로 각각 창장(長江)과 주장을 끼고 두 마리의 거대한 용(龍)이 중국 경제를 끌고 가는 모습이 될 것 같다.

자유(free) 발전(progress) 동력(dynamics) 동반(together) 기회(opportunity)로 상징되는 홍콩의 미래는 밝다. 홍콩의 반환 20주년을 맞으면서 떠오르는 중국의 위세에 홍콩이 중국화 되지 않았을까하는 우려는 기우로 끝났다. 730만의 인구를 가진 홍콩은 미국 헤리티지 재단에서 발표하는 경제자유지수 순위에서 20년 이상 연속 1위의 기록을 가지고 있으며 스위스 국제경영개발대학원(IMD)이 발표한 국가경쟁력 순위에서도 1위를 차지했다.

다수 홍콩 주민이 바라고 있는 행정장관 직접투표 문제에 대해서도 캐리 람 장관은 인터뷰를 통해 행정장관 직접투표 추진을 매우 낙관하고 있다고 밝혔다. 앞으로도 30년의 시간이 있다. 중국의 발전과 함께 홍콩은 아시아의 보석으로 더욱 빛날 것으로 본다.

홍콩에 진출한 우리 기업들도 홍콩의 매력과 기회를 적극 활용하면 동반성장의 파트너가 될 수 있다. 특히 홍콩에서 환영받고 있는 한국의 디자인 엔터테인먼트 음악 멀티미디아가 홍콩에서 꽃을 피우고 중국과 동남아시아로 뻗어 나갈 좋은 기회가 될 것이다.

'덩케르크' 와 '군함도'

크리스토퍼 놀란(47) 감독의 '덩케르크'는 1940년 5월 덩케르크의 철수의 역사 현장을 1억불의 제작비로 실감 있게 보여주고 있다. 아이맥스 스크린은 관객을 현장에 끌어넣어 실감을 더하고 있다.

류승완(43) 감독의 '군함도'는 220억 원의 제작비 중 70억 원을 군함도 실물과 비슷한 세트장 만드는데 사용될 정도로 현장감이 뛰어났다. 영화를 통해 군함도내 탄광의 열악한 환경을 리얼하게 보여주어 징용된 조선인 노역자의 고통이 관객에게 그대로 와 닿는다. 후반에는 람보 같은 영웅이 나타나 실제 없었던 징용된 조선인을 집단 탈출시키는 액션 영화로 바뀌었는데 이것이 역사 왜곡의 논란을 불러왔다.

덩케르크 철수는 2차 세계대전 초기 서부전선에서의 다이나모 작전(Operation Dynamo)으로 1940년 5월26일 시작하여 6월4일 끝난 전쟁이다. 다이나모(발전기) 작전은 도버성 지하의 발전실에서 작전이 보고되었다고 붙여진 이름이라고 한다.

덩케르크는 칼레와 가까운 프랑스 최북단 해안으로 벨기에 국경과 인접해 있다. 현지어로 '모래언덕(dune)위의 교회(kerke)'라는 의미가 있다고 한다. 4년 후인 1944년 6월 노르망디 상륙 작전이 있었던 노르망디는 덩케르크보다 훨씬 남쪽 해안으로의 파리와 가깝다. 노르망디는 영국 해안에서는 상대적으로 멀리 떨어져 있지만 파리 탈환을 목표로 한 상륙작전이었다.

1939년 독일의 폴란드 침공으로 시작된 2차 세계대전은 1940년 5월 독일이 서부전선을 돌파하자 영국은 원정군을 파견 프랑스군을 지원하지만 오히려 독일군의 측면 공격을 받아 연합군이 양분된다. 프랑스 육군은 북부에서 포위되고 영국 원정군과 일부 프랑스군은 도버 해협의 덩케르크 쪽으로 밀린다.

네빌 체임벌린이 사임으로 국왕 조지 6세로부터 1940년 5월10일 수상으로 임명된 윈스톤 처칠은 덩케르크 철수를 명령한다. 독일군은 영국군이 탈출하기 전에 항구를 점령 영국과 프랑스군을 포위하여 항복을 받거나 섬멸코자 하였다. 그러나 기적이 일어났다. 태풍처럼 몰아붙이던 독일군의 전차대가 진격을 정지한 것이다.

미스터리 같은 기적이 2차 세계대전의 향방을 갈랐다. 독일군이 계속해서 진격했다면 연합군은 괴멸하였을지도 모른다. 왜 진격이 정지 되었을까? 이에 대한 역사가들의 해석이 분분하다. 히틀러가 다음해 계획하고 있는 동부전선(소련침공)에 대비 전차 부대를 아끼기 위해 괴링 공군장관의 호언장담을 받아들여 공군력에 의존했다는 설도 있다.

처칠 수상의 "피와 땀 그리고 눈물"의 호소에 수백 척의 민간선박이 자발적으로 동원되어 33만 명의 영국군의 철수가 성공하였다. 영국인은 단합을 호소할 때는 '덩케르크 정신'을 말한다. 지난해 영국의 브렉시트(EU 탈퇴)도 '덩케르크 정신'을 믿고 있었는지 모른다.

영국인의 아버지와 미국인의 어머니 사이에서 런던에서 태어나

장성한 크리스토퍼 놀란 감독은 영국 해안에서 40km 가까이 떨어진 덩케르크 해안을 아내와 함께 가끔 요트를 타고 놀러 가면서 기적의 덩케르크 철수를 알게 되었다고 한다.

놀란 감독은 노르망디 작전과 달리 덩케르크 철수에 대해서는 허리우드 대작이 없는 것은 미국 사람들의 무관심 때문이라고 생각하였다. 덩케르크 철수작전 당시 미국은 2차 세계대전에 참전하기전이었기에 미국 사람들에게는 모르는 전쟁이었다. '인셉션' '인터스텔라' 등 많은 영화에 성공한 놀란 감독은 허리우드 영화사를 움직여 영화 '덩케르크'를 만들었다.

덩케르크는 전쟁 영화라기보다 자신의 목숨을 희생하더라고 다른 사람을 살리겠다는 휴머니즘이 물씬 풍기는 영화이다. 당시 상황을 지상에서 바다에서 공중에서 에피소드 스타일로 단편적으로 소개하였기 때문에 전체 그림을 알 수 없는 것이 흠이다. 영화만 보아서는 33만의 군인들이 철수되었다고 믿기지 않는다. 인도에서는 철수 당시 인도 군인 2만 명이 철수 작전에 참여했는데 영화에는 인도 배우 한사람 안 나왔다고 항의마저 있었다.

류승완 감독은 영화 군함도를 통해 조선인이 강제 징용된 군함도의 역사를 알려야겠다고 생각했다고 한다. 제작비를 아끼지 않고 군함도 세트장을 만든 것도 열악한 환경을 영상을 통해 고발하기 위해서 일 것이다.

영화의 후반부에서 스펙타클한 영상으로 집단 탈출극이 나온다. 강제 징용의 증거를 인멸하기 위해 징용자를 말살하려는 일본 측의 기도를 미리 알고 총격전을 통해 일본 경비병을 죽이고 징용자들을 석탄 운반선에 태워 집단탈출 시킨다.

역사 왜곡이며 '상상적 한풀이'로 보는 사람이 있는가 하면 역사를 다루는 영화가 기록대로 그려진다면 다큐멘터리를 보면 되지 굳이 영화를 볼 필요가 있겠느냐며 영화는 영화로 즐기면 된다면 의견도 있다. 영화는 투자자를 고려한 상업성이 있어야 한다고도 말한다.

군함도는 2차 세계대전 중 최대 800명의 한국인(조선인)이 강제징용되어 해저 1000m의 심해탄광에서 강제 노역에 시달리고 희생된 곳이다. 일본은 중일전쟁 발발 후 1939년 강제징용령을 내렸다. 1939년부터 전쟁이 끝나는 1945년까지 140만의 젊은 한국인이 일본 전역에 강제 징용되었다는 기록이 있다.

지난 해 군함도를 탐방할 기회가 있었다. 군함도는 1890년 일본의 재벌회사 미쓰비시(三菱)가 채광을 시작하였고 1916년경에는 콩크리트 방파제를 만들고 광부는 물론 석탄 채광 관련 사무인력과 그 가족을 거주시키기 위해 일본 최초의 철근 콩크리트 고층 아파트를 지었다.

전쟁이 끝난 후에도 계속 채광하였으나 기름과 가스가 에너지 공급원으로 대체되자 1974년부터 완전히 폐광되면서 지금은 무인도로 남아있다. 일본 규슈의 나가사키에서 18.5 km 떨어진 군함도를 관광선을 타고 가까이서 보았을 때 미국 샌프란시스코 앞 바다에 떠 있는 감옥섬 알카트라즈가 연상되었다. 군함도 근처는 파도가 심해 탈출하였다 해도 살아남기 어려워 한번 들어가면 나오기 어려운 실제 감옥섬이었다.

관광 선박으로 섬 가까이 가도 파도가 높아 상륙을 못할 때도 많다고 한다. 우리 일행이 갔을 때는 다행히 날씨가 좋았다. 다년간 폐허로 방치되어 건물 붕괴의 위험으로 극히 일부만 관람이 허용되었다.

군함도는 본래 지금의 섬보다 1/3 정도의 작은 섬이었다. 이름 그대로 나가사키 반도의 작은 끝섬(端島 하시마)이었다. 그러나 석탄이 발견되자 인근 바다를 매립하여 3배로 키웠다고 한다. 철근 콩크리트 고층 건물에 방파제가 휘둘러 싸고 있어 멀리서 보면 일본 군함의 실루엣을 보여주어 1930년대에 군함도(軍艦島 군칸지마)라는 별명을 얻었다고 한다.

섬 전체는 20만평 정도로 여의도의 1/5 정도 밖에 안 된다. 군함도는 식물이 살지 않은 섬으로 풀포기 하나 찾아 볼 수 없었다. 전쟁이 끝난 후에도 1960년대까지 탄광도시로 사람이 많이 살았으나 가스 석유가 일반화 되면서 석탄수요가 줄어들자 폐광이 되었다. 지금은 사람이 모두 떠나고 버려진(abondoned) 아파트 건물만 남아 있다.

"저는 오늘 비극적인 사실을 말하려고 합니다. 유럽은 히틀러에게 굴복되고 다음 차례는 영국입니다. 저는 국민에게 해줄 것이 없습니다. 오히려 국민에게 요구하려고 합니다. 그것은 영국인의 피와 땀 그리고 눈물입니다. 앞으로 기나긴 투쟁의 시련이 우리를 기다리고 있을 것입니다. 어려운 대가를 치루더라도 우리는 승리할 것입니다."

독일이 영국과의 약속에도 불구하고 서부전선이 돌파되자 대독 유화론(appeasement)을 고수하던 체임벌린 수상이 사임하고 뒤를 이은 윈스턴 처칠의 취임 후 3일 만인 1940년 5월13일에 나온 연설문 요약이다.

핵과 대륙간 탄도미사일(ICBM) 개발을 성공시켰다고 주장하는 북한 김정은에 의해 촉발된 8월 위기설 속에서 영화 덩케르크와 군함도를 보면 처칠의 '덩케르크 정신'과 '군함도의 징용자' 모습이 오버랩 된다. "나라를 잃으면 '군함도의 징용자'가 되는 것이야!" 어느 관객의 말이 귀에 맴 돈다.

'덩케르크의 정신'은 영국이 절체절명의 위기에서 많은 희생을 각오하면서 항복을 거부하고 2차 세계대전을 승리로 이끈 정신이다. 영국과 달리 독일에게 항복한 프랑스는 배상금 지불은 물론 150만 명의 프랑스인이 나치 독일에 강제 징용되어 희생된 치욕을 겪었다고 한다.

류큐(琉球)의 종소리

최근 오키나와에 다녀왔다. 과거 류큐(琉球)국의 왕궁이었던 슈리성(首里城)을 가 보았다. 1941년 오키나와 전쟁 통에 불타고 지금 건물은 신축한 것이라고 한다. 본래 슈리성에는 특별한 종(鐘)이 걸려 있었다는데 전쟁 통에 미군의 공격을 받고 불타 종의 기능을 잃고 현재는 오키나와 박물관에 보관되어 있다고 한다. 슈리성 내에는 모조품이 관광객을 맞이하고 있다.

그 종에는 명문(銘文)이 새겨져 있는데 첫 구절이 이러하다. "류큐(琉球)라는 나라는 남해의 아름다운 경승지로 삼한(三韓)의 우수함을 모두 갖추었고, 중국(大明)과는 보차(輔車 아래턱뼈와 잇몸)관계이고, 일본(日域)과는 순치(脣齒 입술과 치아)관계로 두 나라 사이에서 솟아난 봉래도(蓬萊島 신선이 사는 낙원)이다. 배(舟)와 노(楫)로서 만국의 가교(津梁)가 되어 각종 물산과 보물이 가득하다"

琉球國者南海勝地而鍾三韓之秀
以大明爲輔車以日域爲脣齒
在此二中間湧出之蓬萊島也
以舟楫爲萬國之津梁異産至寶充滿

류큐국 건국 30년 1458년에 주조되었다는 이 종은 명문을 따라 '만국진량(萬國津梁)의 종'이라고 부른다. 류큐국이 섬 전체를 통일하여 칼과 창을 녹여 만든 평화의 종이라고 한다. 이 종의 명문 첫 구절 첫 문장에 중국과 일본에 앞서 삼한(三韓)을 먼저 내 세웠다.

류큐국은 남북으로 중국과 일본과는 비슷한 거리에 놓여 있지만 한반도와는 두 배 이상의 먼 거리에 있음에도 명문에 삼한의 두 글자를 보는 순간 삼한 출신의 한 사람으로 류큐국과 특별한 인연을 느꼈다.

류큐국에 우리 선조들이 일찌기 정착한 곳이 아닐까 하는 생각을 해 본다. 조선조 500년간은 바다를 기피하였으나 우리 민족은 본래 해양민족이었음이 여러 역사 자료에 나온다. 통일 신라의 어수선한 시기에 한반도 남해와 일본 연안에는 항해 기술이 높은 신라해적이 많았다고 전해지고 있다. 장보고가 청해진을 설치한 것도 이러한 해적을 소탕하기 위해서였다.

류큐국이 만국진량의 종을 통해 삼한과 특별한 관계를 밝힌 것으로 보아 삼한 출신이 통일 류큐국을 세우는데 중요한 역할을 하였기 때문으로 보인다. 류큐국과 고려 말 삼별초(三別抄)와의 관계에 대해서 들은 것 같기도 한다.

1231년 몽골(元)의 침략에 저항하여 강화도를 근거로 항몽을 계속하던 고려의 무신정권이 1270년 원종이 귀국하면서 원에 복속, 개경으로 환도하려고 하자 무신정권의 엘리트 근위병이었던 삼별초는 이에 반발하였다.

원종에 대한 설득이 실패하자 삼별초는 새로운 왕을 추대하여 강화도의 각종 재물과 사람들을 실은 대 선단을 이끌고 남해안 진도로 이동했다. 삼별초는 해상력을 기반으로 제주도를 포함 남해안 일대를 석권하여 항몽 항쟁을 하였다. 1271년 새로이 조직된 여몽 연합군에 의해 진도가 진압되자 삼별초 잔존 세력이 제주도(탐라)로 건너가 항쟁을 계속하였다.

삼별초는 당시 일본의 가마쿠라 무신 정권에 외교서한을 보내 항몽 공동전선을 제안하였으나 받아들여지지 않았다. 1273년 삼별초는 제주도에서도 버티지 못하고 여몽연합군에 궤멸되었다. 4년에 걸친 삼별초의 항전은 실패였다. 역사는 거기까지다.

바다에 익숙한 삼별초가 쉽게 항복했다고 볼 수 없다. 그들은 제주도로 몸을 피했으나 여몽 연합군에 맞설 수 없음을 알고 대 선단을 준비 진도와 제주도 사람들을 싣고 남중국해의 갈라파고스로 알려진 류큐로 집단 이민을 하였으리라는 상상을 할 수 있다.

더욱이 오키나와에서 출토 된 고려기와에 제작연대(계유년 1273)와 함께 고려의 기와 장인이 만들었다는 명문(高麗瓦匠造)이 새겨져 있다. 연도로 보아서는 삼별초의 세력이 류큐에 도착한 시점과 비슷하기 때문에 삼별초와 류큐를 연결하는 실마리가 된다.

고고학의 발달로 더 많은 유물이 발굴되면 좋겠지만 전문 작가들은 이 정도의 단서만으로도 상상력을 동원하여 삼별초의 집단 이민과 류큐국의 관계를 대하드라마로 풀 수 있을 것 같은데 과문한 탓인지 아직 들어보지 못했다.

오키나와는 청정 바다에 둘러싸인 낙원으로 바다를 좋아하는 사람들이 찾아오는 곳이다. 이번 여행에서는 만국진량의 종 명문속의 삼한에 생각이 꽂혀 아름다운 바다가 제대로 보이지 않았다. 그 날 저녁 호텔에 돌아와서도 잠을 이루지 못했다.

백제를 건국한 동생 온조에게 패배하여 역사에서는 사라진 비류의 무리들이 일본으로 건너 가 오늘의 일본 건국의 기원이 되었다는 이야기가 있듯이 삼별초의 무리들이 역사에서는 사라졌지만 이곳으로 내려 와 류큐국 건국의 기원이 되지 않았을까하는 상상이 꼬리에 꼬리를 물었다.

고려의 정예무인 집단인 삼별초는 여몽연합군에 의해 진도에서 밀리면서 제주도로 후퇴했지만 제주도도 안전하지 못하다는 것을 미리 알고 진도를 떠날 때 류큐를 생각했는지 모른다.

고려는 벽란도를 통해 흑조(黑潮 구로시오) 해류를 통해 멀리 이슬람과 동남아 제국과 무역을 하였고 후에는 류큐인이 동남아와 고려를 연결하는 중계 무역을 담당하였다.

강화도는 예성강 하구 벽란도와 마주보고 있다. 항몽 40년의 강화도 시대에 고려무신 정권은 류큐인과의 교류가 많았을 것이다. 무역상 류큐인 속에는 한반도 출신도 적지 않았을 것으로 보여 삼별초의 지도자들은 먼 남쪽 바다에 류큐가 있음을 알고 있었을 것 같다.

신라에 의한 3국통일로 백제가 멸망되면서 해양강국이던 백제인들은 신라의 통치를 거부하여 대거 중국의 동남해안에 이주 신라방을 만들었다. 중국의 산동성과 강소성이 중심이었지만 남쪽으로 절강성과 복건성까지 신라방이 존재했다는 기록이 있다. 이곳에서 멀지 않은 류큐에도 신라방이 형성되었을 것이라는 상상을 하기 어렵지 않다.

지구의 무역풍은 위도 0도에서 30도까지는 북동쪽에서 남서쪽로 바람이 불고 30도가 넘으면 편서풍 영향으로 바람이 바뀌어 서쪽에서 동쪽으로 분다. 무역풍으로 한반도에서 류큐로 내려가고 류큐에서는 흑조와 편서풍으로 한반도에 도달할 수 있다.

탐라는 류큐까지 한결 가까운 길목이다. 삼별초로서는 여몽연합군에 밀려 어차피 탐라를 떠나야 하므로 탐라에서 집단 기획이민을 준비한 것으로 보인다. 최고의 조선 기술을 가진 고려 장인들이 튼튼한 배를 준비하고 백공(百工)이라고 부르는 수 백 명의 각종 전문가들을 배에 태웠을 것이다. 물론 집을 짓는데 필요한 기와 장인은 당연히 포함되었다.

그들이 류큐에 도착했을 때 류큐는 지방 호족이 난립하고 있었다. 고려무인의 무예와 선진 기술을 갖춘 고려 이민집단은 간단히 지방호족을 제압하고 한 지역을 차지했을 것이다. 고려와 무역을 주도했던 류큐의 신라방 출신들이 삼별초의 집단이민을 맞이하고 그들의 정착을 도왔을 것으로 생각된다. 지금도 류큐에는 고기잡이 방식과 돼지 사육에 제주도 풍속이 많이 엿 보인다고 한다.

1392년 본국에서는 고려가 망하고 고려 무인의 한사람인 이성계가 새로운 나라 조선을 세웠다. 삼별초의 후예들은 여기에 자극을 받았다. 몽골(元)이 약해지면서 친원의 고려가 망하고 새로운 나라가 건국되었으니 산재하고 있는 류큐도 통일해 외적의 침공을 막을 필요가 있었다. 당시 류큐는 삼산(三山)시대였다. 오키나와의 특산물 고야(여주)처럼 길쭉한 섬에서 북산 중산 남산 세 나라가 정립(鼎立)되어 있었다.

삼별초의 후예들은 중산(中山)의 호족 상(尙 일본어로 쇼)씨를 도아 중산에 의한 통일 왕국이 건국되는데 일조를 한다. 1429년도 였다. 상씨는 중국에서 건너 왔다는 설이 다수설이지만 신라의 통일로 백제가 망하면서 백제의 명문가 목천 상씨들이 백제 부흥 운동을 한 기록이 있어 목천 상씨들이 부흥운동에 실패하자 류큐에 이주하였을 것으로 상상해 본다. 어쨌든 상씨가 전국을 통일하고 류큐국을 세웠다.

류큐국은 독립왕국으로 조선에 조공을 보내는 등 우호관계를 유지했다. 왜구에게 팔려 온 포로들을 보내주기도 하고 조선 초 1416년 류큐국에 파견된 통신사 이예(李藝)를 통해 조선인 포로 44명을 쇄환시켰다는 기록도 남아 있다. 이웃 일본과 중국과는 등거리 외교를 하면서 포르투갈인 등 서양인이 들어오기까지 중계무역으로 다대한 부를 축적할 수 있었다.

국제정세는 바뀌었다. 일본에서는 전국시대를 거쳐 도요토미 히데요시(豊臣秀吉)가 일본을 통일하여 대륙 침략의 야망을 보이기 시작했다. 명을 정벌하기 위해 조선에게 길을 빌려 달라(征明假道)면서 조선을 침략했다. 1592년의 임진왜란이다. 도요토미는 류큐국에 사절을 보내 지원을 요청하였으나 류큐국은 조선과 교린국 사이임을 이유로 거절하였다.

당시 명의 무능한 황제는 조선을 불신하여 조선이 일본과 함께 명을 공격할 것이라는 소문을 믿고 있었다. 베이징에 체류중이던 류큐국의 사절이 일본과 조선의 상황을 설명하여 황제의 오해를 풀었다고 한다. 명의 항왜원조(抗倭援朝)의 참전을 끌어내어 멸망 직전의 조선에게 재조(再造)의 기회를 준 것은 류큐국의 친한 외교의 결과인 셈이다.

임진왜란 당시 류큐국의 친한 외교를 불편하게 생각한 일본은 조선에서 전쟁이 끝나자 류큐국에 대한 징벌전쟁을 일으켰다. 도요토미 이후 일본을 지배한 도쿠가와 이에야스(德川家康)는 사쓰마 번(지금의 가고시마현)에 지시하여 류큐국을 침공 징벌하도록 하였다. 1609년의 일이다. 일본군은 7년간 조명 연합군과 싸운 역전의 용사들이었다. 류큐국은 제대로 싸워보지도 못하고 항복하여 중국과 함께 일본에게도 조공을 바치는 중일양속(中日兩屬)관계가 된다.

류큐국의 내정은 사쓰마 번이 계속 장악하다가 1867년 일본에서는 메이지(明治)유신이 일어나고 사쓰마 번이 가고시마현으로 바뀌는 폐번치현(廢藩置縣)이 1871년 시행된다. 1879년 류큐국은 공식적으로 해체되고 오키나와현으로 바뀌면서 450년간의 류큐왕국은 막을 내린다.

아침에 눈을 떴으나 지난 밤 꿈속의 류큐국은 사라지고 오키나와의 깨끗한 공기와 밝은 햇살이 눈부시다. 오키나와에 과거 누가 살았는지가 중요해 보이지 않는다. 주변의 여러 민족이 각자의 사유로 각지에서 흘러들어 와 훌륭한 섞어찌개가 되어 오키나와를 발전시켜 온 것을 틀림이 없다. 지금도 오키나와의 무공해 자연의 아름다움에 일 년 내내 많은 사람들이 찾아온다. 700년 전의 예언대로 만국진량의 오키나와는 세계인을 서로 연결하는 가교가 되고 파라다이스(현대판 봉래도)가 되었다.

중국의 중추제(仲秋節 추석)

해외 근무를 주로 하는 외교관 생활에서 한가위 등 국내 명절에 대한 추억은 그다지 많지 않지만 가까운 중국에 몇 차례 근무하다보니 우리와 비슷하면서도 다른 중국 추석의 분위기가 생각난다.

중국은 추석을 중추제(中秋節)라고 부른다. 춘하추동 4계절을 초(初) 중(仲) 만(晩)으로 구분하여 가을의 경우에도 초추(初秋) 중추(仲秋) 만추(晩秋)로 나누어 부른다. 중추제는 음력 8월15일 가을의 한 가운데를 기린다는 의미로 볼 수 있다. 이 때가 농업사회에서는 수확의 시기와도 겹친다. 중국에서 중추제는 춘제(春節 1.1설날) 위안샤오제(元宵節 1.15 정월대보름)과 함께 3대 명절의 하나로 친다.

중국에서는 민족 대이동을 하는 춘제와 달리 중추제는 비교적 간소하게 위에빙(月餠)을 주고받으면서 명절 기분을 내는 것 같다. 그 무렵 위에빙을 구해 먹어 보았는데 특이한 모습에 단팥소가 너무 달았던 기억이 난다.

위에빙은 만드는 재료에 따라 가격도 천차만별이다. 가끔 뇌물로도 사용되어 최근에는 부패 근절 방침으로 고급 위에빙은 못 만든다고 한다. 위에빙의 기본은 밀가루 빵에 단팥소, 대추 등 말린 과일을 넣어 둥글게 만든다. 중국 사람들은 우리의 송편처럼 위에빙을 먹어야 중추제를 느낀다고 한다. 우리의 송편과 위에빙은 달(月)의 모습을 했는데 위에빙은 둥근 달이고 우리의 송편은 그믐달이나 반달모양이다.

중국 사람들은 가득 찬 것을 좋아하여 달도 보름달(滿月 full moon)을 좋아하는 것 같다. 중국 사람들과 술을 마시다 보면 술잔의 술이 줄어들면 반드시 첨잔을 해서라도 가득 채워 놓는다.

중국 사람들이 즐겨 사용하는 '원만(圓滿)'라는 말은 둥글고 가득 찬 모습을 말한다. 가족의 화목이나 회사의 발전도 '원만'에서 나온다고 생각한다. 자동차 중에서도 벤츠나 아우디가 특히 인기 있는 것은 브랜드 로고가 원(圓)으로 되어 있기 때문이라고 한다.

위에빙에는 한족(漢族)의 저항정신을 담겨있다. 14세기 몽골의 원(元)나라가 중국을 지배하고 있을 때 끊임없는 한족의 저항을 받아 결국 100년을 넘기지 못하였다. 당시 몽골의 압제에 신음하던 한족들은 몽골인은 먹지 않는 위에빙 속에 반원거병(反元擧兵)의 비밀 메시지를 넣은 특별한 위에빙을 만들어 몽골 관헌의 눈을 피해 집집마다 돌려 무장 봉기를 하였다고 한다.

시모노세끼의 中日전쟁

얼마 전 일본의 시모노세끼(下關)을 다녀왔다. 메이지 유신 150주년 기념 현수막이 곳곳에 걸려 있었다. 금년은 일본 메이지 유신 150주년이 된다. 메이지 유신은 미국 매튜 페리(1794-1858)제독이 이끄는 흑선(黑船 구로후네)의 내항으로 촉발되었다. 1853년 6월 흑선의 내항에 당황한 에도(江戶 지금의 도쿄)막부는 미일 통상조약(1858)을 맺는 등 문호개방에 힘쓰지만 막부를 반대하는 도막파(倒幕派)는 기회를 놓치지 않았다. 막부파와 도막파의 끈질긴 내전 끝에 1868년 5월 도막파의 에도 무혈입성으로 에도막부를 전복 왕정을 복구된다.

메이지 유신을 주도한 도막파는 중국(淸)이 영국 등 서구 열강에 의해 분할되는 것을 보고 일본이 똑 같은 운명에 빠지지 않기 위해 빨리 서양화할 것을 다짐하였다. 미국 영화 '왕과 나(King and I)'에서 샴(타이)의 국왕이 서양의 식민지화를 막기 위해 후궁들에게 드레스를 입게 하고 왕자들에게 영어 교육을 시키는 장면이 나온다. 일본도 비슷한 과정을 거쳤다.

메이지 신정부는 녹명관(鹿鳴館)이라는 사교장을 만들어 귀족들은 양복을, 부인들은 롱 드레스를 입고 서양인들과 춤을 추도록 하였다. 달력도 양력으로 바꾸었다. 상복(喪服)도 과거 흰색에서 서양식으로 검은 색으로 바꾸었다. 결혼한 부인이 자신의 성(姓)을 버리고 남편의 성씨를 따르게 한 것도 이 때부터였다.

서구 열강은 일본을 야만국이라 할 수가 없게 되었다. 얼굴은 동양인이지만 행동은 서양화하여 서구 열강의 식민지 지배의 핑계를 빠져 나갔다. 일본은 단지 식민지 지배를 빠져 나가는데 성공한 것이 아니라 서구 열강과 어깨를 나란히 하는 수준으로 발전하였다.

메이지 정부는 제도를 정비하여 중앙집권적 정부형태를 만들어 나가면서 대륙에 대해 관심을 가지기 시작했다. 일본은 섬나라 콤플렉스를 극복하기위해 기회 있을 때마다 한반도와 중국대륙 진출을 도모하였다. 1592년의 임진왜란도 '정명가도(征明假道 중국을 정복하고자 하니 길을 빌려 달라)'의 명분으로 시작된 전쟁이다.

한편 러시아는 시베리아 철도를 건설하는 등 한반도로 내려오려고 하였다. 대륙으로 진출하려는 일본으로서는 러시아의 남하를 막고 조선을 자신의 세력하에 두기 위하여 한일수호(강화도)조약(1876)으로 조선에 접근하였다. 조선을 속국으로 생각하고 있는 청과의 마찰은 불가피하였다. 1884년(갑신년) 조선에서는 김옥균 등 친일인사에 의한 정변이 일어났으나 위안스카이(袁世凱)가 이끄는 청국의 세력에 의해 진압되어 실패한다.

일본의 이토 히로부미(伊藤博文)은 1885년 갑신정변 수습과정에서 한반도에서의 세력균형을 위해 청일 양국이 조선에서 군대를 철수하고 재 파병 시는 서로 통보한다는 텐진(天津)조약을 맺는다. 10년 후 1894년(갑오년)에 조선에 동학농민운동(東學亂)이 일어났다. 조선 정부는 동학난을 막지 못해 청에 파병을 요청하자 텐진조약에 의해 일본도 대군을 보낸다. 청일 양국은 인천 근처에서 충돌한다.

예고되었던 전쟁이 일어난것이다.

청일전쟁에서 일본이 승리하면서 1895년 4월 시모노세키에서 강화조약을 맺게 된다.

시모노세끼(下關)는 일본의 관문이다. 일제강점 시대부터 부산과 연결되어 왔으며 지금도 부관(釜關) 페리가 다니고 있다. 시모노세키는 바칸세키(馬關)라고도 불린다. 12세기 말 일본 중세 무사(武士)들의 난(源平戰)에 휘말린 어린 국왕 안도쿠(安德)가 근처의 단노우라 해전에서 익사하였고 그 후 아카마 신궁(赤間神宮)이 세워졌다. 붉은 색깔의 신궁은 안도쿠가 머물고 있으리라는 용궁의 모습이다. 이곳의 세키쇼(關所 세관과 검문소)를 아카마가세끼(赤間關)라고 불렀고 이것이 와전되어 아카마가세키(赤馬關), 이를 줄여 바칸세키라고 불리는 유래이다.

청국의 요청으로 시모노세키에서 1895년 3월부터 청일전쟁을 종결짓는 강화회의가 열렸다. 반로우라는 언덕위의 작은 목조가옥이 회담장이었다. 당시 이토 히루부미가 단골로 찾아가는 요정으로 이토 히루부미에 의해 맹독성이 있는 복어요리가 공식적으로 허가된 1호점이었다. 지금은 개축하여 자료관이 되었고 인근에는 같은 이름의 복어전문 레스토랑이 영업을 하고 있다.

이곳은 본래 후지노라는 안과의사가 개업한 병원이었으나 그가 죽은 후 미망인이 고급 요정을 개업하였는데 간몬(關門)해협의 푸른 바다가 내려다보이는 위치로 이토 등 당대의 일본 정계인사들이 자주 들리던 곳이었다고 한다. 이토 히로부미는 강화조약을 위해 이 요정에서 청국의 전권대표로 리훙장(李鴻章)을 맞이했다.

73세의 노구를 이끌고 시모노세키를 찾아 온 리홍장에게는 굴욕적인 강화조건이 기다리고 있었다. 라오둥 반도와 타이완 등 영토할양과 은 3억 량의 배상금이었다. 은 3억 량은 당시 청나라의 4년 치 예산에 해당하는 거액이었다. 일본은 대군을 산하이관(山海關)에 집결시켜 베이징(北京)공략을 앞두고 청국에게 항복 같은 강화 조건을 제안하였기에 한 치의 양보가 없었다. 리홍장은 영토할양은 언어도단이고, 배상금도 1억 량이 최대한이라고 버텼다.

일본의 여론은 강화조약을 반대했다. 중국과 강화회담을 할 것이 아니라 베이징으로 바로 진격하여 300년 전 도요토미 히데요시(豊臣秀吉)가 원했던 중국의 항복을 받아내야 한다는 주장이었다. 시모노세키 주민들도 강화회담은 필요 없으니 리홍장은 돌아가라고 아우성을 쳤다. 이러한 분위기 속에서 회담이 시작된 나흘 만에 반로우에서 300m 정도 떨어진 숙소 인죠지(引接寺)로 돌아가는 노상에서 리홍장에게 한 발의 총알이 날라 왔다. 인죠지는 시모노세키를 경유하는 조선 통신사의 숙소로도 제공된 유서 깊은 절이다.

1895년 3월 24일 오후 4시였다. 다행히 총알은 리홍장의 눈 밑에 박혔다. 피가 온 얼굴을 덮었다. 순간 리홍장은 '이 피가 조국을 살리겠구나'라고 생각하였다고 한다. 다행히 총알이 리홍장의 시신경도 훼손하지 않았고 생명에는 지장이 없었다.

일본의 분위기가 바뀌었다. 청일전쟁 당시 히로시마에 설치되어 있던 대본영의 메이지(明治) 일왕은 크게 놀라 어의를 보내고 리홍장에게 깊은 사과와 함께 위로를 전했다. 이 사건을 핑계로 리홍장이 회담을 결렬시키고 귀국해 버리면 그렇지 않아도 일본이 대국을 가지고 논다고 불만을 가진 서구 열강이 간섭할 수 있는 좋은 기회가 될 것을 우려하였다.

부상에서 가까스로 회복한 4월 일본은 리훙장에게 '총알 값'으로 1억 량을 깎아주어 배상금 2억 량으로 회담 종결을 제안하였다. 우여곡절 끝에 4월 17일 시모노세키 조약이 체결되었다.

강화조약 제1조는 조선의 독립자주국임의 선언이다. 이는 일본이 조선의 독립을 원해서가 아니고 중국과의 종속관계를 끊어 조선을 삼키기 위한 것이었다. 그 후 일본은 조선의 침탈 과정을 착착 밟아 10년 후인 1905년 11월 덕수궁 중명전에서 고종을 위협하여 대한제국의 외교권을 빼앗는 을사늑약을 체결하였다.

21세기 제갈량 왕후닝(王滬寧)

중국 공산당 제19차 당 대회에서 결정된 중국의 최고 권력기구인 중앙정치국 상무위원 7명 중에서 왕후닝에 대한 인기가 높다. 왕후닝은 시진핑(習近平) 국가주석을 중앙 판공청주임(비서실장) 리잔수(栗戰書)와 함께 지근거리에서 보필하고 있다. 중국 최고 지도부 진입 조건인 지방행정 경험이 전혀 없이 책사 역할만을 해 온 왕후닝의 발탁은 이례적으로 평가되고 있다.

상하이 푸단 대학 교수 출신으로 최고의 지위에 오른 왕후닝의 성공 스토리가 인상적이다. 왕후닝은 1955년도 상하이 태생으로 이름도 상하이의 번영을 기원하는 후(滬 상하이의 별칭)닝(寧 안정과 번영)이다.

왕후닝은 상하이의 화동사범대학 불문과와 푸단 대학을 졸업하고 나이 30세에 푸단 대학 법학과 교수로 임용되어 동 대학 역사상 최연소 교수가 되었다. 젊고 재기 발랄한 창의력의 소유자 왕후닝 교수는 푸단 대학 학생들을 이끌고 싱가폴에서 개최된 세계 대학생 중국어 토론 대회(Debate Contest)에서 종합 우승을 거두어 하루아침에 유명인사가 되었다.

이러한 인연일까. 왕후닝 교수는 상하이 출신의 정치인으로 후에 국가 부주석을 역임한 쩡칭홍(曾慶紅)과 전국인민대표대회(전인대) 상무위원장을 역임한 우방궈(嗚邦國) 등의 추천에 의해에서 장쩌민(江澤民) 국가주석에 의해 발탁된다.

왕후닝은 장쩌민, 후진타오(胡錦濤)를 거쳐 시진핑 주석에 이르기 까지 역대 국가주석을 골고루 잘 모시는 '중난하이(中南海) 최고의 지혜 주머니(智囊)' 또는 삼조제사(三朝帝師 세 황제의 스승)라고 불리었다.

왕후닝은 장쩌민 주석을 위해서는 '3개 대표론'을, 후진타오 주석에게는 '과학적 발전관'을 성안하였고 시진핑 주석은 왕후닝의 머리를 빌려 '중국몽'을 끌어냈다. 또한 왕후닝은 일대일로(一帶一路)와 함께 '시진핑 신시대의 중국특색 사회주의 사상(시진핑 사상)'을 입안하여 시 주석의 신임을 받았다. 시 주석은 한치 앞을 내다 볼 수 없는 국제정치의 현실에서 네비게이션 같은 책사 왕후닝을 정치국 상무위원으로 발탁하였는지 모른다.

왕후닝은 중국 정치개혁의 필요성을 인정하면서 밑으로부터 개혁보다는 위로부터 (top down) 개혁을 주장하고 있다. 후진국이 짧은 기간에 많은 개혁을 하기 위해서는 이른 바 개발 독재가 필요하다는 의견을 보여 왔다.

왕후닝은 짧은 기간이지만 미국 아이오와 대학과 캘리포니아 대학(UC 버클리)의 방문교수 경력으로 미국을 예리하게 파헤친 '미국 대 미국 (America against America)'이라는 저서를 발간하는 등 누구보다도 미국을 제대로 파악하고 있는 인물로 '중국의 키신저' 또는 '현대판 제갈량'이라는 별명도 얻고 있다.

외교 중시의 왕후닝은 이번 당 대회에서 중국 최고의 미국통으로 알려진 양제츠(楊潔篪) 국무위원이 25명으로 구성되는 권력 최고 상층부인 정치국원으로 승진되는데 분위기 조성을 한 것으로 보인다.

핵과 미사일 개발을 고도화 시켜 동북아는 물론 세계의 안정과 번영을 위협하는 북한은 중국에게도 큰 부담이다. 중국은 순망치한(脣亡齒寒)의 지정학적 중요성으로 북한을 쉽게 포기할 수도 없는 노릇이다.

중국이 트럼프 미국 대통령의 신고립주의 공백을 채워 가며 포스트 미국의 세계 지도국가가 되려면 무엇보다 트러벌 메이커가 된 북한의 관리가 중요하다. 중국이 북한을 제대로 관리하는 지혜로운 전략을 짜내는 일이 왕후닝 앞에 놓인 과제이다.

북한의 지도자 김정은은 촉한(蜀漢)의 승상 제갈량(諸葛亮 181-234)을 괴롭힌 남만왕(南蠻王) 맹획 같은 인물이다. 제갈량이 출정에서 남만인의 머리(蠻頭)대신 밀가루 반죽의 만두(饅頭)를 이용하여 폭풍우를 물리치고 맹획을 사로잡은 이야기가 있다.

왕후닝이 칠종칠금 (七縱七擒)으로 맹획을 굴복시킨 제갈량의 지략으로 김정은 정권의 핵과 미사일 개발을 포기시킨다면 동북아는 물론 세계가 평화로워지면서 중국은 명실공히 존경받는 새로운 세계 지도국가가 될 것이다.

선전(深圳)은 현대 중국의 쇼케이스

한 때 '내일의 중국을 보려면 상하이(上海)로 가라'는 말이 있었지만 지금은 광동성 선전(深圳 심천)을 가야할 것 같다. 지난 해 연말을 기해 미래 중국의 쇼 케이스라고 하는 선전을 다녀왔다.

선전을 글자로 풀이하면 첨단 도시와 전혀 어울리지 않는 시골냄새가 물씬 풍긴다. '밭과 밭 사이의 깊은 도랑'이란 의미이다. 냉전시대 홍콩 신계의 록마차우(落馬洲)에서 바라다 보이는 넓은 들판의 모습이었을 것이다.

오늘의 선전은 유동인구를 포함하면 2천만의 대도시가 되었다. 잠자는 농어촌 선전을 경제개발특구로 지정하여 개혁 개방의 상징적 도시로 만든 덩샤오핑(鄧小平)은 시내 중심의 연화산(蓮花山) 정상에 동상으로 서 있다. 해발 532m의 연화산은 아열대의 반얀트리(榕樹)와 양귀비가 좋아했다는 리치(枝)가 숲을 이룬 아름다운 시민공원이다.

연화산에 올라 덩샤오핑을 만나보니 그냥 서 있는 것이 아니고 바쁘게 걸어가고 있다. 바로 앞의 시청 앞 시민 광장에 사람들을 모아 놓고 "검은 고양이든 흰 고양이든 쥐만 잘 잡으면 좋은 고양이(黑猫白猫 老鼠 就是好猫)"라면서 개혁 개방의 중요성에 대해 일장 연설이라도 하려는 모습이다.

중국(淸)이 19세기 중반 아편전쟁에서 패배한 것은 영국에서 시작한 1차 산업혁명을 몰랐기 때문이다. 그 후 2차 3차 산업 혁명에서도 밀렸지만 4차 산업혁명만큼은 꼭 성공시켜 중국몽(中國夢)을 이루고자하는 시진핑(習近平) 국가주석의 의지가 선전에서 묻어 나온다.

4차 산업혁명의 메카가 된 선전은 중국 전체에서 30대 전후의 총명하고 꿈 많은 젊은이들을 블랙홀처럼 빨아들이고 있다. 비와이디(比亞迪 BYD 전기차) 다지앙(大疆創 DJI 드론) 텐센트(騰訊 인터넷 서비스), 중흥통신(ZTE 휴대전화제조), 화웨이(華爲 통신장비), 폭스콘(Foxconn 컴퓨터 제조)등 IT 회사가 집중적으로 몰려있는 이유이다.

선전 시내에는 전기자동차가 많이 다닌다. 특히 택시의 절반이 BYD 자동차이다. 전기버스 K9도 다닌다고 한다. 전기자동차에는 배기통(머플러)이 없다. 전기차의 원조라 일컬어지는 미국 테슬라를 능가하는 BYD의 성공 스토리는 설립자인 왕찬푸(王傳福) 회장의 성공 스토리이기도 하다.

1966년 안휘성 시골에서 가난한 목공의 아들로 태어난 왕 회장은 일찍이 부모를 잃고 형의 도움으로 야금물리학을 공부하고 배터리 분야에 올인하였다. 1995년 29세의 나이에 선전의 낡은 차고에서 휴대폰 배터리를 생산하는 회사를 만들었다. 이름도 왕 회장이 가장 좋아하는 말 '꿈을 세워라(Build Your Dreams.)'는 의미로 BYD로 하였다.

왕 회장은 2003년 경영난에 빠진 시안진촨(西安秦川) 자동차 회사를 인수, 배터리 기술로 전기차 생산을 시작했다. 2008년 워렌 버핏 회장이 장래성을 알아보고 지분 10%를 인수하자 세계적으로 유명해졌다. 그 후 삼성전자도 투자하였다고 한다. 2015년 63,000대의 전기 자동차를 판매하여 미국의 테슬라를 제치고 세계 시장 점유율 1위가 되었다.

또 하나의 성공 스토리는 프랭크 왕(汪滔 왕타오)의 이야기이다. 그는 1980년 저장성 항저우에 태어나 홍콩 과기대 졸업 후 26세의 나이로 선전의 한 작은 사무실에서 드론 제조회사인 DJI를 창업하였다. 10 여 년 전이다. 첨단 산업 드론을 통해 가짜와 싸구려 이미지의 중국을 바꿀 것을 목표로 하였다고 한다.

DJI는 회사명 대강창신기술공사의 다지앙(Da-Jiang 大疆)과 창신(Innovation 創新)의 영문 첫 글자를 붙여서 만든 것이다. 다지앙은 '빅 칸트리' 즉 중국을 의미하는 것 같다. 요즘 선전을 찾는 외국기자들은 대부분 DJI를 취재하러 온다고 한다.

선전에서 드론 전시장을 찾아 드론 시범을 체험하였다. 드론에 부착한 카메라에 짐벌(떨림방지)이 장착되어 있어 화질이 깨끗했다. 자신의 휴대폰을 끼워 영상을 볼 수 있다. 직원이 비행 중의 드론에 손을 접근시키자 드론이 후진한다. 충돌 방지 센서가 부착되어 있다는 것이다.

팬텀 시리즈로 반년마다 새로운 신제품이 나오는 DJI는 세계 시장 점유율 70%에 가깝다고 한다. 프랭크 왕의 지분은 2015년 현재 45% 라고 하는 데 대략 계산을 해도 5조원 갑부가 된다. 지난 해 1월 미국 백악관 드론 사건이며 일본 총리 관저 옥상에 발견된 드론도 모두 DJI 드론으로 밝혀져 세상을 놀라게 하였다.

DJI는 2014년 뉴욕 타임즈(NYT) 선정 '2014년 우수 첨단기술제품'상을 받을 정도로 잘 나가는 기업이다. 현재 기업 가치는 100억 달러로 추산되고 있지만 아직은 비상장이지만 상장할 경우 그 가치를 아무도 모른다고 한다.

창립자 프랭크 왕의 좌우명은 "아무리 좋은 것을 만들어도 지나치지 않는다(Good enough is not good enough)"라고 한다. 중국의 자존심이 DJI에 있다면 DJI의 본사가 있는 선전이 중국의 자존심이 될 것 같다.

선전은 인공지능(AI)을 이용한 자율주행과 로봇 등 4차 산업혁명 분야에서도 선두를 달리고 있다. 앞으로는 미국의 서부 샌프란시스코에 '실리콘 밸리'가 있다면 중국 남부 선전에는 '4차산업 밸리'가 있다고 해야 할지 모르겠다.

홍콩과 마카오의 일국양제(一國兩制 One country Two systems)가 끝나는 30년 이전에 선전을 중심으로 좌측(東)의 홍콩, 우측(西)의 주하이.마카오를 포용하는 주강(珠江) 삼각주 지역은 미국의 샌프란시스코 지역을 능가하는 거대한 '베이 에리어'가 형성될 것 같다.

내년에 완공되는 홍콩과 마카오 그리고 주하이(珠海)를 연결하는 세계 최장의 55km의 해저 터널 및 교량은 선전- 홍콩- 마카오.주하이가 황금 알을 낳는 골든 트라이앵글을 이루게 된다.

19차 공산당 대회이후 중국에서 흔히 볼 수 있는 '초심을 잊지 말고 사명을 기억하자(初心不忘 牢記使命)'는 구호가 선전에서는 예사롭게 보이지 않는다. 덩샤오핑의 초심을 시 주석이 이루어 내겠다는 것이다.

금년의 끝자락을 미래의 중국 선전에서 보내면서 안타까운 것은 한반도의 위기 속에서 국론은 분열되고 복지정책의 확대 등으로 경제의 어려움을 겪는 우리나라와 미래의 꿈을 놓고 현재를 희생하면서 열심히 뛰어가는 중국과 확연히 대조되는 모습이다. 우리도 새해부터는 새로운 각오로 신발 끈을 다시 매야겠다.

메이지유신과 사이고 다카모리

메이지 유신을 실질적으로 성공시킨 인물은 사이고 다카모리다. 유신군의 총사령관으로 막부의 수도 에도에 무혈입성한 영웅이다.이러한 이유로 메이지 유신 150 주년이 되는 금년 일본의 NHK 방송은 "세고(西鄕)돈"이라는 타이틀로 사이고 다카모리의 일대기를 대하드라마로 방영하였다. "세고돈"은 여류작가 하야시 마리코(林眞理子)의 소설 제목으로 '사이고 님'이라는 의미로 '사이고 도노(殿)'의 사쓰마 사투리라고 한다.

가고시마는 서쪽의 사쓰마 반도와 동쪽의 오스미(大隅) 반도에 둘러싸여 있는 긴코만(錦江灣 일명 가고시마만)이 바구니(일본어 가고)같이 생겼다고 해서 붙여진 이름이라는 설이 있다. 바구니 안쪽에 활화산 사쿠라지마(櫻島)가 있다. 최고봉 온다케(御岳 1117m)에서는 매일 새하얀 연기를 내뿜고 있다.

사쿠라지마는 동서 2km 남북 10km의 섬이었는데 1914년 대 규모 분화로 바다가 메워져 이제는 반도가 되었다. 지난 해 8월에도 분화가 있었다. 이러한 활화산의 활력이 사쓰마의 젊은이들을 용감하게 만든다고 한다. 17세기 초 그들은 배를 띄워 멀리 류큐국(琉球國 지금의 오키나와)도 정복했다.

사이고 다카모리와 오쿠보 도시미치 두 사람의 나이는 2살 차이지만 죽마고우로 함께 자랐다. 다만 사이고는 체격이 좋은 행동주의자로 보스 기질이 있어 주변에 사람들이 많았고 오쿠보는 두뇌회전이 빨랐다. 두 사람이 조슈 번의 지사들과 의기투합하여 메이지 유신을 성공시켰다.

그러나 유신 정부 내 역할에서 두 사람은 거리가 생긴다. 사이고는 정한론(征韓論)을 주장하고 징병제는 반대한다. 사무라이(군인)는 누구나 할 수 없는 특권으로 의식한 것이다. 결국 사이고는 정부를 떠나 고향으로 내려 가 반정부 활동을 하다가 무력반란인 서남전쟁의 주모자가 된다.

수년 전 톰 크루즈 주연의 영화 '라스트 사무라이'가 당시의 배경을 보여 준다. '라스트 사무라이' 사이고는 반란이 진압되면서 패장(敗將) 신세가 되어 고향으로 피신한다. 가고시마 시내에는 사이고가 마지막을 보낸 동굴이 있다. 사이고가 자결한 다음 해 오쿠보는 도쿄의 출근길에서 괴한에 의해 살해된다.

사이고 다카모리가 어린 시절을 보낸 가고시마에서 조선 도공의 이야기를 빼 놓을 수 없다. 정유재란 때에 시마즈 군이 전라도 이리에서 많은 도공을 납치해 갔다. 그 중에 심당길(심수관의 선조) 박평의 등이 있었다. 그들은 가고시마 시내 중심의 코우츠키가와(甲突川) 부근의 고라이쵸(高麗町)에 집단으로 거주하다가 백토(카오린)가 산출되는 나에시로가와(苗代川 지금은 미야마)에 자리를 잡아 사쓰마 야키(도자기)를 구워냈다.

일본의 대표적인 소설가 시바 료타로(司馬遼太郎)는 가고시마에서 조선 도공 후예를 만나 그들의 400년 된 망향의 이야기를 듣고

"고향을 잊을 수가 없소이다."라는 유명한 기행문을 발표하였다. 심당길의 후손 심수관은 12대부터 현재 15대까지 같은 이름으로 사쓰마 야키를 만들고 있다.

박평의의 후손 박수성은 메이지 유신이 나자 일본 성 도고(東鄕)을 사서 개명하였다. 그리고 자신의 총명한 아들 박무덕에게 '도고 시게노리(東鄕茂德)'라는 일본 이름을 만들어 주었다. 도고 시게노리는 동경제국대학을 졸업하고 외교관이 되어 독일과 소련 대사를 역임하고 제국일본의 외무대신을 두 번씩이나 역임하였다.